ICH HABE ES GETAN

Persönliches Zeugnis eschrieben von

Elisabeth Das

© Copyright 2023 Ich habe es getan
„Sein Weg" auf Deutsch

ISBN 978-1-961625-18-1 Ich habe es getan „Sein Weg"Taschenbuch
ISBN 978-1-961625-19-8 Ich habe es getan „Sein Weg" Ebook
ISBN 978-1-961625-20-4 Ich habe es getan „Sein Weg". Hörbuch

Library of Congress Control Number: 2023946855

Alle Rechte vorbehalten für Hörbücher, E-Books und gedruckte Bücher. Kein Teil dieses Buches darf ohne schriftliche Genehmigung des Herausgebers verwendet oder vervielfältigt werden, weder auf grafischem, elektronischem noch mechanischem Wege, einschließlich Fotokopieren, Aufzeichnen, Aufnehmen oder durch ein Informationsspeichersystem, es sei denn, es handelt sich um kurze Zitate in kritischen Artikeln und Rezensionen. Aufgrund der dynamischen Natur des Internets können sich die in diesem Buch enthaltenen Webadressen oder Links seit der Veröffentlichung geändert haben und nicht mehr gültig sein. Bei den Personen, die auf den von Think-stock zur Verfügung gestellten Bildern abgebildet sind, handelt es sich um Modelle, und diese Bilder werden nur zu Illustrationszwecken verwendet. Bestimmtes Bildmaterial © Think-stock."

Auszug aus: ELIZABETH DAS. „Ich habe es getan „Sein Weg."

„DIESES BUCH ist in der christlichen und religiösen Welt mit „A" bewertet"

Kontakt: nimmidas@gmail.com nimmidas1952@gmail.com

YouTube-Kanal „Tägliche spirituelle Diät Elizabeth Das"
https://waytoheavenministry.org

https://www.youtube.com/channel/UCjmSTgrzu2W9POveigKY7Xw

https://www.youtube.com/channel/UCCRplrqi8UENxHqFuBPHX1A/Videos

VORWORT

„Denn meine Gedanken sind nicht eure Gedanken, und eure Wege sind nicht meine Wege, spricht der Herr. Denn wie der Himmel höher ist als die Erde, so sind auch meine Wege höher als eure Wege und meine Gedanken als eure Gedanken." (Jesaja 55:8-9)

Dieses Buch ist eine Zusammenstellung von Erinnerungen und kurzen Zeugnissen von Frau Elizabeth Das, die sich dem Dienst der Evangelisierung und der Lehre des Wortes des Herrn verschrieben hat. Auf der Suche nach „Seinem Weg" durch Entschlossenheit und die Kraft des Gebets nimmt Frau Das Sie mit auf eine persönliche Reise durch ihre eigenen lebensverändernden Erfahrungen. Geboren und aufgewachsen in Indien, betete Frau Das regelmäßig vor dem Familienaltar. Sie war mit der Religion nicht zufrieden, denn ihr Herz sagte ihr, dass es mehr von Gott geben musste. Sie besuchte häufig Kirchen und trat religiösen Organisationen bei, war aber nie ganz zufrieden.

Eines Tages machte sie sich auf die Suche nach der Wahrheit in einem fernen Land, weit weg von ihrer Heimat, Indien. Ihre Reise beginnt in Ahmadabad, Indien, wo sie den tiefen Wunsch verspürte, den einen wahren Gott zu finden. Aufgrund der damaligen Freiheiten in Amerika und weit weg von den religiösen Kulturen und Traditionen ihres Heimatlandes reiste Frau Das nach Amerika, um die Wahrheit über diesen lebendigen Gott zu finden. Nicht, dass man Gott nirgendwo anders als in Amerika finden könnte, denn Gott ist allgegenwärtig und allmächtig. Doch der Herr hat Frau Das dorthin geführt, und dieses Buch wird den Weg zu ihrer Erlösung und ihrer tiefen Liebe zu dem Geliebten ihrer Seele beschreiben.

„Bittet, so wird euch gegeben; sucht, so werdet ihr finden; klopft an, so wird euch aufgetan. Denn wer da bittet, der empfängt; und wer da sucht, der findet; und wer da anklopft, dem wird aufgetan."
(Matthäus 7:7-8)

Ich kenne Frau Das seit fast 30 Jahren persönlich, als sie zum ersten Mal in eine kleine Gemeinde in Südkalifornien kam, die ich besuchte. Die Liebe zu ihrem Heimatland und den Menschen in Indien ist für

Frau Das ein dringendes Anliegen, denn sie hat ein tiefes Verlangen, Seelen aller Kulturen und Hintergründe für den Herrn zu gewinnen.

„Die Frucht des Gerechten ist ein Baum des Lebens, und wer Seelen gewinnt, ist weise. (Sprichwörter 11:30)

Frau Das arbeitet aktiv an der Verbreitung des Wortes Gottes von ihrem Heimbüro in Wylie, Texas aus. Besuchen Sie ihre Website www.gujubible.org oder waytoheavenministry.org, wo Sie aus dem Englischen ins Gujarati übersetzte Bibelstudien erhalten können. Sie können auch Standorte von Kirchen in Indien finden. Die Pastoren dieser Kirchen teilen die gleiche Liebe zur Wahrheit wie Frau Das. Sie arbeitet mit apostolischen Geistlichen in den Vereinigten Staaten und im Ausland zusammen, um Gastredner für die jährlichen Konferenzen in Indien zu gewinnen. Der Dienst und die Arbeit von Frau Das in Indien sind weithin bekannt. Sie haben unter anderem ein Apostolisches Bibelkolleg in Indien, ein Waisenhaus und Kindertagesstätten entstehen lassen. Von Amerika aus hat Frau Das bei der Gründung von Kirchen in Indien mitgeholfen, in denen viele Menschen den Herrn Jesus Christus kennengelernt haben. Sie ist eine sehr gläubige Frau, die beständig und unermüdlich betet. Diese Leistungen hat sie vollbracht, obwohl sie in allem von Gott abhängig ist und mit einer Behinderung lebt. Ihre bescheidene finanzielle Unterstützung zeugt von ihrem starken Willen und ihrer Entschlossenheit, die größer ist als ihre Mittel. Frau Das wird mit Sicherheit sagen: „Gott sorgt immer für mich und kümmert sich um mich". Ja, irgendwie tut er das und übertrifft ihre Bedürfnisse in hohem Maße!

Frau Das, die von morgens bis abends mit der Arbeit des Herrn beschäftigt ist, ist immer bereit, mit mir oder anderen, die Hilfe brauchen, zu beten. Gott ist immer die Antwort. Sie steht zwischen den Menschen, sofort in tiefem Gebet, mit Autorität und Fürbitte. Gott kümmert sich um Frau Das, weil sie eine Liebe zur Evangelisierung hat. Sie hört auf seine Stimme und wird nicht gegen „seine Wege" gehen. Gehorsam ist größer als Opfer, Gehorsam mit einer Leidenschaft, Gott zu gefallen.

Dies ist der richtige Zeitpunkt, um dieses Buch zu schreiben. Gott ist der „große Stratege". Seine Wege sind perfekt und minutiös. Dinge und

Situationen geschehen nicht vor ihrer bestimmten Zeit. Beten Sie darum, dass Sie durch den Heiligen Geist die Gedanken Gottes hören und sein Herz spüren. Dieses Buch wird weiterhin in den Herzen der Männer und Frauen geschrieben werden, die sie auf seinen Wegen beeinflusst hat.

Rose Reyes,

Der englische Name lautet I did it His Way.

Der französische Titel des Buches lautet: Je l'ai fait à „sa manière"

Der spanische Buchtitel lautet „Lo hice a „a Su manera"

Der Gujarati-Name ist me te temni rite karyu.... મેં તે તેમની રીતે કર્યું

Der Hindi-Name ist Maine uske tarike se kiya...मैंने उसके तरीके से किया

Diese Bücher sind auch als Audio- und E-Book-Version erhältlich.

Daily Spiritual Diet ist eine jährliche Lektüre von Elizabeth Das, erhältlich in Englisch, Gujarati und Hindi. E-Book und Papierbuch.

DANKSAGUNGEN

Ich möchte meiner Familie und meinen Freunden, insbesondere meiner Mutter Esther Das, meine tiefste Wertschätzung aussprechen. Sie ist das beste Beispiel für eine christliche Frau, die mir geholfen hat, meinen Dienst voranzubringen und mich immer unterstützt, egal in welche Richtung es geht.

Ich danke meiner Freundin Rose, dass sie mich unterstützt und mir geholfen hat, Teile dieses Buches zusammenzustellen.

Ich möchte auch meiner Gebetspartnerin, Schwester Veneda Ing, dafür danken, dass sie mir immer zur Verfügung steht; vor allem aber danke ich ihr für ihre inbrünstigen Gebete.

Ich danke im Namen Gottes für alle, die mir beim Übersetzen und Redigieren eine große Hilfe waren. Ich danke im Namen Gottes für viele andere, die ihre Zeit geopfert haben, um mir bei der Zusammenstellung dieses Buches zu helfen.

Inhaltsübersicht

Kapitel Nr.	**Seite Nr.**

1. Der Anfang: Auf der Suche nach dem Geist der Wahrheit. 2
2. Der mächtige Arzt 20
3. Gottes mächtige Waffen „Gebet und Fasten" 33
4. Gott, der große Stratege 36
5. Den Glauben aussprechen 46
6. Die heilende Kraft Gottes und seines Dieners 49
7. Nicht dem Teufel oder den Dingen des Teufels nachgeben 54
8. Traum und Vision - Die „Warnung" 59
9. Das allnächtliche Gebetstreffen 62
10. Die prophetische Botschaft 65
11. Eine Bewegung des Glaubens 69
12. Dämonische Befreiung und die heilende Kraft Gottes 78
13. Beichte und ein reines Gewissen 80
14. Am Rande des Todes 83
15. Frieden in Gottes Gegenwart 88
16. Ein aufopfernder Lebensstil im Leben 91
17. Reiseministerium: Berufen, zu lehren und das Evangelium zu verbreiten 109
18. Ministerium in Mumbai, Indien „Ein Mann mit großem Glauben" 123
19. Ministerium in Gujarat! 130
20. Der Hirte unserer Seele: Der Klang der Trompete 139
21. Ministerium bei der Arbeit 144

22. Seine Wege lernen, indem man seiner Stimme gehorcht	150
23. Bewegung in den Medien	155
24. Studie zur Erforschung	158
25. Lebensverändernde persönliche Zeugnisse	165
Zeugnisse des Volkes	167
Abschnitt II	194
A. Sprachen, die Gott benutzt	196
B. Wie hat Gott sein Wort bewahrt?	199
C. Bibelübersetzungen unserer Zeit:	207
D. KJV Vs Moderne Bibel: Änderungen, die hinzugefügt oder weggenommen wurden.	225

Ich habe es getan "Sein Weg".

DIE WEGE DES HERRN

- *Gottes Weg ist vollkommen; des HERRN Wort ist bewährt; er ist ein Schild für alle, die auf ihn vertrauen. (Psalmen 18:30)*

- *Aber er kennt den Weg, den ich gehe; wenn er mich prüft, werde ich wie Gold herauskommen. Mein Fuß hat seine Schritte gehalten, seinen Weg habe ich bewahrt und bin nicht abgewichen. Ich bin nicht abgewichen von dem Gebot seiner Lippen; ich habe die Worte seines Mundes höher geschätzt als meine Speise (Hiob 23:10-12).*

- *Harre auf den HERRN und halte seinen Weg, so wird er dich zum Erben des Landes erhöhen; wenn die Gottlosen ausgerottet werden, wirst du es sehen. (Psalmen 37:34)*

- *Der HERR ist gerecht in allen seinen Wegen und heilig in allen seinen Werken. (Psalmen 145:17)*

- *Der HERR wird dich ihm zum heiligen Volk machen, wie er dir geschworen hat, wenn du die Gebote des HERRN, deines Gottes, hältst und in seinen Wegen wandelst. (Deuteronomium 2: 9)*

- *Und es wird viel Volk hingehen und sagen: Kommt, lasst uns hinaufgehen auf den Berg des HERRN, zum Hause des Gottes Jakobs, und er wird uns seine Wege lehren, und wir werden auf seinen Pfaden wandeln; denn von Zion wird das Gesetz ausgehen und das Wort des HERRN von Jerusalem. (Jesaja 2:3)*

- *Die Sanftmütigen wird er im Recht leiten, und die Sanftmütigen wird er seinen Weg lehren. (Psalmen 25:9)*

Buchreferenzierung: HEILIGE BIBEL, King James Version

Kapitel 1

DER ANFANG: AUF DER SUCHE NACH DEM GEIST DER WAHRHEIT.

Im Juni 1980 kam ich in die Vereinigten Staaten von Amerika mit dem starken Wunsch, die Wahrheit über Gott, den Schöpfer aller Dinge zu finden. Es war nicht so, dass ich Gott in Indien nicht finden konnte, denn Gott ist überall und erfüllt das Universum mit seiner Gegenwart und Herrlichkeit; aber das war mir nicht genug. Ich wollte ihn persönlich kennenlernen, wenn das möglich wäre.

„Und ich hörte eine Stimme wie eine große Schar und wie die Stimme vieler Wasser und wie die Stimme eines gewaltigen Donners, die sprachen: Halleluja, denn der Herr, der allmächtige Gott, ist König."
(Offenbarung 19:6)

Ich befand mich auf einer außergewöhnlichen Reise, als Gott mich in die Vereinigten Staaten von Amerika führte. Ich dachte, ich hätte mich für diesen Weg entschieden, aber die Zeit hat mich eines Besseren belehrt. Ich begriff, dass Gott mehr mit dieser Entscheidung zu tun hatte, als mir bewusst war. Es war „Sein Weg", meine Gedanken und mein Leben zu verändern.

Amerika ist ein Land, das Religionsfreiheit bietet, eine Verschmelzung von multikulturellen Menschen, mit Freiheiten und Schutz für diejenigen, die ihre religiösen Rechte ohne Angst vor Verfolgung ausüben wollen. Ich begann, in diesem Land über unruhige Gewässer zu springen, als Gott mich zu leiten begann. Es war, als ob er mir Steine in den Weg legte, um mich zu leiten. Diese „Steine" bildeten die Grundlage für eine lange und stürmische Reise, die zu einer Offenbarung führte, bei der es kein Zurück mehr geben würde. Die Belohnung würde es wert sein, nach Seinen Wegen zu leben, auf Schritt und Tritt und bei jeder Prüfung meines Glaubens.

„Ich strebe nach dem Ziel, um den Preis der hohen Berufung Gottes in Christus Jesus. So lasst uns nun, so viele vollkommen sind, auch so gesinnt sein; und wenn ihr in etwas anders gesinnt seid, so wird Gott euch auch das offenbaren. Wir aber, die wir schon erlangt haben, lasst uns nach derselben Regel wandeln und auf dasselbe bedacht sein." (Philipper 3:14-16)

Als ich in Kalifornien ankam, habe ich in dieser Zeit nicht viele Inder aus dem Osten gesehen. Ich gewöhnte mich an das Leben in Amerika und konzentrierte mich auf das, weshalb ich hier war. Ich war auf der Suche nach dem lebendigen Gott der Bibel, dem Gott der Apostel Johannes, Petrus und Paulus und anderer, die das Kreuz trugen und Jesus folgten.

Ich wagte es, den Gott des Neuen Testaments zu finden, der laut der Heiligen Bibel, dem Wort des lebendigen Gottes, viele wunderbare Wunder, Zeichen und Wundertaten tat. Konnte ich so anmaßend sein, zu glauben, dass er mich wirklich kannte? Es musste mehr hinter Gott stecken. Ich begann, viele Kirchen verschiedener Konfessionen in der Gegend von Los Angeles zu besuchen, einer Metropole in Südkalifornien. Später zog ich in eine Stadt östlich von Los Angeles, West Covina, und begann auch dort, Kirchen zu besuchen. Ich stamme aus einem sehr religiösen Land, in dem es wahrscheinlich mehr Götter gibt als in jedem anderen Land der Welt. Ich habe immer an den einen Gott, den Schöpfer, geglaubt. Mein Herz sehnte sich danach, ihn persönlich kennenzulernen. Ich dachte, dass es ihn sicher gibt und dass er mich finden kann, weil ich ihn so leidenschaftlich gerne persönlich kennenlernen wollte. Ich suchte unermüdlich und las ständig in der Bibel, aber irgendetwas fehlte immer. Im August 1981 bekam ich eine Anstellung bei der Post der Vereinigten Staaten, wo ich begann, meinen Mitarbeitern Fragen über Gott zu stellen. Ich fing auch an, christliche Radiosender zu hören, wo ich verschiedene Prediger hörte, die über biblische Themen diskutierten, sich aber nicht einmal untereinander einig waren. Ich dachte: Das kann doch nicht ein Gott der Verwirrung sein? Es musste eine wahrheitsgemäße Antwort auf dieses religiöse Dilemma geben. Ich wusste, dass ich in der Heiligen Schrift suchen und weiter beten musste. Auch viele christliche Mitarbeiter sprachen mit mir und erzählten mir ihr Zeugnis. Ich war überrascht, dass sie so viel über den Herrn wussten. Damals wusste ich nicht, dass Gott bereits eine Zeit für mich festgelegt hatte, in der ich die Offenbarung seiner wunderbaren Wahrheit empfangen sollte.

Mein Bruder wurde von dämonischer Besessenheit geplagt und brauchte ein Wunder. Ich sah mich gezwungen, nach bibelgläubigen Christen zu suchen, die an Wunder und Befreiung von diesen dämonischen Kräften glaubten. Ohne Gnade quälten diese dämonischen Geister den Geist meines Bruders. Meine Familie war so besorgt um ihn, dass wir keine andere Wahl hatten, als ihn zu einem Psychiater zu bringen. Ich wusste, dass es das Vergnügen des Teufels war, meinen Bruder zu quälen und zu zerstören. Das war der geistliche Kampf, von dem in der Bibel die Rede ist. In unserer Verzweiflung brachten wir meinen Bruder zu einer Psychiaterin. Nachdem sie ihn untersucht hatte, fragte sie uns, ob wir an Jesus glaubten. Wir bejahten dies, dann begann sie, Adressen von zwei Kirchen mit Telefonnummern aufzuschreiben und gab sie mir. Zu Hause angekommen, legte ich die beiden Zettel mit den Informationen auf meine Kommode mit der Absicht, beide Pastoren anzurufen. Ich betete, dass Gott mich zu der richtigen Kirche und dem richtigen Pastor führen würde. Ich hatte von einigen sehr negativen Dingen über Kirchen in Amerika gehört, was mich sehr vorsichtig machte. Der Herr gebraucht Propheten, Lehrer und Prediger, um diejenigen, die ihn lieben, in die ganze Wahrheit zu führen. Der Herr wurde meine Lampe und mein Licht, das meine Dunkelheit erhellte. Gott würde sicher auch meinen Bruder aus seiner Finsternis herausführen. Ich glaubte wirklich, dass Gott mich in dem scheinbar endlosen Meer der Dunkelheit finden würde, denn es war eine sehr dunkle und schwierige Zeit für meine Familie.

Ich habe es getan "Sein Weg".

„Dein Wort ist eine Leuchte für meine Füße und ein Licht für meinen Weg." (Psalmen 119:105)

„Gebet und Fasten".

Ich legte beide Adressen auf meine Kommode. Ich rief beide Pastoren an und hatte mit beiden ein Gespräch. Gleichzeitig betete ich um die Weisung des Herrn für den Pastor, mit dem ich mein Gespräch fortsetzen konnte. Während dieser Zeit bemerkte ich, dass eine Nummer von der Kommode verschwunden war. Ich suchte sorgfältig nach ihr, konnte sie aber nicht finden. Jetzt war nur noch eine Nummer für mich verfügbar. Ich rief diese Nummer an und sprach mit dem Pastor der Kirche in Kalifornien, die nur 10 Minuten von meinem Haus entfernt war. Ich brachte meinen Bruder zu dieser Kirche, weil ich dachte, dass mein Bruder heute frei sein würde, aber das war nicht der Fall. Mein Bruder wurde an diesem Tag nicht vollständig befreit. Daraufhin bot uns der Pastor ein Bibelstudium an. Wir nahmen sein Angebot an und begannen, seine Kirche zu besuchen, ohne die Absicht, Mitglied zu werden, sondern nur als Besucher. Ich ahnte nicht, dass dies der Wendepunkt in meinem Leben sein würde. Zu dieser Zeit war ich gegen die Pfingstbewegung und ihren Glauben an die Zungenrede.

Die Gläubigen der Kirche waren sehr aufrichtig in ihrem Glauben. Sie beteten frei und gehorchten dem Pastor, wenn er zum Fasten aufrief, denn die geistlichen Kräfte, die meinen Bruder beherrschten, konnten nur durch „Gebet und Fasten" ausgetrieben werden, wie das Wort Gottes sagt. Einmal konnten die Jünger von Jesus einen Dämon nicht austreiben. Jesus sagte ihnen, dass es an ihrem Unglauben läge, und sagte, dass ihnen nichts unmöglich sein würde.

„Aber diese Art geht nicht aus, außer durch Gebet und Fasten." (Matthäus 17:21)

Wir alle fasteten mehrmals einige Tage am Stück, und ich konnte sehen, dass es meinem Bruder viel besser ging. Wir setzten die Bibelstunden mit dem Pastor bei mir zu Hause fort und verstanden alles, was er uns lehrte; als er jedoch begann, die Wassertaufe zu erklären, störte mich seine Auslegung. Ich hatte noch nie von der Taufe auf den Namen „Jesus" gehört, obwohl er uns deutlich die Bibelstellen zeigte. Es stand dort geschrieben, aber ich hatte es nicht gesehen. Vielleicht war mein Verstand geblendet worden.

Nachdem der Pastor gegangen war, wandte ich mich an meinen Bruder und sagte: „Ist dir aufgefallen, dass alle Prediger, die dieselbe Bibel benutzen, auf unterschiedliche Ideen kommen? Ich glaube wirklich nicht mehr, was diese Prediger sagen." Mein Bruder drehte sich zu mir um und sagte: „Er hat recht!" Ich wurde sehr wütend auf meinen Bruder und fragte ihn: „Du glaubst also die Lehre dieses Pastors? Ich glaube das nicht." Er sah mich wieder an und sagte: „Er sagt die Wahrheit." Ich antwortete wieder: „Du glaubst allen Predigern, aber nicht mir!" Wieder beharrte mein Bruder: „Er hat recht." Diesmal konnte ich sehen, dass das Gesicht meines Bruders sehr ernst war. Später nahm ich die Bibel zur Hand und begann, die Apostelgeschichte zu studieren, in der die Geschichte der Urgemeinde nachzulesen ist. Ich studierte und studierte, aber ich konnte immer noch nicht verstehen, warum Gott SEINEN WEG gegangen war. Glauben Sie, dass Gott mit jedem Menschen anders umgeht? Ich war auf der Suche nach Gott durch alle Quellen und Medien. Während dieser Zeit hörte ich, wie Gott zu meinem Herzen sprach: „Du musst dich taufen lassen." Ich hörte seinen Befehl und verbarg diese Worte in meinem Herzen, ohne dass es jemand anders wusste.

Es kam der Tag, an dem der Pastor auf mich zuging und mir eine Frage stellte: „Also, bist du jetzt bereit, dich taufen zu lassen?" Ich schaute ihn überrascht an, weil mir noch nie jemand diese Frage gestellt hatte. Er sagte mir, dass der Herr Jesus zu ihm über meine Taufe gesprochen hatte, also sagte ich „Ja". Ich war erstaunt, dass Gott zu dem Pastor über diese Angelegenheit sprechen würde. Ich verließ die Kirche und dachte: „Ich hoffe, Gott sagt ihm nicht alles, denn unsere Gedanken sind nicht immer gerecht oder sogar angemessen."

Die Taufe zur Vergebung der Sünden.

Der Tag meiner Taufe kam. Ich bat den Pfarrer, dafür zu sorgen, dass er mich im Namen des Vaters, des Sohnes und des Heiligen Geistes taufte. Der Pastor sagte mir immer wieder: „Ja, das ist der Name Jesu".

Ich habe es getan "Sein Weg".

Ich war besorgt und verärgert; ich dachte, dieser Mann würde mich in die Hölle schicken, wenn er mich nicht im Namen des Vaters, des Sohnes und des Heiligen Geistes taufte. Also wiederholte ich mich noch einmal und bat ihn, dafür zu sorgen, dass er im Namen des Vaters, des Sohnes und des Heiligen Geistes taufte, aber der Pastor wiederholte sich auch hier. „Ja, sein Name ist Jesus." Ich begann zu denken, dass dieser Pastor wirklich nicht verstand, was ich meinte. Da Gott zu mir gesprochen hatte, dass ich mich taufen lassen sollte, konnte ich ihm nicht ungehorsam sein. Damals verstand ich das nicht, aber ich gehorchte Gott, ohne die volle Offenbarung seines Namens zu kennen, und ich verstand auch nicht, dass die Erlösung in keinem anderen Namen als im Namen Jesu geschieht.

„Auch ist in keinem anderen das Heil; denn es ist kein anderer Name unter dem Himmel den Menschen gegeben, durch den wir gerettet werden sollen." (Apostelgeschichte 4:12)

*„Ihr seid meine Zeugen, spricht der Herr, und mein **Knecht**, den ich erwählt habe, damit ihr erkennt und mir glaubt und begreift, dass <u>ich es bin</u>: Vor mir war kein Gott und nach mir wird keiner mehr sein. Ich, ich bin der Herr, und außer mir gibt es **keinen Heiland."***
(Jesaja 43:10-11)

Vorher, nachher und in Ewigkeit gab, gibt und wird es nur einen Gott und Retter geben. Hier wird ein Mensch in der Rolle des <u>Dieners</u> sein, Jehova Gott sagt, dass **ich er bin**.

Der, da er in der Gestalt Gottes war, es nicht für ein Raub hielt, Gott gleich zu sein: sondern hat sich selbst entehrt und Knechtsgestalt angenommen und ist den Menschen gleich geworden: Und da er sich den Menschen gleichförmig gemacht hatte, erniedrigte er sich selbst und wurde gehorsam bis zum Tod, ja bis zum Tod am Kreuz.
(Philipper 2:6-8)

Jesus war der Gott im menschlichen Körper.

*Und unbestritten ist das Geheimnis der Gottseligkeit groß: **Gott ist im Fleisch erschienen**, (1. Timotheus 3:16)*

Warum ist dieser eine Gott, der Geist war, in Gestalt des Fleisches gekommen? Wie Sie wissen, hat der Geist kein Fleisch und Blut. Wenn er Blut zu vergießen hätte, dann bräuchte er einen menschlichen Körper.

Die Bibel sagt:

*So habt nun acht auf euch selbst und auf die ganze Herde, über die euch der Heilige Geist zu Aufsehern gesetzt hat, damit ihr die **Gemeinde Gottes** weidet, die er mit **seinem Blut** erkauft hat. (Apostelgeschichte 20:28)*

Die meisten Kirchen lehren nicht das Einssein Gottes und die Macht des Namens Jesu. Gott, ein Geist, der in Gestalt des Menschen Jesus Christus Fleisch geworden ist, hat seinen Jüngern den großen Auftrag gegeben:

*„Darum gehet hin und lehret alle Völker und taufet sie auf den **Namen** (Singular) des Vaters und des Sohnes und des Heiligen Geistes". (Matthäus 28:19)*

Die Jünger wussten eindeutig, was Jesus meinte, denn sie gingen hinaus und tauften in seinem Namen, wie es in der Heiligen Schrift geschrieben steht. Ich war erstaunt, dass sie jedes Mal, wenn sie eine Taufe durchführten, „Im Namen **Jesu**" aussprachen. Die Schrift bestätigt dies in der Apostelgeschichte.

An jenem Tag wurde ich im Wasser getauft und tauchte ganz in den Namen Jesu ein. Ich kam aus dem Wasser und fühlte mich so leicht, als könnte ich auf dem Wasser gehen. Ein schwerer Berg von Sünden war weggenommen worden. Ich wusste nicht, dass ich diese Last mit mir herumtrug. Was für eine wunderbare Erfahrung! Zum ersten Mal in meinem Leben wurde mir klar, dass ich mich als „Christ mit kleinen Sünden" bezeichnet hatte, weil ich nie das Gefühl hatte, ein großer Sünder zu sein. Unabhängig davon, was ich glaubte, war Sünde immer noch Sünde. Ich tat und dachte Sünde. Ich glaubte nicht mehr nur an die Existenz Gottes, sondern erlebte Freude und wahres Christsein, indem ich an dem teilnahm, was das Wort Gottes sagte.

Ich habe es getan "Sein Weg".

Ich nahm die Bibel wieder zur Hand und suchte die gleiche Bibelstelle. Und raten Sie mal! Er öffnete mein Verständnis und ich sah zum ersten Mal klar, dass die Taufe nur im NAMEN JESU stattfindet.

Da öffnete er ihnen das Verständnis, damit sie die Schrift verstehen konnten (Lk 24:45).

Ich fing an, die Schrift so klar zu sehen und dachte, wie hinterhältig Satan ist, um den Plan des Allerhöchsten Gottes, der in Gestalt des Fleisches kam, um Blut zu vergießen, einfach auszulöschen. Das Blut ist unter dem Namen **JESUS** verborgen. Ich fand sofort heraus, dass der Angriff Satans auf den Namen gerichtet war.

*„Tut Buße und lasst euch taufen auf den **Namen Jesu Christi** zur Vergebung der Sünden, so werdet ihr die Gabe des Heiligen Geistes empfangen." (Apostelgeschichte 2:38)*

Diese Worte sprach der Apostel Petrus am Pfingsttag zu Beginn der frühen Kirche im Neuen Testament. Nach meiner Taufe empfing ich die Gabe des Heiligen Geistes in der Kirche eines Freundes in Los Angeles.

Dies zeigte sich darin, dass ich in einer unbekannten Sprache oder in Zungen sprach, wie es in der Heiligen Schrift über die Taufe mit dem Heiligen Geist heißt:

*„Während Petrus noch diese Worte redete, fiel der Heilige Geist auf alle, die das Wort hörten. Und die aus der Beschneidung, die gläubig waren, entsetzten sich, so viele mit Petrus kamen, weil die Gabe des Heiligen Geistes auch auf die Heiden ausgegossen worden war. Denn sie hörten, wie sie **mit Zungen redeten** und Gott priesen."*
(Apostelgeschichte 10:44-46)

Ich habe klar verstanden, dass die Menschen die Taufzeremonie verändert haben. Das ist der Grund, warum wir heute so viele Religionen haben. Diese frühen Gläubigen wurden nach der Schrift getauft, die später geschrieben wurde. Petrus hat sie gepredigt und die Apostel haben sie vollzogen!

*„Kann jemand das Wasser verbieten, dass nicht auch diese getauft werden, die den Heiligen Geist empfangen haben wie wir? Und er befahl ihnen, sich auf den **Namen des Herrn taufen zu lassen**. Dann baten sie ihn, einige Tage zu bleiben." (Apostelgeschichte 10:47-48)*

Auch dies ist ein Beweis für die Taufe in Jesu Namen.

*Als sie aber glaubten, dass Philippus das Reich Gottes **und den Namen Jesu Christi** verkündigte, **ließen sie sich taufen, Männer und Frauen** (denn noch war er auf keinen von ihnen gefallen; **nur sie ließen sich auf den Namen des Herrn Jesus taufen**) (Apostelgeschichte 8:12-16).*

Apostelgeschichte 19

*Und es begab sich, dass, während Apollos in Korinth war, Paulus durch die oberen Küsten zog und nach Ephesus kam; und er fand einige Jünger und sprach zu ihnen: Habt ihr den Heiligen Geist empfangen, seitdem ihr glaubt? Sie aber sprachen zu ihm: Wir haben noch nicht gehört, ob es einen heiligen Geist gibt. Und er sprach zu ihnen: Worauf seid ihr denn getauft? Sie aber sprachen: Auf die Taufe des Johannes. Da sprach Paulus: Johannes hat wahrhaftig mit der Taufe der Buße getauft und dem Volk gesagt, dass sie an den glauben sollen, der nach ihm kommen soll, das ist an Christus Jesus. Als sie das hörten, ließen sie sich **auf den Namen des Herrn Jesus taufen**. Und als Paulus ihnen die Hände aufgelegt hatte, **kam der Heilige Geist auf sie, und sie redeten mit Zungen** und weissagten. (Apostelgeschichte 19:1-6)*

*Apostelgeschichte 19 war eine große Hilfe für mich, denn die Bibel sagt, dass es nur **eine Taufe gibt**. (Epheser 4:5)*

Ich wurde in Indien getauft, und ich muss hier sagen, dass ich besprengt und nicht getauft wurde.

Die wahre Lehre wurde von den **Aposteln und den Propheten** aufgestellt. Jesus kam, um das Blut zu vergießen und ein Beispiel zu geben. (1. Petr 2:21)

Ich habe es getan "Sein Weg".

*Apg 2:42 Und sie blieben standhaft in der **Lehre der Apostel** und in der Gemeinschaft und im Brechen des Brotes und in der*

***Epheser-2:20** und sind **auf den Grund der Apostel und Propheten gebaut**, wobei Jesus Christus selbst der wichtigste Eckstein ist;*

Galater. 1:8:9 Wenn aber wir oder ein Engel vom Himmel euch ein anderes Evangelium verkündigen als das, das wir euch verkündet haben, der sei verflucht. Wie wir zuvor gesagt haben, so sage ich auch jetzt wieder: Wenn jemand euch ein anderes Evangelium predigt als das, das ihr empfangen habt, der sei verflucht.

(Das ist tiefgründig; niemand kann die Lehre ändern, nicht einmal die Apostel, die bereits etabliert waren).

Diese Bibelstellen haben mir die Augen geöffnet, jetzt habe ich Matthäus 28:19 verstanden.

Die Kirche ist die Braut Jesu. Wenn wir auf den Namen Jesu getauft werden, nehmen wir seinen Namen an. Das Hohelied Salomos ist eine Allegorie auf die Kirche und den Bräutigam, in der die Braut den Namen angenommen hat.

*Wegen des Duftes deiner guten Salben **ist dein Name wie ausgegossenes Salböl**, darum lieben dich die Jungfrauen (Hohelied Salomos 1:3)*

Jetzt hatte ich die Taufe, von der in der Bibel die Rede ist, und denselben Heiligen Geist. Das war nicht etwas, das man sich einbildet; es war real! Ich konnte es fühlen und hören, und andere bezeugten die Manifestation der Neugeburt. Die Worte, die ich aussprach, kannte ich nicht, noch konnte ich sie verstehen. Es war überwältigend.

*„Denn wer in einer **unbekannten Sprache** redet, der redet nicht zu Menschen, sondern zu Gott; denn niemand versteht ihn, sondern im Geist redet er Geheimnisse." (1. Korinther 14:2)*

*„Denn wenn ich in einer unbekannten Sprache bete, so betet mein Geist, aber mein **Verstand ist unfruchtbar**." (1. Korinther 14:14)*

Meine Mutter bezeugte, dass sie vor meiner Geburt von einem Missionar aus Südindien in einem Fluss getauft wurde, und als sie auftauchte, war sie völlig geheilt. Da ich nicht wusste, wie dieser Prediger sie getauft hatte, fragte ich mich, wie sie geheilt wurde. Jahre später bestätigte mir mein Vater, dass dieser Pastor sie in Jesu Namen getauft hatte, was biblisch ist.

Die Bibel sagt:

„Der dir alle deine Sünden vergibt und alle deine Krankheiten heilt". (Psalmen 103:3)

Nach meiner Wiedergeburt begann ich, Bibelstudien für Freunde bei der Arbeit und für meine Familie zu halten. Mein Neffe empfing die Gabe des Heiligen Geistes. Mein Bruder, mein Cousin und meine Tante ließen sich zusammen mit vielen anderen Familienmitgliedern taufen. Ich wusste nicht, dass hinter dieser Reise viel mehr steckte als nur der Wunsch, Gott besser kennenzulernen. Mir war nicht klar, dass diese Erfahrung möglich war. Gott wohnt in den Gläubigen durch den Geist.

Offenbarung und Verstehen.

Ich widmete mich dem Studium der Heiligen Schrift und las wiederholt in der Bibel, und Gott öffnete mir immer wieder das Verständnis.

„Da öffnete er ihnen das Verständnis, damit sie die Schrift verstehen konnten." (Lukas 24:45)

Nachdem ich den Heiligen Geist empfangen hatte, wurde mein Verständnis klarer und ich begann, viele Dinge zu lernen und zu sehen, die ich vorher nicht gesehen hatte.

*„Gott aber hat sie **uns durch seinen Geist offenbart**; denn der Geist erforscht alles, auch die Tiefen Gottes." (1. Korinther 2:10)*

Ich habe es getan "Sein Weg".

Ich habe gelernt, dass wir seinen Willen für uns verstehen müssen, die Weisheit haben müssen, nach seinem Wort zu leben, „**seine Wege**" zu kennen und zu akzeptieren, dass Gehorsam eine Voraussetzung und keine Option ist.

Eines Tages fragte ich Gott: „Wie benutzt du mich?" Er sagte mir: „Im Gebet".

Darum, liebe Brüder, bemüht euch um eure Berufung und Erwählung; denn wenn ihr dies tut, werdet ihr niemals fallen:
(2. Petrus 1:10)

Ich habe gelernt, dass der Besuch einer Kirche einem ein Gefühl falscher Sicherheit geben kann. Religion ist keine Erlösung. Religion an sich kann nur dazu führen, dass man sich in seiner eigenen Selbstgerechtigkeit gut fühlt. Die Kenntnis der Heiligen Schrift allein bringt nicht die Erlösung. Man muss die Heilige Schrift durch Studium verstehen, Offenbarung durch Gebet erhalten und den Wunsch haben, die Wahrheit zu erkennen. Auch der Teufel kennt die Heilige Schrift, und er ist zu einer Ewigkeit im Feuersee verdammt. Lassen Sie sich nicht von Wölfen in Schafskleidern täuschen, die eine **Form der Frömmigkeit haben**, aber die *Macht Gottes* leugnen. Niemand hat mir jemals gesagt, ich bräuchte den Heiligen Geist mit dem Beweis der Zungenrede, wie sie in der Bibel beschrieben wird. Wenn Gläubige den Heiligen Geist empfangen, geschieht etwas Wunderbares. Die Jünger wurden mit dem Heiligen Geist und mit Feuer erfüllt.

*Ihr werdet aber **Kraft** empfangen, nachdem der Heilige Geist auf euch gekommen ist; und ihr werdet meine Zeugen sein in Jerusalem und in ganz Judäa und Samarien und bis an das Ende der Erde.*
(Apostelgeschichte 1:8)

Sie waren so Feuer und Flamme, das Evangelium zu verbreiten, dass viele Christen damals, wie auch heute noch, ihr Leben für das Evangelium der Wahrheit verloren. Ich habe gelernt, dass dies ein tiefer Glaube und eine solide Lehre ist, anders als die Lehre, die heute in einigen Kirchen gelehrt wird.

Nach der Auferstehung sagt Jesus in seinem Wort, dass dies das Zeichen dafür sein wird, dass jemand SEIN JÜNGER ist.

„..... sie werden mit neuen Zungen reden" (Markus 16:17)

Zunge heißt im Griechischen glossa, auf Deutsch: Übernatürliche, von Gott gegebene Gabe der Sprache. Man geht nicht in die Schule, um diese Art zu sprechen zu lernen. Deshalb heißt es ja auch „eine **neue Zunge**".

Dies ist eines der Zeichen, an denen man den Jünger des Höchsten Gottes erkennt. Ist Gott nicht so wunderbar? Er hat seine Jünger dazu bestimmt, auf ganz besondere Weise anerkannt zu werden.

Kraft der Anbetung.

Ich lernte die Kraft der Anbetung kennen und dass man in der Anbetung tatsächlich eine heilige Gegenwart spüren kann. Als ich 1980 nach Amerika kam, beobachtete ich, wie sich die Ostindier schämten, Gott frei anzubeten. Im Alten Testament tanzte König David, sprang, klatschte und hob seine Hände hoch vor dem Herrn. Die Herrlichkeit Gottes kommt dann zum Vorschein, wenn das Volk Gottes mit höchstem Lobpreis und höchster Begeisterung anbetet. Das Volk Gottes schafft die Atmosphäre dafür, dass die Gegenwart des Herrn unter ihm wohnt. Unsere Anbetung sendet einen wohlriechenden Duft an den Herrn, dem er nicht widerstehen kann. Er wird kommen und im Lobpreis seines Volkes wohnen. Nehmen Sie sich nach dem Gebet Zeit, um den Herrn von ganzem Herzen zu loben und anzubeten, ohne ihn um Dinge oder Gefallen zu bitten. In der Bibel wird er mit einem Bräutigam verglichen, der sich seine Braut (die Gemeinde) sucht. Er ist auf der Suche nach einer leidenschaftlichen Braut, die sich nicht schämt, IHN anzubeten. Ich habe gelernt, dass wir Anbetung anbieten können, die den Thronsaal erreicht, wenn wir unseren Stolz loslassen. Ich danke Gott für Prediger, die das Wort predigen und sich nicht damit zurückhalten, wie wichtig Gott die Anbetung ist.

Ich habe es getan "Sein Weg".

> *„Es kommt aber die Stunde und ist jetzt, da die wahren Anbeter den Vater im Geist und in der Wahrheit anbeten werden; denn der Vater sucht solche, die ihn anbeten."* (Johannes 4:23)

Wenn Gottes Gegenwart auf seine Kinder herabkommt, geschehen Wunder: Heilung, Befreiung, Zungenreden und Auslegungen, Prophetie, Manifestationen der Gaben des Geistes. Oh, wie viel Kraft Gottes können wir in einem einzigen Gottesdienst in uns aufnehmen, wenn wir alle zusammenkommen und Anbetung, Lobpreis und das höchste Lob darbringen. Wenn Sie keine Worte mehr haben, um zu beten, dann beten Sie an und bringen Sie das Opfer des Lobes dar! Der Teufel hasst es, wenn Sie seinen Schöpfer, den einen wahren Gott, anbeten. Wenn Sie sich allein fühlen oder die Angst an Ihnen zerrt, beten Sie an und verbinden Sie sich mit Gott!

Am Anfang fiel mir diese Art der Anbetung und des Lobpreises sehr schwer, aber später wurde es leicht. Ich begann, seine Stimme zu hören, die zu mir sprach. Er wollte, dass ich Seinem Geist gehorsam bin. Mein religiöser Hintergrund hatte mich davon abgehalten, Gott frei anzubeten. Bald wurde ich im Geist gesegnet, Heilung trat ein, und ich wurde von Dingen befreit, die ich nicht als Sünde erkannt hatte. Das war alles neu für mich; jedes Mal, wenn ich die Gegenwart Gottes in meinem Leben spürte, begann ich mich innerlich zu verändern. Ich wuchs und erlebte einen auf Christus ausgerichteten persönlichen Weg mit Gott.

Geist der Wahrheit.

Die Liebe zur Wahrheit ist unerlässlich, denn Religion kann trügerisch sein und schlimmer als eine Alkohol- oder Drogensucht.

> *„Gott ist ein Geist; und wer ihn anbeten will, muss ihn im Geist und in der Wahrheit anbeten."* (Johannes 4:24)

Die Ketten der Knechtschaft der Religion fielen von mir ab, als der Heilige Geist mich befreite. Wenn wir in unbekannten Zungen oder Sprachen im Heiligen Geist sprechen, spricht unser Geist zu Gott. Gottes Liebe ist überwältigend und die Erfahrung ist übernatürlich. Ich konnte nicht anders, als an all die Jahre zuvor zu denken, als ich eine biblische Lehre erhielt, die dem Wort Gottes widersprach.

In meiner Beziehung zu Gott offenbarte er mir immer mehr Wahrheit, je mehr ich in seinem Wort wuchs und **„seine Wege"** kennenlernte. Es war wie bei dem Sperling, der seine Jungen mit kleinen Portionen füttert, die jeden Tag stärker und beständiger werden, bis sie gelernt haben, in die Lüfte zu steigen. Suchen Sie den Geist der Wahrheit, und er wird Sie leiten, damit Sie alle Dinge erkennen. Eines Tages werden auch wir mit dem Herrn durch die Lüfte schweben.

„Wenn der Geist der Wahrheit kommt, wird er euch in alle Wahrheit leiten". (Johannes 16:13a)

Heilige Salbung:

Durch viel Kummer über den Zustand meines Bruders mit bösen Geistern fanden wir diese wunderbare Wahrheit. Ich nahm diese Wahrheit an, und der Heilige Geist gab mir die Kraft, Hindernisse zu überwinden, die meinem neuen Leben in Christus Jesus im Wege standen, und gab mir die heilige Salbung, zu wirken und zu dienen, indem ich Menschen lehrte. Ich lernte, dass Gott sich durch diese Salbung mit geistlichem Eifer und Ausdruck bewegte. Sie kommt von dem Heiligen, der Gott selbst ist, und nicht von einem religiösen Ritus oder einer formellen Ordination, die einem dieses Privileg verleiht.

Die Salbung:

Ich begann, die Salbung Gottes in meinem Leben zu spüren, und gab denen, die zuhören wollten, Zeugnis. Durch die Salbungskraft Gottes wurde ich zum Lehrer des Wortes Gottes. Es gab eine Zeit in Indien, in der ich als Jurist arbeiten wollte, aber der Herr machte mich zu einem Lehrer seines Wortes.

„Die Salbung aber, die ihr von ihm empfangen habt, bleibt in euch, und ihr habt es nicht nötig, dass euch jemand lehrt; sondern wie die Salbung euch alles lehrt und Wahrheit ist und keine Lüge, so werdet ihr auch in ihr helfen." (1. Johannes 2:27)

> *„Ihr aber habt eine Salbung vom Heiligen und wisst alles."*
> *(1. Johannes 2:20)*

Ich habe mich Gott zur Verfügung gestellt, und er hat durch seine salbende Kraft den Rest erledigt. Was für ein großartiger Gott! Er wird Sie nicht machtlos lassen, wenn Sie sein Werk tun. Ich fing an, mehr zu beten, als mein Körper aufgrund von Krankheit und Gebrechen schwach wurde, aber der Geist Gottes in mir wurde jeden Tag stärker, da ich Zeit und Mühe in meinen geistlichen Weg investierte, indem ich betete, fastete und ständig sein Wort las.

Lebenswandel:

Wenn ich einen Moment zurückblickte, sah ich, woher Gott mich gebracht hatte und wie sehr mein Leben von seinen Wegen abgewichen war. Ich hatte eine fleischliche Natur ohne die Macht, sie zu ändern. Ich hatte andere Geister, aber nicht den Heiligen Geist. Ich lernte, dass das Gebet die Dinge verändert, aber das wahre Wunder war, dass auch ich mich verändert hatte. Ich wollte, dass meine Wege mehr wie **Seine Wege** waren, also fastete ich, um meine fleischliche Natur zu ändern. Mein Leben hatte sich auf diesem Weg erheblich verändert, aber es hatte gerade erst begonnen, als mein leidenschaftliches Verlangen nach Gott zunahm. Andere, die mich gut kannten, konnten bezeugen, dass ich mich verändert hatte.

Geistliche Kriegsführung:

Ich war darauf bedacht, nur die Wahrheit zu lehren und nicht die Religion. Ich lehrte, dass die Taufe im Namen Jesu Christi und des Heiligen Geistes Gottes (Heiliger Geist) eine Notwendigkeit ist. Er ist der Tröster und Ihre Kraft, Hindernisse und böse Mächte zu überwinden, die sich gegen die Gläubigen richten.

Seien Sie immer bereit, auf den Knien für das zu kämpfen, was Sie von Gott wollen. Der Teufel will Sie und Ihre Familie vernichten. Wir befinden uns im Krieg mit den Mächten der Finsternis. Wir müssen für die Seelen kämpfen, die gerettet werden sollen, und beten, dass das

Elisabeth Das

Herz der Sünder von Gott berührt wird, damit sie sich von den Mächten, die über sie herrschen, abwenden können.

„Denn wir ringen nicht mit Fleisch und Blut, sondern mit Fürstentümern und Gewalten, mit den Machthabern der Finsternis dieser Welt und mit der geistlichen Bosheit in der Höhe."
(Epheser 6:12)

Eine lebendige Seele.

Jeder Mensch hat eine lebendige Seele; sie gehört nicht einem selbst, sie gehört Gott. Wenn wir eines Tages sterben, wird die Seele zu Gott oder zu Satan zurückkehren. Der Mensch kann den Körper töten, aber nur Gott kann die Seele töten.

*„Siehe, alle Seelen sind mein; wie die Seele des Vaters, so ist auch die Seele des Sohnes mein; die Seele, die sündigt, wird **sterben**."*
(Hesekiel 18:4)

„Und fürchtet euch nicht vor denen, die den Leib töten, aber die Seele nicht töten können; fürchtet euch aber vielmehr vor dem, der Leib und Seele verderben kann in der Hölle." *(Matthäus 10:28)*

Geist der Liebe.

Ein Leben bedeutet Gott so viel, weil er sich um jeden einzelnen von uns kümmert und ihn so sehr liebt. Die Gläubigen, die dieses Evangelium der Wahrheit haben, sind dafür verantwortlich, anderen von der Liebe Jesu im Geist der **Liebe zu erzählen**.

*„Ein neues Gebot gebe ich euch, dass ihr euch untereinander **liebt**, wie ich euch **geliebt** habe, dass auch ihr euch untereinander **liebt**. Daran werden alle Menschen erkennen, dass ihr meine Jünger seid, wenn ihr **Liebe untereinander** habt."* *(Johannes 13:34-35)*

Der Teufel wird gegen uns vorgehen, wenn wir eine Bedrohung für ihn werden. Es ist seine Aufgabe, uns zu entmutigen; aber wir haben die Verheißung des Sieges über ihn.

Ich habe es getan "Sein Weg".

„Gott aber sei Dank, der uns den Sieg gegeben hat durch unseren Herrn Jesus Christus." (1. Korinther 15:57)

Ich möchte hier betonen, dass Gott das, was Satan für das Böse hielt, in Segen verwandelt hat.

Die Bibel sagt:

„Und wir wissen, dass denen, die Gott lieben, alle Dinge zum Guten dienen, denen, die nach seinem Vorsatz berufen sind."
(Römer 8:28)

Gelobt sei der Herr Jesus Christus!

Kapitel 2

DER MÄCHTIGE ARZT

Die medizinische Wissenschaft berichtet, dass es insgesamt neununddreißig Kategorien von Krankheiten gibt. Es gibt zum Beispiel sehr viele Arten von Krebs. Es gibt auch viele Arten von Fieber, aber sie fallen alle unter die Kategorie Fieber. Nach altrömischem und mosaischem Recht durften nicht mehr als 40 Striemen (Peitschenhiebe) als Strafe verhängt werden. Um dieses römische und jüdische Gesetz nicht zu verletzen, verabreichten sie nur neununddreißig Schläge. Ist es ein Zufall, dass Jesus neununddreißig Striemen auf seinem Rücken hatte? Ich glaube, wie viele andere auch, dass es einen Zusammenhang zwischen dieser Zahl und Jesus gibt.

„Vierzig Striemen soll er ihm geben und nicht mehr, damit, wenn er es übertreibt und ihn darüber hinaus mit vielen Striemen schlägt, dir dein Bruder nicht schäbig erscheint." (Deuteronomium 25:3)

„Er selbst hat unsere Sünden an seinem eigenen Leib auf dem Baum getragen, damit wir, der Sünde tot, der Gerechtigkeit leben; durch seine Striemen seid ihr geheilt worden." (1. Petrus 2:24)

„Aber er ist um unserer Übertretungen willen verwundet und um unserer Missetaten willen gequält worden; die Strafe unseres Friedens lag auf ihm, und durch seine Striemen sind wir geheilt." (Jesaja 53:5)

In diesem Buch lesen Sie Zeugnisse über die Heilkraft Gottes und die Kraft der Befreiung von Drogen, Alkohol und dämonischer Besessenheit. Ich beginne mit meinen eigenen persönlichen Krankheiten, bei denen Gott mir schon früh gezeigt hat, dass nichts zu schwierig oder zu groß für ihn ist. Er ist der Mächtige Arzt. Der Schweregrad meines körperlichen Zustands veränderte sich durch schmerzhafte Krankheiten von schlecht zu schlechter. Es waren und sind das Wort Gottes und seine Verheißungen, die mich heute tragen.

Chronische Sinusitis.

Ich hatte ein Nebenhöhlenproblem, das so stark war, dass ich nicht schlafen konnte. Tagsüber bat ich die Leute, für mich zu beten. Für den Moment ging es mir gut, aber in der Nacht ging es wieder los und ich konnte nicht schlafen.

Eines Sonntags ging ich in die Kirche und bat den Pastor, für mich zu beten. Er legte seine Hand auf meinen Kopf und betete für mich.

> *„Ist jemand krank unter euch? Dann soll er die Ältesten der Gemeinde rufen, und sie sollen über ihm beten und ihn im Namen des Herrn mit Öl salben." (Jakobus 5:14)*

Als der Gottesdienst begann, fing ich an, Gott zu loben und anzubeten, da der Geist so frei über mich kam. Der Herr sagte mir, ich solle vor ihm tanzen. Im Geist begann ich im Gehorsam vor ihm zu tanzen, als sich plötzlich meine verstopfte Nase löste und das, was die Nasengänge verstopft hatte, herauskam. Sofort begann ich zu atmen, und dieser Zustand ist nicht mehr zurückgekehrt. Ich hatte diese Nasennebenhöhlenerkrankung mit meinen eigenen Worten und Gedanken akzeptiert. Doch schließlich lernte ich, dass wir unseren Glauben immer aussprechen und niemals bekennen oder Zweifel hegen sollten.

Mandelentzündung.

Ich hatte eine chronische Mandelentzündung und konnte wegen der schrecklichen, anhaltenden Schmerzen nicht schlafen. Ich litt viele

Jahre lang unter diesem Zustand. Nachdem ich einen Arzt aufgesucht hatte, wurde ich an einen Hämatologen überwiesen. Eine relativ kleine Mandelentfernung wäre für mich eine gefährliche und langwierige Operation, da ich eine Blutkrankheit habe, die die Blutgerinnung in meinem Körper erschwert. Mit anderen Worten: Ich könnte verbluten! Der Arzt sagte, dass ich diese Operation auf keinen Fall durchstehen und die Schmerzen nicht ertragen könnte. Ich betete für meine eigene Heilung und bat auch die Gemeinde, für mich zu beten. Eines Tages kam ein Gastprediger in meine Kirche. Er begrüßte die Gemeinde und fragte, ob jemand Heilung brauche.

Unsicher, ob ich meine eigene Heilung erhalten würde, machte ich mich trotzdem auf den Weg nach vorne und vertraute auf Gott. Als ich zu meinem Platz zurückkehrte, hörte ich eine Stimme, die mir sagte.

„Du wirst nicht geheilt werden."

Ich war wütend auf diese Stimme. Wie konnte diese Stimme so dreist diesen Zweifel und Unglauben aussprechen? Ich wusste, dass dies ein Trick des Teufels war, um meine Heilung zu verhindern. Ich erwiderte dieser Stimme den Widerstand,

„Ich werde meine Heilung bekommen!"

Meine Antwort war fest und stark, weil ich wusste, dass sie vom Vater aller Lügen, dem Teufel, kam. Der Heilige Geist gibt uns Autorität über den Teufel und seine Engel. Ich wollte ihm nicht erlauben, mich meiner Heilung und meines Friedens zu berauben. Er ist ein Lügner und es gibt keine Wahrheit in ihm! Ich wehrte mich mit dem Wort und den Verheißungen Gottes.

> „Ihr seid von eurem Vater, dem Teufel, und die Begierden eures Vaters werdet ihr tun. Er war ein Mörder von Anfang an und blieb nicht in der Wahrheit, denn es ist keine Wahrheit in ihm. Wenn er eine Lüge redet, so redet er von sich selbst; denn er ist ein Lügner und der Vater derselben." (Johannes 8:44)

Ich habe es getan "Sein Weg".

Sofort war mein Schmerz weg und ich war geheilt! Manchmal müssen wir uns in das Lager des Feindes begeben, um für das zu kämpfen, was wir wollen, und uns das zurückzuholen, was der Feind, der Teufel, uns wegnehmen will. Als der Schmerz mich verließ, sagte der Teufel: „Du warst nicht krank". Der Feind versuchte, mich durch eine „Wolke des Zweifels" davon zu überzeugen, dass ich nicht wirklich krank gewesen sei. Der Grund für diese Lüge des Teufels war, dass ich Gott nicht die Ehre geben wollte. Mit einer festen Antwort an Satan sagte ich: „Ja, ich war krank!" Sofort legte Jesus den Schmerz auf jede Seite meiner Mandeln. Ich antwortete: „Herr Jesus, ich weiß, dass ich krank war, und du hast mich geheilt." Der Schmerz verließ mich für immer! Ich litt nie wieder. Sofort hob ich meine Hände, lobte den Herrn und gab Gott die Ehre. Jesus hat die Striemen auf seinem Rücken getragen, damit ich an diesem Tag geheilt werden konnte. Sein Wort sagt auch, dass meine Sünden vergeben werden würden. Ich stand auf und bezeugte an diesem Tag vor der Gemeinde, wie der Herr mich geheilt hatte. Ich habe meine Heilung mit Gewalt erlangt.

„Und von den Tagen Johannes des Täufers an bis jetzt erleidet das Himmelreich Gewalt, und die Gewalttätigen nehmen es mit Gewalt." (Matthäus 11:12)

„Und das Gebet des Glaubens wird den Kranken retten, und der Herr wird ihn auferwecken; und wenn er Sünden begangen hat, werden sie ihm vergeben werden." (Jakobus 5:15)

„Der dir alle deine Missetaten vergibt und alle deine Krankheiten heilt." (Psalmen 103:3)

Wenn wir aufstehen und bezeugen, was der Herr getan hat, geben wir nicht nur Gott die Ehre, sondern es stärkt auch den Glauben anderer, die es hören müssen. Außerdem ist es frisches Blut gegen den Teufel.

„Und sie haben ihn überwunden durch das Blut des Lammes und durch das Wort ihres Zeugnisses und haben ihr Leben nicht geliebt bis in den Tod". (Offenbarung 12:11)

Gott vollbringt große und kleine Wunder. Sie besiegen den Teufel, wenn Sie anderen erzählen, was Gott für Sie getan hat. Sie lassen den Teufel in die Flucht schlagen, wenn Sie anfangen, Gott von ganzem Herzen anzubeten! Sie haben Waffen des Glaubens und die Kraft des Heiligen Geistes zur Verfügung, um den Vater aller Lügen zu besiegen. Wir müssen lernen, sie zu benutzen.

Sehschwäche.

Ich hatte 1974, bevor ich nach Amerika kam, ein Problem mit meinem Sehvermögen. Ich konnte die Entfernung zwischen mir und einem anderen Objekt vor mir nicht unterscheiden. Das verursachte starke Kopfschmerzen und Übelkeit. Der Arzt sagte, ich hätte ein Problem mit der Netzhaut, das mit Übungen behoben werden könnte; aber das hat bei mir nicht funktioniert, und die Kopfschmerzen blieben.

Ich besuchte eine Kirche in Kalifornien, die an heilende Kräfte glaubte. Ich bat die Gemeinde, für mich zu beten. Ich hörte immer wieder Zeugnisse von Heilungen, die mir halfen, an Heilung zu glauben. Ich bin so dankbar, dass die Kirchen Zeugnisse zulassen, damit andere Menschen Lobpreisberichte über Wunder hören können, die Gott im Leben normaler Menschen getan hat. Mein Glaube wurde durch das Hören von Zeugnissen immer gestärkt. Ich habe durch das Zeugnis viel gelernt.

Später suchte ich einen Augenarzt auf, da Gott mich gebeten hatte, den Augenarzt aufzusuchen.

Dieser Arzt untersuchte meine Augen und stellte das gleiche Problem fest, bat mich aber, eine zweite Meinung einzuholen. Eine Woche später bat ich um das Gebet, da ich starke Kopfschmerzen und unerträgliche Schmerzen in meinen Augen hatte.

Ich holte eine zweite Meinung ein, wo man meine Augen untersuchte und sagte, dass mit meinen Augen alles in Ordnung sei. Ich war sehr glücklich.

Ich habe es getan "Sein Weg".

Sechs Monate später fuhr ich zur Arbeit und dachte darüber nach, was der Arzt gesagt hatte, und begann darauf zu vertrauen, dass alles in Ordnung war und der andere Arzt, der eine Unvollkommenheit der Augen diagnostiziert hatte, falsch lag. Ich war für all diese Monate geheilt und vergaß, wie krank ich war.

Gott begann zu mir zu sprechen: „Erinnerst du dich, dass du unerträgliche Schmerzen, Kopfschmerzen und Übelkeit hattest?"

Ich sagte: „Ja." Dann sagte Gott: „Erinnerst du dich daran, als du in Indien warst und der Arzt sagte, dass du ein Augenleiden hast und dir Übungen zur Augenkoordination beigebracht wurden? Erinnerst du dich, dass du in den letzten sechs Monaten wegen dieses Problems nicht krank nach Hause gekommen bist?"

Ich antwortete: „Ja".

Gott sagte zu mir: „Ich habe deine Augen geheilt!"

Gott sei gelobt, das erklärte, warum der dritte Arzt nichts bei mir finden konnte. Gott erlaubte mir, diese Erfahrung zu machen, um mir zu zeigen, dass er in der Lage ist, tief in meine Augen zu gehen und sie zu heilen. Das Wort Gottes sagt: „Ich kenne das Herz, nicht der, dem das Herz gehört". Ich fing an, über diese Worte in meinem Kopf nachzudenken. Ich mag mein Herz besitzen, aber ich kenne weder mein eigenes Herz noch weiß ich, was ich in meinem Herzen habe. Deshalb bete, faste und lese ich ständig das Wort Gottes, damit Gott nur Gutes, Liebe und Glauben in meinem Herzen findet. Wir müssen vorsichtig sein mit dem, was wir denken und was aus unserem Mund kommt. Meditieren Sie über das Gute, denn Gott kennt unsere Gedanken genau.

„Lass die Worte meines Mundes und das Sinnen meines Herzens wohlgefällig sein vor dir, HERR, meine Stärke und mein Erlöser."
(Psalmen 19:14)

„Das Herz ist trügerisch über alle Maßen und verzweifelt böse; wer kann es erkennen? Ich, der Herr, erforsche das Herz, ich prüfe die

> *Zügel, um einem jeden zu geben nach seinen Wegen und nach der Frucht seines Tuns." (Jeremia 17:9-10)*

Ich bete Psalm 51 für mich:

> *„Schaffe in mir ein reines Herz, o Gott, und erneuere den rechten Geist in mir. (Psalmen 51:10)*

Ängste.

Ich machte eine Phase durch, in der ich etwas erlebte, das ich nicht in Worte fassen konnte. Ich erinnere mich, dass ich Gott sagte, dass ich nicht wüsste, warum ich dieses Gefühl in meinem Kopf hätte. Ich betete und bat Gott, dass ich dieses überwältigende Gefühl nicht verstehen könne, weil ich mir zu diesem Zeitpunkt um nichts Sorgen machte. Dieses Gefühl hielt einige Zeit an, und ich fühlte mich geistig „daneben", aber nicht körperlich, so kann ich es am besten beschreiben. Später bei der Arbeit hatte ich dieses kleine Inspirationsbuch in meiner Hand.

Der Herr sagte: „Öffne dieses Buch und lies".

Ich habe das Thema „Angst" gefunden. Gott sagte, dass das, was ich habe, Angst ist. Ich war mit diesem Wort nicht vertraut. Da ich dieses Wort nicht richtig verstand, sagte Jesus, ich solle im Wörterbuch nachschlagen. Ich fand genau die Symptome, die ich hatte. Die Definition lautete: Besorgnis oder Sorge um eine Sache oder ein Ereignis, das in der Zukunft liegt oder ungewiss ist, das den Geist beunruhigt und ihn in einem Zustand schmerzlicher Unruhe hält.

Ich sagte: „Ja, Herr, genau so fühle ich mich!"

Ich arbeitete in der Wechselschicht und an meinem freien Tag ging ich früh schlafen. Während dieser Zeit wachte ich immer früh morgens auf, um zu beten, und eines Tages sagte Gott zu mir, ich solle schlafen gehen. Ich dachte: „Warum sollte Gott das sagen?" In diesem frühen Stadium meines Weges mit Gott lernte ich gerade, seine Stimme zu erkennen und zu hören. Wieder sagte ich mir: Warum sagt Gott mir, dass ich schlafen gehen soll? Ich glaube, das ist der Teufel.

Dann erinnerte ich mich daran, dass Gott manchmal Dinge zu uns sagt, die vielleicht keinen Sinn ergeben, aber er gibt uns eine wichtige Botschaft. Kurz gesagt, seine Botschaft war, dass wir nicht heiliger als andere sein müssen.

> *„Denn meine Gedanken sind nicht eure Gedanken, und eure Wege sind nicht meine Wege, spricht der HERR. Denn wie der Himmel höher ist als die Erde, so sind auch meine Wege höher als eure Wege und meine Gedanken als eure Gedanken". (Jesaja 55:8-9)*

Mit anderen Worten, das Gebet ist der richtige Weg, aber in dieser Zeit war es das nicht. Er hatte bereits seinen Engel ausgesandt, um mir zu dienen, und ich musste im Bett liegen. Es gibt eine Zeit zum Ausruhen und eine Zeit, in der Gott unsere Lampen mit frischem Öl auffüllt, indem er den Heiligen Geist durch Gebet erneuert. In der Natur brauchen wir Schlaf und Ruhe, um unseren Körper und unseren Geist zu erfrischen, wie Gott es beabsichtigt hat. Wir sind der Tempel Gottes und müssen uns um uns selbst kümmern.

> *Zu welchem der **Engel** aber hat er jemals gesagt: Setze dich zu meiner Rechten, bis ich deine Feinde zum Schemel deiner Füße mache? Sind sie nicht alle **dienstbare Geister, ausgesandt, um denen zu dienen, die Erben des Heils sein sollen**?*
> *(Hebräer 1:13-14)*

Als ich wieder einschlief, hatte ich einen Traum von einem Mann ohne Kopf. Der kopflose Mann berührte meinen Kopf. Später wachte ich auf und fühlte mich erfrischt und völlig normal; ich wusste, dass Gott einen heilenden Engel geschickt hatte, um meinen Kopf zu berühren und mich von dieser Angst zu befreien. Ich war Gott so dankbar, dass ich es jedem erzählte, der es hören wollte. Ich erlebte die schrecklichen, lähmenden Symptome der Angst, die meinen Verstand beeinträchtigt hatten. Man wacht jeden Tag mit der Angst auf und kommt nie zur Ruhe, weil sich der Geist nicht vollständig entspannen kann. Angst ist auch ein Werkzeug des Teufels, um dich mit Angst oder Panik zu überwältigen. Sie tritt in vielen Formen auf, und Sie wissen vielleicht nicht einmal, dass Sie sie haben. Das Beste, was Sie tun können, ist zu ändern, wie Sie auf Stress reagieren, und sich zu fragen, ob Sie Ihrem Körper das geben, was er braucht, um sich täglich zu erneuern. Gott wird den Rest erledigen, wenn Sie sich um „seinen Tempel" kümmern.

„Wer den Tempel Gottes verunreinigt, den wird Gott verderben; denn der Tempel Gottes ist heilig, und dieser Tempel seid ihr".
(1. Korinther 3:17)

Seine Stimme.

Wenn Sie Gott haben, sind Sie erfüllt, weil Sie in Seine Liebe eingetaucht sind. Je mehr Sie Ihn kennenlernen, desto mehr lieben Sie Ihn! Je mehr Sie mit Ihm sprechen, desto besser lernen Sie, Seine Stimme zu hören. Der Heilige Geist hilft Ihnen, die Stimme Gottes zu erkennen. Sie müssen nur auf diese leise, kleine Stimme hören. Wir sind die Schafe auf Seiner Weide, die Seine Stimme kennen.

„Jesus antwortete ihnen: Ich habe es euch gesagt, und ihr habt nicht geglaubt: Die Werke, die ich in meines Vaters Namen tue, die zeugen von mir. Ihr aber glaubt nicht, denn ihr seid nicht von meinen Schafen, wie ich euch gesagt habe. Meine Schafe hören meine Stimme, und ich kenne sie, und sie folgen mir nach: Und ich gebe ihnen das ewige Leben, und sie werden nimmermehr umkommen, und niemand wird sie aus meiner Hand reißen. Mein Vater, der sie mir gegeben hat, ist größer als alle, und niemand kann sie aus der Hand meines Vaters reißen. Ich und mein Vater sind eins."
(Johannes 10:25-30)

Es gibt diejenigen unter uns, die sich seine „Schafe" nennen, und diejenigen, die nicht glauben. Seine Schafe hören die Stimme Gottes. Religiöse Dämonen sind trügerisch. Sie geben uns das Gefühl, dass wir Gott haben. Die Heilige Bibel warnt uns vor falschen Lehren.

„Sie haben eine gottesfürchtige Gestalt, verleugnen aber ihre Kraft."
(2. Timotheus 3:5)

Ich habe es getan "Sein Weg".

Gott sagt: „Suchet mich von ganzem Herzen, so werdet ihr mich finden". Es geht nicht darum, einen Lebensstil zu finden, der zu uns passt. Folgen Sie der Wahrheit, nicht der religiösen Tradition. Wenn Sie nach Gottes Wahrheit dürsten, werden Sie sie finden. Sie müssen das Wort Gottes lesen und lieben, es in Ihrem Herzen bewahren und es in Ihrem Lebensstil zeigen. Das Wort Gottes verändert Sie innerlich und äußerlich.

Jesus kam, um die Macht der Tradition und die Macht der Religion mit dem Preis seines Blutes zu brechen. Er gab sein Leben, damit wir Vergebung der Sünden und direkte Gemeinschaft mit Gott haben können. Das Gesetz wurde in Jesus erfüllt, aber sie haben ihn nicht als Herrn und Retter, als Messias, anerkannt.

„Aber auch unter den Obersten glaubten viele an ihn; aber wegen der Pharisäer bekannten sie ihn nicht, damit sie nicht aus der Synagoge ausgeschlossen würden: Denn sie liebten das Lob der Menschen mehr als das Lob Gottes." (Johannes 12:42-43)

Influenza:

Ich hatte hohes Fieber, begleitet von Körperschmerzen. Auch meine Augen und mein Gesicht waren stark geschwollen. Ich konnte kaum sprechen und rief den Ältesten meiner Kirche an, um für meine Heilung zu beten. Meine Gesichtszüge wurden sofort wieder normal und ich war geheilt. Ich danke Gott für die Männer des Glaubens und die Gewissheit, die er denen gibt, die ihm vertrauen.

„Denn unser Evangelium ist nicht allein im Wort zu euch gekommen, sondern auch in Kraft und im Heiligen Geist und in großer Zuversicht." (1. Thessalonicher 1:5a)

Augenallergie.

In Südkalifornien haben wir ein ernstes Smogproblem. Ich hatte eine Reizung in meinen Augen, die sich durch die Luftverschmutzung noch verschlimmerte. Der Juckreiz, die Rötung und die ständigen Schmerzen waren unerträglich; ich hatte das Gefühl, ich müsste meine

Augen aus der Fassung nehmen. Was für ein schreckliches Gefühl. Ich war noch dabei, zu wachsen und zu lernen, Gott zu vertrauen. Ich hielt es für unmöglich, dass Gott diese Krankheit heilen könnte, obwohl er mich in der Vergangenheit bereits geheilt hatte. Es fiel mir nur schwer, Gott meine Heilung zuzutrauen. Ich dachte, da Gott bereits jeden meiner Gedanken kennt, kann er meine Augen wegen meines Unglaubens nicht heilen, also benutzte ich Augentropfen, um den Juckreiz zu lindern. Der Herr begann zu mir zu sprechen, damit ich die Augentropfen absetzte. Aber der Juckreiz war sehr schlimm und ich hörte nicht auf. Er wiederholte dies dreimal, bis ich schließlich die Augentropfen absetzte.

*„Jesus aber sah sie an und sprach zu ihnen: Bei den Menschen ist es unmöglich; aber bei **Gott sind alle Dinge möglich**".*
(Matthäus 19:26)

Ein paar Stunden später, als ich bei der Arbeit war, verließ mich das Jucken. Ich war so glücklich, dass ich begann, allen auf der Arbeit von meiner Heilung zu erzählen. Ich brauchte mir nie wieder Sorgen um meine Augen zu machen. Wir wissen so wenig über Gott und wie er denkt. Wir können ihn niemals kennen, denn **seine Wege** sind nicht unsere Wege. Unser Wissen über ihn ist so extrem klein. Deshalb ist es für wahre Gläubige so wichtig, im Geist zu wandeln. Wir dürfen uns nicht auf unser eigenes menschliches Verständnis stützen. Jesus war an diesem Tag freundlich, geduldig und barmherzig mit mir. Jesus hat mir eine große Lektion erteilt. Ich hatte Zweifel an der Heilung, aber an diesem Tag gehorchte ich ihm und er heilte mich! Er hat mich nie aufgegeben und er wird auch Sie nie aufgeben!

Nach dieser Lektion über Gehorsam legte ich alle Arten von Medikamenten weg. Ich glaubte von ganzem Herzen und begann, Gott zu vertrauen, dass er mich von all meinen Krankheiten heilen würde. Im Laufe der Zeit lernte ich, ihm zu glauben, und ich wuchs im Herrn. Er ist auch heute noch mein Arzt.

Nackenverletzung:

Ich habe es getan "Sein Weg".

Ich war eines Nachmittags auf dem Weg zur Kirche, als ich von einem anderen Fahrzeug angefahren wurde und eine Nackenverletzung erlitt, die eine Beurlaubung erforderlich machte. Ich wollte meine Arbeit wieder aufnehmen, aber der Arzt lehnte dies ab. Ich begann zu beten: „Jesus, mir ist langweilig, bitte lass mich gehen." Jesus sagte: „Geh wieder an die Arbeit, und niemand wird merken, dass du verletzt bist".

„Denn ich will dich gesund machen und von deinen Wunden heilen, spricht der Herr" (Jeremia 30:17a).

Dann kehrte ich zum Arzt zurück, und er gab mir die Erlaubnis, wieder zu arbeiten, da ich darauf bestand. Ich hatte wieder Schmerzen und wurde getadelt, weil ich zu früh wieder zur Arbeit ging. Ich erinnerte mich daran, was Jesus gesagt und mir versprochen hatte. Ich begann mir zu sagen, dass ich mich an Gottes Versprechen halten sollte, und es ging mir von Tag zu Tag besser. Ehe ich mich versah, waren meine Schmerzen verschwunden. An diesem Abend bat mich meine Vorgesetzte, Überstunden zu machen. Ich lachte und sagte ihm scherzhaft, dass es mir nicht gut genug ginge, um Überstunden zu machen, weil ich Schmerzen hätte. Ich gestand ihm, dass ich etwas hatte, was ich nicht hatte. Die Schmerzen kehrten sofort zurück, und mein Gesicht wurde sehr blass, sodass mein Vorgesetzter mir befahl, nach Hause zu gehen. Ich erinnerte mich daran, dass Gott mir vorhin gesagt hatte, ich würde wieder gesund werden, und war fest entschlossen, darauf zu bestehen. Ich sagte meinem Vorgesetzten, dass ich aufgrund von Gottes Versprechen nicht nach Hause gehen könne. Eine andere Vorgesetzte war Christin, also bat ich sie, für mich zu beten. Sie bestand darauf, dass ich wieder nach Hause gehen sollte. Ich begann, den Schmerz zurechtzuweisen und sprach das Wort des Glaubens. Ich nannte den Teufel einen Lügner mit der Autorität des Heiligen Geistes. Sofort verschwanden meine Schmerzen.

Da berührte er ihre Augen an und sagte: „Wie ihr glaubt, so soll es euch ergehen." (Matthäus 9:29)

Ich ging zurück zu meiner anderen Vorgesetzten und erzählte ihr, was passiert war. Sie stimmte zu, dass der Teufel ein Lügner und der Vater aller Lügen ist. Es ist wichtig, niemals Krankheit oder Schmerz herbeizurufen. Gott hat mir an diesem Tag eine sehr wichtige Lektion darüber erteilt, dass man nicht mit der Unwahrheit herumalbern sollte.

> *„Eure Rede aber sei: Ja, ja; nein, nein; denn alles, was darüber hinausgeht, kommt vom Bösen." (Matthäus 5:37).*

Ich habe es getan "Sein Weg".

Kapitel 3

GOTTES MÄCHTIGE WAFFEN „GEBET UND FASTEN"

An einem Sonntagmorgen, während des Gottesdienstes, saß ich auf der letzten Bank mit unerträglichen Schmerzen und konnte kaum gehen. Plötzlich befahl Gott mir, nach vorne zu gehen und Gebet zu empfangen. Irgendwie wusste ich in meinem Herzen und im Geist, dass ich nicht geheilt werden würde, aber da ich Gottes Stimme hörte, gehorchte ich. Wie wir in

> *1. Samuel 15:22b lesen. Gehorchen ist besser als Opfern.*

Ich machte mich langsam auf den Weg nach vorne, und als ich den Seitengang entlangging, bemerkte ich, dass die Leute aufstanden, als ich an ihnen vorbeiging. Ich erlebte, wie der Geist Gottes auf jede Person fiel und fragte mich, welchen Zweck Gott damit verfolgte, mich nach vorne zu schicken.

> *„Und wenn du auf die Stimme des Herrn, deines Gottes hörst und alle seine Gebote hältst und tust, die ich dir heute gebiete, so wird der Herr, dein Gott, dich über alle Völker der Erde erheben: Und alle diese Segnungen werden über dich kommen und dich überwältigen, wenn du auf die Stimme des Herrn, deines Gottes, hörst."*
> *(Deuteronomium 28:1-2)*

Ich besuchte gerade meine örtliche Kirche, als dies geschah, dachte aber noch einige Zeit über diesen Tag nach. Danach besuchte ich eine Kirche in der Stadt Upland. Eine Schwester aus unserer früheren Kirche besuchte auch diese Kirche. Sie sah meine Anzeige an meinem Auto, in der ich Mathenachhilfe anbot, und wollte mich einstellen. Eines Tages, als ich sie in meinem Haus unterrichtete, sagte sie zu mir: „Schwester, ich erinnere mich an den Tag, als du in unserer alten Kirche krank warst und nach vorne gingst, um Gebet zu empfangen. Ich habe die Gegenwart Gottes noch nie so erlebt, obwohl ich in Jesu Namen getauft bin und seit zwei Jahren zur Kirche gehe. An dem Tag, als du vorbeikamst, habe ich zum ersten Mal den Geist Gottes gespürt, und er war so stark. Erinnerst du dich, dass die ganze Gemeinde aufstand, als der Geist auf sie fiel, als du vorbeikamst?" Ich erinnerte mich gut an diesen Tag, weil ich mich immer noch fragte, warum Gott mich nach vorne schickte, obwohl ich kaum laufen konnte. Ich spürte, dass Gott es aus einem bestimmten Grund zuließ, dass sie mir wieder über den Weg lief. Durch sie beantwortete Gott meine Frage nach diesem Tag.

Ich war froh, dass ich auf Gott hörte und seiner Stimme gehorchte.

„Denn wir wandeln im Glauben und nicht im Schauen"
(2. Korinther 5:7)

Nach meiner Verletzung im September 1999 konnte ich nicht mehr gehen, also blieb ich Tag und Nacht im Bett liegen und betete und fastete, da ich 48 Stunden lang nicht schlafen konnte. Ich betete Tag und Nacht und dachte, dass ich lieber an Gott denken würde, als die Schmerzen zu spüren. Ich war ständig im Gespräch mit Gott. Wir sind Gefäße der Ehre oder der Unehre. Wenn wir beten, füllen wir unser Gefäß mit dem frischen Öl Gottes, indem wir im Heiligen Geist beten.

Wir müssen unsere Zeit weise nutzen und dürfen nicht zulassen, dass die Sorgen des Lebens uns davon abhalten, eine geistig intime Beziehung zu unserem Schöpfer zu haben. Die stärkste Waffe gegen den Teufel und seine Armee sind Gebet und Fasten.

Ich habe es getan "Sein Weg".

„Ihr aber, Geliebte, erbaut euch auf euren heiligen Glauben und betet im Heiligen Geist" (Judas V.20)

Sie besiegen das Böse, wenn Sie beten und ein konsequentes Gebetsleben führen. Beständigkeit ist allmächtig. Fasten wird die Kraft des Heiligen Geistes verstärken und Sie werden Autorität über Dämonen haben. Der Name Jesu ist so mächtig, wenn Sie die Worte „Im Namen Jesu" aussprechen. Denken Sie auch daran, dass das kostbare „Blut Jesu" Ihre Waffe ist. Bitten Sie Gott, Sie mit seinem Blut zu bedecken. Das Wort Gottes sagt:

*„Und von Jesus Christus, der der treue Zeuge ist und der Erstgeborene von den Toten und der Fürst der Könige auf Erden. Dem, der uns geliebt und **uns von unseren Sünden gewaschen hat in seinem Blut.**" (Offenbarung 1:5)*

*„Und sie brachten die Kranken auf die Straßen und legten sie auf Betten und Liegen, damit wenigstens der **Schatten** des Petrus, der vorbeikam, einige von ihnen überschattete."*
(Apostelgeschichte 5:15)

Kapitel 4

GOTT, DER GROßE STRATEGE

Wer kann die Gedanken Gottes kennen? 1999 arbeitete ich in der Pendelschicht bei der Post, als ich mich bückte, um eine Sendung aufzuheben, und starke Rückenschmerzen verspürte. Ich suchte nach meiner Vorgesetzten, konnte aber weder sie noch sonst jemanden finden. Ich ging nach Hause und dachte, dass die Schmerzen nach einem Gebet vor dem Einschlafen verschwinden würden. Als ich am nächsten Morgen mit den Schmerzen aufwachte, rief ich den Ältesten der Gemeinde an, der für meine Heilung betete. Während ich betete, hörte ich, wie der Herr mir sagte, ich solle meinen Arbeitgeber bei der Post anrufen, um ihn über meine Verletzung zu informieren. Ich wurde dann angewiesen, meinen Vorgesetzten zu benachrichtigen, sobald ich zur Arbeit zurückkehre. Als ich zur Arbeit zurückkehrte, wurde ich ins Büro gerufen, um die Verletzungsmeldung auszufüllen. Ich weigerte mich, einen Arzt aufzusuchen, weil ich nicht daran glaubte. Ich vertraute auf Gott. Bedauerlicherweise wurden meine Rückenschmerzen nur noch schlimmer. Mein Arbeitgeber benötigte ein ärztliches Attest, um zu belegen, dass ich eine Verletzung erlitten hatte, um leichten Dienst zu rechtfertigen. Zu diesem Zeitpunkt hatte ich bereits mehrfach darum gebeten, von ihrem Arzt untersucht zu werden, aber nun waren sie nicht mehr bereit, mich zu schicken. Erst als sie sahen, dass ich besser laufen konnte, glaubten sie, dass ich mich erholt hatte. Nun überwiesen sie mich an ihren Arbeitsmediziner, der

Ich habe es getan "Sein Weg".

mich später an einen Orthopäden verwies. Dieser bestätigte, dass ich eine dauerhafte Rückenverletzung erlitten hatte.

Das hat meinen Arbeitgeber sehr verärgert. Ich war so froh, dass ich zugestimmt hatte, dieses Mal zu ihrem Arzt zu gehen. Ich wusste nicht, was die Zukunft für mich bereithielt, aber Gott wusste es. Ich bekam nicht nur leichte Arbeit, sondern man war sich nun auch bewusst, dass ich eine schwere Behinderung hatte. Als sich mein Zustand verschlimmerte, durfte ich nur noch sechs Stunden arbeiten, dann vier und schließlich zwei. Meine Schmerzen wurden so unerträglich, dass ich nur noch mit Mühe zur Arbeit und zurück fahren konnte. Ich wusste, dass ich mich auf Gott verlassen musste, um mich zu heilen. Ich betete und fragte Gott, was sein Plan für mich sei. Er antwortete: *„Du wirst nach Hause gehen."* Ich dachte, sie werden mich sicher ins Büro rufen und mich nach Hause schicken. Später wurde ich ins Büro gerufen und nach Hause geschickt, genau wie der Herr es gesagt hatte. Im Laufe der Zeit verschlechterte sich mein Zustand, und ich brauchte Unterstützung beim Gehen. Ein Arzt, der die Schwere meiner Verletzung erkannte, empfahl mir, einen Arbeitsunfallarzt aufzusuchen, der sich meines Falls annehmen würde.

Als ich eines Freitagabends die Tür öffnete und das Postamt verließ, hörte ich eine Stimme Gottes, die sagte: *„Du wirst nie wieder an diesen Ort zurückkehren."* Ich war so erstaunt über diese Worte, dass ich dachte, ich könnte vielleicht gelähmt sein oder sogar entlassen werden. Die Stimme war sehr klar und kraftvoll. Ich wusste ohne jeden Zweifel, dass es so kommen würde, und ich würde nicht mehr an diesen Ort zurückkehren, an dem ich 19 Jahre lang gearbeitet hatte. Wie sich die Dinge für mich finanziell entwickeln würden, war ungewiss. Aber Gott sieht die Dinge aus der Ferne, denn er hat mir noch einen weiteren Schritt auf meinem Weg gezeigt.

Gott legte langsam und geschickt wie ein Meisterstratege den Grundstein für meine Zukunft, für eine Zeit, in der ich nicht mehr für andere arbeiten würde, sondern für ihn. Nach dem Wochenende hatte ich einen neuen orthopädischen Arzt gefunden, der mich untersuchte. Er verordnete mir eine vorübergehende Arbeitsunfähigkeit für fast ein Jahr. Die Post schickte mich zur Untersuchung zu einem ihrer Ärzte, der eine andere Meinung vertrat als mein Arzt. Er sagte, ich sei in Ordnung und könne bis zu 100 Pfund heben. Ich konnte nicht einmal gehen, stehen oder lange sitzen, geschweige denn ein Gewicht heben, das meinem eigenen schwachen Körper entsprach. Mein Arzt war sehr verärgert. Er war mit der Einschätzung meines Gesundheitszustands und meiner körperlichen Fähigkeiten durch den anderen Arzt nicht einverstanden. Gott sei Dank bestritt mein Arzt dies in meinem Namen und gegen den Arzt meines Arbeitgebers. Mein Arbeitgeber verwies daraufhin die Angelegenheit an einen dritten Arzt, der als „Schiedsrichter" vermitteln sollte. Dieser Schiedsrichter war ein orthopädischer Chirurg, der mich später als arbeitsunfähig diagnostizierte. Das lag nicht an dem Arbeitsunfall, sondern an meiner Blutkrankheit. Nun nahm also alles eine andere Wendung. Ich wurde mit dieser Krankheit geboren. Ich wusste nichts von der Versetzung in den Ruhestand. Ich habe mit Wut im Herzen über diese Situation gebetet. Ich weiß, dass es seine Aufgabe ist, das zu tun, was für den Patienten gerecht ist und nicht für den Arbeitgeber. Und in einer Vision sah ich diesen Arzt, der völlig verrückt war.

Ich habe Jesus sofort gebeten, ihm zu verzeihen. Der Herr begann zu mir zu sprechen und sagte, dass der Arzt sein Bestes zu deinem Wohl getan hatte. Ich bat den Herrn, es mir zu zeigen, weil ich es nicht so sehen konnte; aber meine Antwort würde später kommen. In der Zwischenzeit beantragte ich dauerhafte Invaliditätsleistungen, weil ich nicht mehr arbeiten konnte. Ich war unsicher, ob mein Antrag genehmigt werden würde. Sowohl mein Arbeitgeber als auch mein Arzt wussten, dass ich nicht nur eine Rückenverletzung hatte, sondern auch drei Tumore am unteren Rücken und ein Hämongiom in der Wirbelsäule. Ich hatte eine degenerative Bandscheibenerkrankung und eine Blutkrankheit. Der Zustand meines Körpers verschlechterte sich rapide und es war äußerst schmerzhaft.

Die schmerzhaften Symptome meiner Krankheiten und Verletzungen hatten mich stark in Mitleidenschaft gezogen. Selbst mit Unterstützung konnte ich nicht mehr gehen. Da die Ursache für die Lähmungen in meinen Beinen nicht bekannt war, wurde ich zu einer Magnetresonanztomographie (MRT) meines Kopfes geschickt. Der Arzt suchte nach einer psychischen Störung. Wer kann schon wissen,

Ich habe es getan "Sein Weg".

was Gott denkt und welche Schritte er für meine Zukunft unternimmt? Gott ist der große Stratege, denn ich wusste damals noch nicht, dass all dies einen Grund hatte. Ich musste ihm einfach vertrauen, dass er sich um mich kümmert. Dauerhafte Invaliditätsleistungen können nur für Personen bewilligt werden, die ein persönliches medizinisches Leiden haben, das von einem persönlichen Arzt medizinisch bestätigt werden kann. Da mein neuer Arzt keine Anamnese hatte, weigerte er sich, dem Amt für Arbeitsunfähigkeit eine vollständige medizinische Beurteilung meiner Arbeitsunfähigkeit vorzulegen. Ich befand mich auch in einem Dilemma, was meine Finanzen betraf. Ich wandte mich an die einzige Quelle, die ich kannte, um Antworten zu erhalten. Der Herr sagte: *„Du hast viele medizinische Berichte, schicke sie alle an den Arzt."*

Ich gab dem Arzt nicht nur alle meine medizinischen Berichte, sondern er war nun auch bereit, meinen Antrag auf Rente wegen dauernder Erwerbsunfähigkeit auszufüllen. Gott sei gelobt! Gott ist immer bereit, eine Antwort zu geben, wenn wir ihn ernsthaft darum bitten. Es ist wichtig, immer still zu sein und auf seine Antwort zu warten. Manchmal kommt sie nicht sofort. Ich wartete darauf, dass der „große Stratege" mein Leben nach seinem Willen ordnete. Die nächsten Monate waren quälend und herausfordernd. Ich musste nicht nur körperliche Schmerzen ertragen, sondern konnte auch keine Seite mehr umblättern. Da ich für meine Heilung auf Gott angewiesen bin, glaubte ich, dass ich dies aus einem bestimmten Grund durchmache, aber sicher nicht sterben würde. In diesem Glauben dankte ich Gott jeden Tag für jeden Moment, den ich lebte, und für jeden Zustand, in dem ich mich befand. Ich habe gebetet und gefastet, um die Zeiten der quälenden Schmerzen zu überstehen. Er war meine einzige Quelle der Kraft und mein Zufluchtsort im Gebet.

Mein Leben hatte sich zum Schlechten gewendet. Ich war nicht mehr in der Lage, in diesem lähmenden Zustand zu arbeiten. Mit viel Gebet und Flehen jeden Tag schien meine Situation nicht besser, sondern schlechter zu werden. Dennoch wusste ich, dass Gott die einzige Antwort war. Ohne Zweifel wusste ich, dass er die Dinge für mich in Ordnung bringen würde. Er hatte mich auf seine Existenz und Gegenwart aufmerksam gemacht, und ich wusste, dass er mich liebte.

Elisabeth Das

Das reichte aus, um an dem „Meisterstrategen" festzuhalten und auf ihn zu warten, der einen festen Plan für mein Leben hatte.

Meine Mutter, die 85 Jahre alt war, lebte zu dieser Zeit bei mir. Sie war ebenfalls behindert und brauchte in ihrem bettlägerigen Zustand Hilfe und Pflege. In einer Zeit, in der meine liebevolle Mutter mich am meisten brauchte, konnte ich mich nicht um ihre Grundbedürfnisse kümmern. Stattdessen musste meine gebrechliche Mutter mit ansehen, wie sich der Gesundheitszustand ihrer Tochter vor ihren Augen verschlechterte. Zwei Frauen, Mutter und Tochter, in einer scheinbar hoffnungslosen Situation, und doch glaubten wir beide an den „Mächtigen Gott der Wunder". Eines Tages sah meine Mutter, wie ich auf dem Boden zusammenbrach. Sie schrie und weinte und war hilflos, etwas für mich zu tun. Diese Szene war für meine Mutter so unerträglich und entsetzlich, dass sie mich auf dem Boden liegen sah, aber der Herr hat mich in seiner Barmherzigkeit vom Boden aufgerichtet. Als meine Schwester und meine Familie davon erfuhren, waren sie sehr besorgt, dass mein Zustand so extrem geworden war. Mein lieber, älterer Vater, der anderweitig versorgt wurde, weinte nur und sagte nicht viel, und ich betete zum Herrn, dass das alles für uns alle vorbei sein möge. Es war nicht nur mein persönlicher Schmerz und meine Prüfung, die ich zu ertragen hatte; es betraf nun auch meine Angehörigen. Dies war die dunkelste Zeit in meinem Leben. Ich schaute auf Gottes Verheißung von Anfang an:

„Wenn du gehst, werden deine Schritte nicht behindert, und wenn du läufst, wirst du nicht stolpern." (Sprichwörter 4:12)

Mit großer Freude im Herzen dachte ich über Gottes Wort und Verheißung nach. Ich würde nicht nur in der Lage sein, einen Schritt zu tun, sondern auch die Fähigkeit haben, eines Tages zu laufen. Ich widmete dem Gebet mehr Zeit, da ich nicht viel anderes tun konnte, als zu beten und das Antlitz Gottes zu suchen. Es wurde zu einer Besessenheit, Tag und Nacht. Das Wort Gottes wurde zu meinem „Anker der Hoffnung" in einer schwankenden See. Gott sorgt für unsere Bedürfnisse, und so ermöglichte er es mir, einen motorisierten Rollstuhl zu bekommen, der mir das Leben ein wenig leichter machte. Wenn ich aufstand, war ich nicht einmal mit Hilfe in der Lage, das

Ich habe es getan "Sein Weg".

Gleichgewicht zu halten. In meinem ganzen Körper herrschten nur Unbehagen und Schmerzen, und der einzige Trost, den ich hatte, kam von dem „Tröster", dem Heiligen Geist. Wenn Gottes Leute über mir beteten, erfuhr mein Körper eine vorübergehende Linderung der Schmerzen, sodass ich immer wieder andere um Gebet bat. Eines Tages brach ich auf dem Boden zusammen und wurde ins Krankenhaus gebracht. Der Arzt im Krankenhaus versuchte, mich zu überreden, Schmerzmittel zu nehmen. Er war dabei sehr hartnäckig, da er sah, dass ich seit vielen Tagen extreme Schmerzen hatte. Schließlich gab ich seinen Anweisungen nach, die Medikamente zu nehmen, aber das war gegen meinen Glauben.

Für mich war Gott mein Heiler und Arzt. Ich wusste, dass Gott die Fähigkeit hatte, mich jederzeit zu heilen, so wie er es schon so oft getan hatte, warum also sollte er mich jetzt nicht heilen? Ich glaubte fest daran, dass es in Gottes Verantwortung lag, mir zu helfen. So dachte und betete ich im Glauben, und niemand konnte mich von dieser Ansicht abbringen. Ich konnte es nicht anders sehen, also wartete ich auf den „Meisterstrategen". Mein Denkprozess wurde immer stärker, indem ich mich auf Gott stützte. Je mehr ich betete, desto mehr wuchs meine Beziehung zu Ihm. Sie war so tiefgreifend und persönlich, dass sie jemandem, der nichts von den geistlichen Wegen Gottes oder seiner Existenz weiß, nicht erklärt werden kann. Er ist ein großartiger Gott! An dem Tag, an dem ich das Krankenhaus verließ, rief ich eine Freundin an, um mich abzuholen. Sie legte ihre Hand auf mich, um zu beten, und ich erfuhr eine vorübergehende Linderung meiner Schmerzen. Es war wie die Einnahme von Gottes verschriebener Medizin. Während dieser Zeit schickte Gott eine Frau, die jeden Morgen um 4.00 Uhr mit mir betete. Sie legte mir die Hände auf und betete. Ich erfuhr nur vorübergehend Erleichterung, und nun hatte ich eine Gebetspartnerin bekommen. Ich glaube von ganzem Herzen, dass Gott alles unter Kontrolle hatte.

Als sich mein Zustand weiter verschlechterte, wurde es immer schlimmer. Aufgrund von Nervenschäden wurden meine unteren und oberen Extremitäten nicht mehr ausreichend mit Blut und Sauerstoff versorgt. Zu den Symptomen kam noch hinzu, dass ich inkontinent wurde. Aufgrund von Krämpfen in meinem Mund hatte ich

Elisabeth Das

Schwierigkeiten, Wörter auszusprechen. Ich hatte eine Schädigung des Ischiasnervs und die Liste der Symptome wurde immer länger.

Meine Heilung kam nicht schnell. Ich fragte mich, was aus seiner Verheißung aus Sprichwort 4,12 geworden war. Ich dachte, ich hätte vielleicht gesündigt. Also bat ich: „Herr Jesus, bitte lass mich wissen, was ich falsch gemacht habe, damit ich Buße tun kann." Ich bat Gott, mit mir oder meinem Freund zu sprechen, mir ein Wort zu schicken. Ich war nicht zornig auf Gott, aber ich bat ihn mit einem demütigen Herzen. Ich sehnte mich verzweifelt nach Heilung.

Später an diesem Tag klingelte mein Telefon, und ich dachte mir, könnte das meine Antwort sein? Aber zu meiner Enttäuschung war der Anruf für jemand anderen bestimmt. Ich ging zu Bett und wachte um 4 Uhr morgens auf, um zu beten. Meine Gebetspartnerin Schwester Rena kam zu mir, um mit mir zu beten. Ich sah sie an und fragte mich, ob Gott vielleicht zu ihr gesprochen hatte und sie meine Antwort hatte, aber zu meiner Enttäuschung kam wieder keine Antwort.

Nachdem sie gegangen war, ging ich in mein Zimmer, um mich hinzulegen und auszuruhen. Als ich dort lag, hörte ich um 9.00 Uhr, wie die Hintertür geöffnet wurde; es war Carmen, die Haushälterin. Sie trat ein und fragte mich: *„Wie fühlst du dich?"* Ich sagte: *„Ich fühle mich furchtbar."* Dann drehte ich mich um und ging zurück in mein Zimmer. Carmen sagte: *„Ich habe ein Wort für dich."* Während ich heute in der Kirche betete, kam Jesus zu mir und sagte: *„Schwester Elizabeth Das geht durch eine Prüfung, es ist ihre feurige, lange Prüfung, und sie hat nichts falsch gemacht. Sie wird als Gold herauskommen und ich liebe sie sehr."* Ich weiß, dass ich in der Nacht zuvor mit ihm im Thronsaal war, als ich um eine Antwort auf meine Frage bat.

Siehe, die Hand des HERRN ist nicht verkürzt, dass sie nicht helfen könnte, und sein Ohr ist nicht schwer, dass es nicht hören könnte.
(Jesaja 59:1)

An diesem Punkt in meinem Leben hatte ich das Gefühl, ich würde verrückt werden. Ich konnte nicht mehr lesen, mich nicht mehr erinnern und mich nicht mehr normal konzentrieren. Meine einzige Wahl und mein einziger Lebensinhalt war es, Gott anzubeten und ausgiebig zu beten. Ich schlief nur jeden zweiten Tag für kurze Zeit von etwa drei bis vier Stunden. Wenn ich schlief, war Gott mein Shalom. Ruhm und Lob und Ehre seinem heiligen Namen! In meinen Gebeten rief ich den Herrn an: „Gott, ich weiß, dass ich sofort wieder gesund werden kann, denn ich glaube, dass du mich heilen kannst und wirst". Ich begann über meine Prüfung nachzudenken, dass ich sie vielleicht nicht allein durch meinen Glauben überstehen könnte. Prüfungen haben einen Anfang und ein Ende.

Eine Zeit zum Töten und eine Zeit zum Heilen; eine Zeit zum Zerstören und eine Zeit zum Aufbauen; (Prediger 3:3)

Ich musste glauben, dass ich, wenn das alles vorbei war, ein starkes Glaubenszeugnis haben würde, das für immer Bestand haben würde. Ein Glaubenszeugnis, das ich mit vielen teilen würde, als Zeugnis für die wunderbaren Werke eines allmächtigen Gottes! Es würde sich alles lohnen, das sagte ich mir immer wieder. Ich musste an meinen „Anker der Hoffnung" glauben, denn es gab keinen anderen Weg als **Seinen Weg**! Und auf **seinem Weg** geschah es, dass ich zu demjenigen geführt wurde, der mit der mächtigen Gabe der Heilung ausgestattet war, die in seinem Namen gegeben wurde. Gottes Wort ändert sich nie, also ändert sich auch Gott nicht. Er ist derselbe gestern, heute und in Ewigkeit. Als wiedergeborene Gläubige müssen wir unseren Glauben in Liebe bekennen und das Wort Gottes lieben.

„Wiedergeboren nicht aus vergänglichem, sondern aus unvergänglichem Samen, durch das Wort Gottes, das da lebt und bleibt in Ewigkeit." (1. Petrus 1:23)

Auch die biblischen Männer Gottes hatten ihre Prüfungen. Warum sollte es heute anders sein, dass Gott uns nicht prüfen sollte? Ich vergleiche mich nicht mit den gottesfürchtigen Männern der Heiligen Bibel, denn ich bin weit davon entfernt, mich mit den Heiligen Jüngern zu vergleichen. Wenn Gott den Glauben von Männern vor Hunderten von Jahren geprüft hat, dann wird er auch Männer und Frauen von heute prüfen.

Elisabeth Das

> *„Selig ist, wer die Versuchung erträgt; denn wenn er **geprüft** wird, so wird er die Krone des Lebens empfangen, die der Herr denen verheißen hat, die ihn lieben." (Jakobus 1:12)*

Ich dachte an den biblischen Bericht von Daniel. Er befand sich in einer Situation, in der sein Glaube auf die Probe gestellt wurde. Gott beschützte Daniel in der Löwengrube, weil er das Gesetz des Königs Darius nicht befolgte. Er betete nur zu Gott und weigerte sich, zu König Darius zu beten. Dann war da noch Hiob, ein frommer Mann, der Gott liebte, der alles verlor, was er besaß, und der an Krankheiten litt, doch Hiob verfluchte Gott nicht. Es gibt so viele andere Männer und Frauen, die in der Heiligen Bibel erwähnt werden. Egal, was sie durchgemacht haben, ihre Prüfung hatte einen Anfang und ein Ende. Der Herr war in allem bei ihnen, weil sie auf ihn vertrauten. Ich halte an den Lektionen dieser biblischen Berichte fest, die uns als Beispiel und Inspiration gegeben werden. Gott ist die Antwort auf alles. Vertrauen Sie nur auf ihn und bleiben Sie seinem Wort treu, denn sein Wort ist treu zu Ihnen!

> *Die den Glauben und das gute Gewissen bewahren; welche aber einige vom Glauben abgewichen sind und Schiffbruch erlitten haben (1. Timotheus 1:19)*

Wenn Ihr Glaube auf die Probe gestellt wird, denken Sie daran, sich auf das Wort Gottes zu stützen. Bei jedem Angriff des Feindes kann der Kampf durch die Kraft des Wortes Gottes gewonnen werden.

> *Der HERR ist meine Stärke und mein Lied, und er ist mein Heil; er ist mein Gott (Ex 15:2a).*

> *Der Gott meines Felsens, auf ihn will ich vertrauen; er ist mein Schild und das Horn meines Heils, mein hoher Turm und meine Zuflucht, mein Retter; du rettest mich vor Gewalt (2. Sam 22:3)*

> *Der HERR ist mein Fels, meine Burg und mein Erretter, mein Gott, meine Stärke, auf den ich traue, mein Schild und das Horn meines Heils und mein hoher Turm. (Psalm 18:2)*

Ich habe es getan "Sein Weg".

Der HERR ist mein Licht und mein Heil; vor wem sollte ich mich fürchten? Der HERR ist die Kraft meines Lebens; vor wem sollte ich mich fürchten? (Ps 27:1)

Auf Gott habe ich mein Vertrauen gesetzt: Ich fürchte mich nicht vor dem, was Menschen mir antun können. (Psalm 56:11)

In Gott ist mein Heil und meine Herrlichkeit; in Gott ist der Fels meiner Stärke und meine Zuflucht. (Psalm 62:7)

Elisabeth Das

Kapitel 5

DEN GLAUBEN AUSSPRECHEN

Ich hatte eine Zeit lang eine Stauballergie, die mein Gesicht jucken ließ. Ich glaubte, dass Gott mich von dieser Krankheit heilen würde. Eines Tages sah mich eine Mitarbeiterin an und sagte, meine Allergie sei sehr schlimm. Ich sagte ihr, dass ich die Allergie nicht habe und erklärte ihr, dass ich glaube, dass Gott sich bereits um meine Bitte um Heilung kümmert. Das war meine Überzeugung, dass man es nicht beim Namen nennen sollte und dass man es nicht einfordern sollte. Der Herr erhörte meine Bitte noch am selben Tag, indem er die Krankheit und alle Symptome beseitigte. Was für ein wunderbarer Gott, dem wir dienen! Wir müssen nicht mit unserem Mund bekennen und unseren Symptomen Namen geben. Wenn Sie ein Gebet empfangen, glauben Sie, dass sich der Himmel bereits darum gekümmert hat und dass ein Engel gesandt wurde, um Ihnen Ihre Heilung zu bringen. Sprechen Sie Ihren Glauben ins Leben, nicht Ihre Krankheiten. Ich erinnere mich an die biblische Geschichte von Jesus und dem Zenturio in Kapernaum:

„Und als Jesus nach Kapernaum kam, trat ein Hauptmann zu ihm und bat ihn und sprach: Herr, mein Knecht liegt zu Hause, krank von der Gicht, schwer gequält. Und Jesus sprach zu ihm: Ich will kommen und ihn heilen. Der Hauptmann antwortete und sprach: Herr, ich bin nicht würdig, dass du unter mein Dach kommst; sondern sprich nur ein Wort, so wird mein Knecht gesund werden. Denn ich bin ein

Mensch, der Gewalt hat, und habe Kriegsknechte unter mir; und wenn ich zu diesem sage: Geh hin, so geht er hin; und wenn ich zu einem anderen sage: Komm her, so kommt er her; und wenn ich zu meinem Knecht sage: Tu dies, so tut er es. Als Jesus das hörte, verwunderte er sich und sprach zu denen, die ihm folgten: Wahrlich, ich sage euch: Einen so großen Glauben habe ich nicht gefunden, auch nicht in Israel." (Matthäus 8:5-10)

Der Zenturio kam demütig zum Herrn und glaubte an die Macht der Worte Jesu. Die eigenen Worte des Zenturios verrieten Jesus seinen Glauben an die Kraft des „gesprochenen Wortes", das seinen Diener heilen würde. Wir können anderen durch das, was wir zu ihnen sagen, Glauben und Hoffnung geben. Wir müssen dem Heiligen Geist erlauben, durch unseren Mund zu sprechen, wenn wir die Gelegenheit haben, anderen Zeugnis zu geben.

Das ist Sein Weg, uns zu gebrauchen, um das Leben anderer wirksam zu berühren und den Samen der Erlösung zu säen. In Zeiten wie diesen wird Gott uns die Worte geben, die wir mit Salbung sprechen können, denn er kennt unser Herz und unseren Wunsch, die Sünder zu erreichen. Ich bin so dankbar für Gottes Liebe, Barmherzigkeit und Gnade, die uns zur Umkehr führt. Er ist bereit, uns unsere Sünden zu vergeben und kennt unsere Schwächen, denn er weiß, dass wir Menschen sind.

„Und er sprach zu mir: Meine Gnade genügt dir; denn meine Kraft ist in der Schwachheit mächtig. Darum will ich mich lieber meiner Schwachheit rühmen, auf dass die Kraft Christi auf mir ruhe. Darum habe ich Wohlgefallen an Schwachheiten, an Schmähungen, an Nöten, an Verfolgungen, an Bedrängnissen um Christi willen; denn wenn ich schwach bin, so bin ich stark."(2. Korinther 12:9-10)

Jesus aber sprach zu ihnen: Wegen eures Unglaubens; denn wahrlich, ich sage euch: Wenn ihr Glauben habt wie ein Senfkorn, so werdet ihr zu diesem Berg sagen: Zieh weg an jenen Ort, und er wird wegziehen, und nichts wird euch unmöglich sein. (Matthäus 17:20)

Elisabeth Das

An diesem Abend war die Hautallergie vollständig geheilt, da ich das Paket des Satans nicht angenommen hatte.

Ich habe es getan "Sein Weg".

Kapitel 6

DIE HEILENDE KRAFT GOTTES UND SEINES DIENERS

Ich möchte dieses Kapitel beginnen, indem ich Ihnen zunächst etwas über Bruder James Min erzähle. Bruder James hatte eine Schuhreparaturwerkstatt in Diamond Bar, Kalifornien, wo er auch seinen Kunden von der Macht Gottes erzählte. Einst war er Atheist, nahm aber den christlichen Glauben an. Später lernte er die Wahrheitslehre der Apostel kennen und ist nun ein streng gläubiger Mensch, der im Namen Jesu getauft ist und den Heiligen Geist empfangen hat, was sich darin zeigt, dass er in anderen Sprachen oder Zungen spricht. Als ich Bruder James zum ersten Mal traf, erzählte er mir von seinem Zeugnis und wie er betete und Gott bat, ihn in den Gaben zu gebrauchen, damit andere glauben und Gott durch Wunder kennenlernen.

Als Christen müssen wir in den Gaben wirken und dürfen uns nicht scheuen, Gott zu bitten, uns zu gebrauchen. Diese Gaben sind auch für uns heute von Bedeutung. Die frühe Kirche des Neuen Testaments war empfänglich für den Geist Gottes und diente mit den Gaben des Geistes.

Jesus sagte:

*„Wahrlich, wahrlich, ich sage euch: Wer an mich glaubt, der wird die Werke, die ich tue, auch tun; und er wird **noch größere** tun, denn ich gehe zu meinem Vater. (Johannes 14:12)*

Beten Sie, dass Ihr Gemeindeleiter Ihnen hilft, diese Gaben zu verstehen und dass er Ihre Gabe unterstützt. Bitten Sie Gott, Ihnen zu helfen, sie zu nutzen, denn sie kommt direkt von Gott. Seien Sie nicht hochmütig, wenn Ihre Gabe eine ist, die offen in der Gemeinde wirkt. Bei manchen Gaben wird Gott Sie als ein Gefäß benutzen, um das zu erreichen, was er will. Vielleicht haben Sie mehrere Gaben und wissen es gar nicht. Manche Gaben werden Sie nicht sehr beliebt machen, aber Sie müssen Gott gehorchen, wenn er spricht. Es hängt alles von der Gabe ab. Beten Sie um Weisheit, damit Sie Ihre Gabe unter Seiner salbenden Kraft einsetzen können. Gott hat Sie aus einem bestimmten Grund erwählt, und er macht keine Fehler. Die Gaben dienen der Erbauung der Gemeinde.

Es gibt nur eine wahre Kirche, die ihn im Geist und in der Wahrheit anbetet.

„Es sind verschiedene Gaben, aber ein und derselbe Geist. Und es sind verschiedene Verwaltungen, aber ein und derselbe Herr. Und es sind verschiedene Wirkungen, aber es ist derselbe Gott, der alles in allem wirkt. Die Offenbarung des Geistes aber ist einem jeden Menschen gegeben, damit er daraus Nutzen ziehe. Denn dem einen ist durch den Geist gegeben das Wort der Weisheit, dem andern das Wort der Erkenntnis durch denselben Geist, dem andern der Glaube durch denselben Geist, dem andern die Gaben der Heilung durch denselben Geist, dem andern das Wirken von Wundern, dem andern die Weissagung, dem andern die Unterscheidung der Geister, dem andern verschiedene Arten von Zungen, dem andern die Auslegung der Zungen: Dies alles aber wirkt ein und derselbe Geist, der einem jeden zuteilt, wie er will." (1. Korinther 12:4-11)

Bruder James erzählte mir, dass er um diese Gaben gebetet hat, um im Heiligen Geist mit Zeichen und Wundern der wunderbaren Taten Gottes zu wirken. Er las Tag und Nacht ununterbrochen in der Bibel. Er erkannte, dass durch das Wirken der Gaben des Geistes der Same

Ich habe es getan "Sein Weg".

des Glaubens in das Herz des Ungläubigen gepflanzt werden würde. Wir müssen ein Beispiel für unseren Glauben sein, wie Jesus selbst sagte, dass die Gläubigen selbst diese Wunder und noch viel mehr vollbringen würden.

„Der Glaube aber ist das, was man erhofft, und der Beweis für das, was man nicht sieht." (Hebräer 11:1)

„Aber ohne Glauben ist es unmöglich, ihm zu gefallen; denn wer zu Gott kommt, muss glauben, dass er ist und dass er denen, die ihn fleißig suchen, ein Belohner ist". (Hebräer 11:6)

Bruder James hatte eine Vision, dass Gott ihm geistliche Gaben geben würde. Heute wirkt er durch die Gaben der Heilung und Befreiung. Durch den Dienst von Bruder James wurde im Himmel der Zeitpunkt festgelegt, an dem ich wieder frei von jeglicher Hilfe gehen konnte. Bruder James ist kein Pastor oder Pfarrer einer Kirche. Er hat keine hohe Position in einer Kirche inne, obwohl ihm aufgrund seiner geistlichen Gaben Ämter und Geld angeboten worden sind. Er ist gedemütigt durch die Gabe, die Gott ihm anvertraut hat. Ich habe gesehen, wie Gott ihn benutzt, um im Namen Jesu Dämonen aus Menschen auszutreiben und Kranke zu heilen. Dämonen stehen unter Gottes Autorität im Namen Jesu, wenn Bruder Jakobus sie ausruft. Er wird den Dämonen im Namen Jesu Fragen stellen und sie werden auf Bruder Jakobus antworten. Ich habe das persönlich viele Male erlebt, vor allem, wenn er Dämonen aufforderte, zu bekennen, wer der wahre Gott ist. Der Dämon wird antworten: „Jesus". Aber für sie ist es zu spät, sich an Jesus zu wenden. Ich habe viel über die geistige Welt gelernt, als ich diese Prüfung durchmachte und mich auf Gott für die Heilung stützte.

„ Und er sprach zu ihnen: Gehet hin in alle Welt und predigt das Evangelium aller Kreatur. Wer da glaubt und getauft wird, der wird selig werden; wer aber nicht glaubt, der wird verdammt werden. Und diese Zeichen werden denen folgen, die glauben: In meinem Namen werden sie Teufel austreiben; sie werden mit neuen Zungen reden; sie werden Schlangen aufheben; und wenn sie etwas Tödliches trinken,

Elisabeth Das

wird es ihnen nicht schaden; sie werden den Kranken die Hände auflegen, und sie werden gesund werden." (Markus 16:15-18)

Durch die Gnade Gottes ist Bruder James jederzeit bereit, jedem von Jesus zu erzählen. Er arbeitet im Heilungs- und Befreiungsdienst bei Hausversammlungen oder in Gemeinden, in die er eingeladen wurde. Bruder James zitiert aus der Bibel:

Ich habe euch aber, liebe Brüder, um so kühner geschrieben, um euch zu bedenken wegen der Gnade, die mir von Gott gegeben ist, dass ich ein Diener Jesu Christi unter den Heiden sei und diene dem Evangelium Gottes, auf dass das Opfer der Heiden angenehm sei, geheiligt durch den heiligen Geist. So habe ich nun, wessen ich mich rühmen kann durch Jesus Christus in den Dingen, die Gott angehören. Denn ich will es nicht wagen, etwas von dem zu sagen, was Christus nicht durch mich getan hat, um die Heiden gehorsam zu machen, durch Wort und Tat, durch große Zeichen und Wunder, durch die Kraft des Geistes Gottes, sodass ich von Jerusalem an und ringsumher bis nach Illyricum das Evangelium von Christus voll gepredigt habe. (Römer 15:15-19)

An dem Tag, an dem ich ihn traf, stellte mir Bruder James ein paar Fragen zu meinem Gesundheitszustand. Ich erzählte ihm alles und meine Symptome. Ich zeigte ihm auch, wo ich drei Tumore hatte. Der eine Tumor befand sich an der Außenseite meiner Wirbelsäule, der andere an der Innenseite der Wirbelsäule. Bruder James untersuchte meine Wirbelsäule und erklärte mir, dass meine Wirbelsäule von der Mitte aus nicht geradlinig war. Er untersuchte meine Beine, indem er sie Seite an Seite verglich und mir zeigte, dass ein Bein fast drei Zentimeter kürzer war als das andere. Auch die eine Hand war kürzer als die andere. Er betete für meine Wirbelsäule, und sie kehrte an ihre ursprüngliche Stelle zurück, sodass er seinen Finger parallel zu meiner Wirbelsäule in einer geraden Linie führen konnte. Er betete für mein Bein, und es begann sich vor meinen Augen zu bewegen, dann hörte es auf zu wachsen, als es mit dem anderen Bein gleich war. Dasselbe geschah mit meiner Hand. Sie wuchs gleichmäßig mit der anderen Hand. Bruder James bat mich dann, meine Gehhilfe wegzulegen und befahl mir, aufzustehen und im Namen Jesu zu gehen. Ich tat, was er

Ich habe es getan "Sein Weg".

verlangte, und begann wie durch ein Wunder zu gehen. Als ich das sah, kam mein Freund angerannt und schrie: „Liz, halt dich an mir fest, halt dich an deiner Stütze fest, sonst fällst du!" Ich wusste, dass ich in diesem Moment die Kraft hatte, zu gehen, und machte diesen Schritt im Glauben. Ich war vor Freude ganz aus dem Häuschen!

Ich hatte eine Muskelschwäche in den Beinen, weil ich so lange Zeit nicht laufen konnte. Es dauerte eine Weile, bis meine Muskeln wieder in Form waren; auch heute habe ich noch nicht die volle Kraft meiner Muskeln. Gott sei Dank kann ich wieder gehen und Auto fahren. Niemand kann mir sagen, dass Gott heute keine Wunder vollbringt. Bei Gott ist nichts unmöglich. Mit überwältigender Freude ging ich zu dem Arzt, der von meiner Behinderung wusste. Als ich die Praxis betrat, ohne jede Hilfe, ohne Stock und ohne Rollstuhl, war das medizinische Personal völlig erstaunt. Die Krankenschwestern eilten zum Arzt, der auch unglaublich überrascht war, dass er überhaupt Röntgenaufnahmen machte. Was er sah, war, dass die Tumore noch da waren, aber aus irgendeinem mysteriösen Grund konnte ich trotzdem gehen. Gott sei gelobt! Ich glaube, dass auch diese Tumore bald verschwunden sein werden!

An dem Tag, an dem Gott mich geheilt hat, habe ich angefangen, allen zu erzählen, dass Gott unser Heiler ist und dass sein Heilsplan denen gilt, die glauben und ihm folgen wollen. Ich danke Gott für Bruder James und für alle Wohltaten Gottes!

Der erste Teil meines Versprechens war in Erfüllung gegangen.

„Wenn du gehst, werden deine Schritte nicht behindert, und wenn du läufst, wirst du nicht stolpern." (Sprichwort 4:12)

Viele Male dachte ich, ich würde fallen, aber ich tat es nie.

„Lobe den HERRN, meine Seele, und vergiss nicht alle seine Wohltaten: Er vergibt dir alle deine Missetaten, er heilt alle deine Krankheiten, er erlöst dein Leben vom Verderben, er krönt dich mit Güte und Barmherzigkeit, er sättigt deinen Mund mit Gutem, sodass deine Jugend erneuert wird wie die eines Adlers." (Psalmen 103:2-5).

Kapitel 7

NICHT DEM TEUFEL ODER DEN DINGEN DES TEUFELS NACHGEBEN

Meine Freundin, Rose aus Kalifornien, rief mich eines Morgens früh an. Sie erzählte mir, dass ihr Mann Raul am Abend zuvor zu Bett gegangen war, während sie im Gästezimmer blieb und einer beliebten Late-Night-Radio-Talkshow über das Ouija-Brett zuhörte. Das Licht war aus und der Raum war dunkel. Plötzlich sagte sie, sie habe eine Präsenz im Zimmer gespürt. Sie schaute zur Tür und dort stand ein Mann, der ihrem Mann ähnlich sah. Diese Gestalt bewegte sich blitzschnell und drückte sie flach auf das Bett, auf dem sie lag. Dieses „Ding" zog sie dann an ihren Armen in eine sitzende Position, in der sie ihm Auge in Auge gegenüberstand. Sie konnte deutlich erkennen, dass sich in den Augenhöhlen keine Augen befanden, sondern nur tiefe, hohle Schwärze. Die Arme, die sie immer noch hochhielten, hatten eine gräuliche Farbe wie der Tod und seine Adern traten aus der Haut hervor. Sie erkannte sofort, dass dies nicht ihr Mann war, sondern ein unreiner gefallener Engel.

Wie Sie wissen, haben ein Dämon und ein gefallener Engel völlig unterschiedliche Eigenschaften. Gefallene Engel wurden mit Luzifer aus dem Himmel geworfen, sie haben völlig unterschiedliche Aufgaben. Gefallene Engel können Dinge bewegen, genau wie Menschen, aber ein Dämon braucht einen menschlichen Körper, um

Ich habe es getan "Sein Weg".

seinen Plan auszuführen. Dämonen sind die Geister von Menschen, die ohne Jesus gestorben sind; auch sie haben nur begrenzte Macht.

Und es erschien ein anderes Wunder am Himmel: und siehe, ein großer roter Drache, der hatte sieben Häupter und zehn Hörner und sieben Kronen auf seinen Häuptern. Und sein Schwanz zog den dritten Teil der Sterne des Himmels an sich und warf sie auf die Erde; und der Drache stand vor dem Weibe, das bereit war zu gebären, um ihr Kind zu verschlingen, sobald es geboren wäre.
(Offenbarung 12:3-4)

Rose war immer noch wehrlos und in einem gefrorenen Zustand, nicht in der Lage zu sprechen. Sie sagte, sie habe versucht, nach Raul zu rufen, konnte aber nur kurze, zappelnde Laute von sich geben, als ob jemand ihre Stimmbänder zusammenzog. Sie konnte immer noch die Radiomoderatorin im Hintergrund hören und wusste, dass sie nicht schlief, da ihre Augen vollständig geöffnet waren und sie sich immer wieder sagte, sie nicht zu schließen. Sie erinnerte sich daran, dass sie kurz vor diesem Vorfall die Augen geschlossen hatte und eine Vision oder einen Traum sah, in dem große Krallenspuren durch die Tapete rissen.

Ich kenne Rose seit fast 30 Jahren. Rose verließ die Kirche vor etwa 10 Jahren und war nicht mehr auf dem Weg mit dem Herrn. Wir blieben immer in Kontakt und ich betete weiterhin für sie, dass sie zu Gott zurückkehren würde. Rose erzählte mir, dass sie auf dem Heimweg von der Arbeit mehrmals sehr stark und ohne ersichtlichen Grund in Zungen geredet hatte. Sie empfand dies als sehr ungewöhnlich, weil sie überhaupt nicht betete. Sie erkannte, dass Gott durch den Heiligen Geist mit ihr handelte. Seine Liebe reichte ihr die Hand, und sie wusste, dass Gott die Kontrolle hatte, weil er den Zeitpunkt seiner Heimsuchungen auswählte. Rose sagte, sie schloss ihre Augen und ihr Geist schrie: „JESUS!" Blitzschnell sprang der gefallene Engel von ihrem Körper und ging davon, ohne den Boden zu berühren.

Sie blieb regungslos liegen, bis sie sich wieder bewegen konnte. Sie weckte Raul, der sagte, es sei nur ein schlechter Traum gewesen. Er legte sie neben sich ins Bett und schlief schnell ein. Rose begann zu weinen und dachte über das Grauen nach, das sich gerade ereignet hatte, und bemerkte, dass sie sich in Fötusstellung befand. Plötzlich begann sie in Zungen zu sprechen, als die übernatürliche Kraft des Heiligen Geistes über sie kam und sie zurück in das dunkle Zimmer führte. Sie schloss die Tür hinter sich und wusste genau, was sie zu tun hatte. Sie begann, Gott laut anzubeten und seinen Namen zu preisen, bis sie erschöpft, aber mit großem Frieden auf den Boden fiel.

Als sie die Tür öffnete, stand Raul zu ihrem Erstaunen im Wohnzimmer und alle Lichter waren an. Sie ging direkt zu ihrem Bett und schlief mit einer unglaublichen Ruhe. Am nächsten Abend, als er das Abendessen vorbereitete, fragte Raul Rose, ob dieses „Ding" vom Vorabend wiederkommen würde. Überrascht über seine Frage fragte Rose, warum er das fragen würde, da er nicht einmal glaubte, dass es passiert war. Raul erzählte Rose, dass, nachdem sie ins Zimmer gegangen war, um zu beten, etwas hinter ihm her war. Deshalb sei er aufgestanden und habe das Licht eingeschaltet. Nachdem sie gebetet hatte und eingeschlafen war, wurde er von etwas Schrecklichem angegriffen, das ihn bis 4:00 Uhr am nächsten Morgen wachhielt. Von 23:00 Uhr bis zum Morgen kämpfte er mit Om-Summen-Meditation. Rose erinnerte sich daran, dass Raul ein Ouija-Brett im Flurschrank hatte, das er nicht loswerden wollte, als sie das erste Mal in das Haus einzog. Sie sagte Raul, dass sie nicht wisse, ob es wiederkommen würde, aber er solle das Ouija-Brett loswerden. Raul warf es schnell in den Mülleimer draußen. Rose sagte, dass es erst dieses schreckliche Ereignis brauchte, damit er es loswurde!

Als Rose mich anrief, sagte ich ihr, dass der gefallene Engel immer noch im Haus sein könnte und wir deshalb gemeinsam am Telefon beten müssten. Rose holte das Olivenöl, um das Haus zu salben, während ich über den Lautsprecher sprach. Als ich das Wort „bereit" sagte, sagte ich ihr, dass sie sofort anfangen würde, in Zungen im Heiligen Geist zu sprechen. Als ich „bereit" sagte, begann Rose sofort in Zungen zu sprechen und legte den Hörer auf, um das Haus zu salben. Ich konnte hören, wie ihre Stimme verstummte, während sie im ganzen Haus betete und Türen und Fenster im Namen Jesu salbte. Rose war nun außerhalb meiner Hörweite, als mir etwas sagte, ich solle ihr sagen, sie solle in die Garage gehen. Im selben Moment sagte Rose, dass sie

Ich habe es getan "Sein Weg".

Räume salbte und an der Hintertür stand, die in die Garage führte. Sie spürte eine böse Präsenz hinter der Tür, als sie sie salbte. Im Glauben an Gottes Schutz öffnete sie die Tür und betrat die sehr dunkle Garage. Die Kraft des Heiligen Geistes wurde immer stärker, je weiter sie hineinging und sie konnte spüren, dass er da war! Sie ging zu einer anderen Tür, die zu einem Innenhof führte, wo sich die Mülltonne befand. Es war die gleiche Mülltonne, in der Raul am Tag zuvor das Ouija-Brett entsorgt hatte. Ohne zu zögern, sagte Rose, goss sie Olivenöl über das Ouija-Brett, während sie laut und inbrünstig im Heiligen Geist betete, und schloss dann den Deckel. Sie ging zurück ins Wohnzimmer und hörte meine Stimme, die ihr zurief: Geh in die Garage, denn dort ist es". Rose sagte mir, dass sie sich bereits um „es" gekümmert hatte. Das bestätigte, dass das Böse in der Garage war, während wir beteten.

Rose sagte, dass ihr jetzt alles klar sei. Gott hat Rose in seiner zärtlichen Barmherzigkeit und liebevollen Güte auf diesen Tag vorbereitet, auch wenn sie ihm nicht diente. Rose sagt, dass diese Erfahrung sie mit einer Hingabe zu Gott zurückbrachte, wie sie sie noch nie zuvor empfunden hat. Sie besucht jetzt das Apostolic Lighthouse in Norwalk, Kalifornien. Sie war Gott so dankbar für seine Liebe und seinen Schutz. Gott machte sie bereit, dem gefallenen Engel jener Nacht mit der unbestreitbaren geistlichen Rüstung des Heiligen Geistes zu begegnen. Für Rose war das, was geschah, die übernatürliche Manifestation der Macht Gottes im Namen Jesu. Es war Seine Liebe zu Rose, damit sie zu Seinen Wegen zurückkehrt. Glauben Sie daran, dass Seine Hand nicht zu kurz ist, um zu retten oder zu befreien, selbst bei denen, die sich selbst widersetzen und nicht an das glauben wollen, was sie nicht sehen oder fühlen können. Unser Erlöser hat den Preis für uns am Kreuz mit seinem Blut bezahlt. Er wird niemanden dazu zwingen, ihn zu lieben. Gottes Wort sagt uns, dass du kommen musst wie ein kleines Kind und verspricht, dass du ihn finden wirst, wenn du ihn von ganzem Herzen suchst. Ungläubige und Skeptiker können nichts an dem ändern, was ist und was kommen wird. Durstet nach der Gerechtigkeit Gottes und trinkt von dem lebendigen Wasser des Lebens.

„Warum war niemand da, als ich kam? Als ich rief, war da niemand, der antwortete? Ist meine Hand so verkürzt, dass sie nicht erlösen

Elisabeth Das

*kann? Oder habe ich keine Macht zu erretten? Siehe, auf meinen Rat hin trockne ich das Meer aus und mache die Ströme zur Wüste; ihre Fische stinken, weil kein Wasser da ist, und sterben vor Durst."
(Jesaja 50:2)*

„In Sanftmut lehret die Widerspenstigen, so Gott ihnen vielleicht Buße geben wird zur Erkenntnis der Wahrheit, auf dass sie genesen aus der Schlinge des Teufels, die von ihm gefangen sind nach seinem Willen." (2. Timotheus 2:25-26)

Ich habe es getan "Sein Weg".

Kapitel 8

TRAUM UND VISION - DIE „WARNUNG"

Eines Morgens träumte ich von einer drohenden Gefahr, während ich mit dem Auto unterwegs war. In diesem Traum platzte der Vorderreifen mit einem lauten Geräusch. Es war so laut, dass ich davon aufwachte. Der Traum war so real, dass er sich anfühlte, als wäre ich wach oder irgendwo dazwischen. Ich betete im Laufe der Woche darüber und beschloss, mein Auto zur Reifenprüfung zu bringen. Leider wurden meine Pläne durchkreuzt und ich habe mich nicht darum gekümmert. In derselben Woche gingen einige Freunde und ich zu einer indischen Familie, die Gebet brauchte. Auf dem Weg zu ihrem Haus platzte der Reifen meines Autos auf der Autobahn in der Nähe des Friedhofs. Sofort erinnerte ich mich an den Traum, so wie ich ihn gesehen hatte. Wir saßen hier in meinem Auto mit einem platten Reifen und die Familie bestand darauf, dass wir zu ihrem Haus kommen. Nachdem der Reifen repariert war, kehrten wir zurück, um ein anderes Fahrzeug zu holen, und fuhren weiter zu der Familie. Die Familie hatte ein Problem mit ihrem einzigen Sohn, der in eine Rechtsangelegenheit verwickelt war und ins Gefängnis kommen würde. Sie waren besorgt, dass er auch in ihr Heimatland abgeschoben werden könnte. Die Mutter des jungen Mannes rief mich an diesem Tag weinend an und erklärte mir, was ihm drohte. Sie dachte an den schlimmsten Fall und war sich sicher, dass er für schuldig befunden und dann abgeschoben werden würde, um ihren Sohn nie wiederzusehen. Sie sagte, sie könne nicht arbeiten, weil sie ständig vor ihren Patienten weinen würde. Während sie weinte, begann ich am Telefon mit ihr für die Situation zu beten. Ich fing an, im Heiligen Geist in einer unbekannten Sprache oder in Zungen zu sprechen, als der Geist Gottes sich bewegte. Ich betete, bis sie sagte, dass ihr Herz nicht mehr belastet sei und sie sich getröstet fühle.

„Ebenso hilft auch der Geist unseren Schwachheiten; denn wir wissen nicht, was wir beten sollen, wie wir sollten, sondern der Geist selbst legt Fürbitte für uns ein mit einem Seufzen, das nicht ausgesprochen werden kann, und wer die Herzen erforscht, weiß, was der Geist denkt, denn er legt Fürbitte ein für die Heiligen nach dem Willen Gottes." (Römer 8:26-27).

Die Mutter fragte, ob sie mich anrufen könne, bevor sie am nächsten Morgen zur Verhandlung ging. Ich bejahte und sagte ihr, dass ich für das Eingreifen Gottes beten würde. Ich bat sie, mich nach der Verhandlung anzurufen, weil ich wissen wollte, was für ein Wunder Gott getan hatte. Am nächsten Tag rief mich die Mutter des jungen Mannes voller Freude an und sagte: *„Sie glauben nicht, was passiert ist?"* Ich sagte: *„Ich werde glauben, denn das ist die Art von Gott, der wir dienen"*! Sie sagte weiter, dass sie keine Unterlagen über meinen Sohn hätten. Die Anwältin sagte, dass das Gericht keinen solchen Namen oder eine Anklage gegen ihn gefunden habe, obwohl sie und die Anwältin Beweise für die Unterlagen in der Hand hatten.

Gott hatte unsere Gebete erhört. Ihr Glaube wurde so sehr gestärkt, dass sie von diesem Tag an akzeptierte, welch mächtigem Gott wir dienen und wie Gott sich um die Dinge kümmert, wenn wir sie im Gebet von ganzem Herzen vor ihn bringen. Sie wurde eine Zeugin der Wunder Gottes und gab Zeugnis von dem, was der Herr für sie getan hatte. Was den platten Reifen angeht, so war das nur ein kleiner Rückschlag, der nicht hätte passieren dürfen, wenn ich mich vorher darum gekümmert hätte. Nichtsdestotrotz hat der Herr einen Weg für uns geschaffen, diese Familie zu erreichen, weil sie darauf bestanden, dass wir zu ihnen kommen und mit ihnen beten. Wir müssen immer bereit sein, den Kräften entgegenzutreten, die uns davon abhalten, den Willen Gottes

Ich habe es getan "Sein Weg".

zu tun. Wir müssen jeden Plan des Feindes, unseres Widersachers, des Teufels, durch Beharrlichkeit durchkreuzen, vor allem, wenn wir Hindernisse auf dem Weg sehen.

Als wir im Haus der Familie ankamen, beteten wir und gaben der ganzen Familie ein Zeugnis. Wir genossen eine wunderbare Zeit des Predigens und der Lehre des Wortes Gottes. An diesem Tag war und ist die Freude des Herrn unsere Stärke! Er wird diejenigen segnen, die seinen Willen tun.

Kapitel 9

DAS ALLNÄCHTLICHE GEBETSTREFFEN

Eines Nacht beschlossen einige Freunde und ich, die ganze Nacht zu beten. Wir vereinbarten dann, dass wir einmal im Monat in unserem „Allnächtliches Gebetstreffen" beten würden. Während dieser nächtlichen Gebetstreffen haben wir wunderbare Erfahrungen gemacht. Unsere gemeinsame Gebetszeit zu Hause wurde so kraftvoll, dass diejenigen, die sich uns später anschlossen, sofort den Unterschied in ihren eigenen Gebeten spürten. Es war nicht länger eine religiöse Routine, sondern ein Gebet im Heiligen Geist mit Manifestationen der Gaben des Geistes. Während wir beteten, begannen einige zu erfahren, was es heißt, mit dem Teufel zu ringen. Mächte kamen gegen uns an, als wir in unseren Gebeten eine höhere Ebene erreichten, die uns durch geistliche Schlachtfelder führte. Wir befanden uns im Krieg mit dem Teufel und begannen, Fastentage einzuberufen. Wir hatten etwas angezapft, das geistlich mächtig war und uns zwang, Gott noch mehr zu suchen.

Während eines solchen Gebetstreffens um 3:30 Uhr morgens stand meine Freundin Karen auf, um das Salböl zu holen. Sie begann, meine Hände und Füße einzuölen und prophezeite dann, dass ich an viele Orte gehen müsse, um das Wort Gottes weiterzugeben, und dass Gott mich für seine Zwecke gebrauchen würde. Zuerst war ich sehr wütend auf

Ich habe es getan "Sein Weg".

Karen, weil das nicht möglich war und keinen Sinn ergab. Zu dieser Zeit war ich seit fast 10 Jahren nirgendwo mehr hingegangen, weil ich nicht laufen konnte. Meine Beinmuskeln waren immer noch schwach und ich hatte diese schmerzhaften Tumore, die gegen meine Wirbelsäule drückten. Ich dachte über Karens Worte nach, und dann sprach Gott zu mir, indem er durch ihren Mund sagte: „Ich bin der Herr, der zu dir spricht", und ich verstand, dass es nicht nur Karens Begeisterung war, die zu mir sprach. Es tat mir leid und ich bat Gott um Vergebung für meinen Gedanken.

Ein paar Tage später erhielt ich einen Anruf von jemandem in Chicago, Illinois, der geistliche Hilfe brauchte, und so beschlossen wir, in der folgenden Woche nach Chicago zu fahren. Das war an sich schon ein großes Wunder, denn ich hatte zu diesem Zeitpunkt noch nicht daran gedacht, die Reise zu wagen. Aufgrund der prophetischen Botschaft machte ich die Reise nach Chicago aus reinem Glauben. Ohne die prophetische Botschaft wäre ich definitiv nicht gefahren. In dieser Woche verschlechterte sich mein Gesundheitszustand und ich konnte das Bett nicht mehr verlassen. Ich hörte auch, dass es in Chicago stark geschneit hatte. Mir wurde klar, dass mein Glaube auf die Probe gestellt wurde. In dieser Zeit brauchte ich einen Rollstuhl, um mich fortzubewegen. Die Familie in Chicago erlebte, dass dämonische Kräfte gegen sie vorgingen. Sie hatten sich vor kurzem Gott zugewandt und aufgehört, Hexerei zu praktizieren. Viele ihrer Familienmitglieder hatten sich ebenfalls zu unserem Herrn Jesus Christus bekehrt. Der Herr hatte sie geheilt und von diesen dämonischen Mächten befreit, die sie in der Sünde gefangen hielten. Ich erkannte, dass Gott mir die Ausdauer geben musste, um eine solche Reise durchzustehen, und es wurde schnell klar, dass es Gottes Wille war, dass ich gehen sollte. Ich hatte zwei Träume erlebt, in denen Gott mir sagte, dass ich seiner Stimme gehorchen müsse. Ich war Gott nicht ungehorsam und hatte gelernt, ihn nicht infrage zu stellen. Ich lernte schnell, dass seine Wege für mich keinen Sinn ergeben mussten. An dem Tag, als wir in Chicago ankamen, war das Wetter heiß. Ich war auch schmerzfrei. Wir wandeln im Glauben und nicht im Schauen, wie die Heilige Schrift sagt. Wenn uns Dinge unmöglich erscheinen, müssen wir glauben, dass bei Gott alle Dinge möglich sind. Er hat sich um alles gekümmert und mir die Kraft gegeben, seinen Willen in Chicago zu erfüllen. Wir hatten auch

Elisabeth Das

Zeit, andere Familien in ihren Häusern zu besuchen und ihnen zu dienen.

Beim Abflug nach Hause begann das Gewitter, viele Flüge wurden gestrichen, aber Gott sei Dank konnten wir trotz Verspätung unseres Fluges nach Kalifornien zurückkehren. Gelobt sei Gott! Er ist wirklich mein „Fels und Schild", mein Beschützer vor den geistlichen und natürlichen Stürmen. Diese Reise war ein Zeugnis des Glaubens und ein Segen für uns alle. Hätte ich nicht gehorcht, hätte ich den Segen der Arbeit von Gottes Händen nicht erfahren. Gott erstaunt mich immer wieder, wie er heute zu uns spricht. Der allmächtige Gott spricht immer noch zu gewöhnlichen Menschen wie mir. Was für ein Vorrecht, unserem Schöpfer zu dienen und seine mächtigen Werke zu sehen, die das Leben der Menschen berühren, die heute glauben und ihn rufen. Es brauchte eine prophetische Botschaft und zwei Träume, bis Gott meine volle Aufmerksamkeit erlangte. Das erinnert mich daran, dass wir die Gedanken Gottes und die Pläne, die er für jemanden hat, nicht vollständig verstehen können. In diesem Moment müssen wir gehorchen, auch wenn es für uns vielleicht keinen Sinn macht oder keinen Grund hat. Mit der Zeit lernte ich, seine Stimme zu hören und die Geister zu unterscheiden. Er wird dir nie sagen, dass du etwas tun sollst, was gegen sein Wort verstößt. Gehorsam ist besser als Opfer.

„Samuel aber sprach: Hat der HERR so viel Gefallen an Brandopfern und Schlachtopfern, dass er der Stimme des HERRN gehorcht? Siehe, gehorchen ist besser als Schlachtopfer, und hören ist besser als das Fett der Widder." (1. Samuel 15,22)

„Denn meine Gedanken sind nicht eure Gedanken, und eure Wege sind nicht meine Wege, spricht der HERR. Denn wie der Himmel höher ist als die Erde, so sind auch meine Wege höher als eure Wege und meine Gedanken als eure Gedanken."
(Jesaja 55,8, 9)

Ich habe es getan "Sein Weg".

Kapitel 10.

DIE PROPHETISCHE BOTSCHAFT

Es ist ein Segen, Freunde zu haben, die denselben Glauben und dieselbe Liebe zu Gott teilen. Ich habe eine Freundin, Karen, die einmal eine Mitarbeiterin war, als ich bei der US-Post arbeitete. Karen lernte den Herrn kennen, als ich ihr ein Zeugnis gab. Später nahm sie die apostolische Wahrheitslehre der frühen Kirche an. Karen ist ein liebenswürdiger Mensch mit einem Herz für die Missionsarbeit in Mumbai, Indien. Sie hatte ein Herz für die Arbeit dort und spendete ihr eigenes Geld für den Bau einer Kirche in Mumbai.

Eines Tages, als ich noch in West Covina wohnte, brachte Karen ihre Freundin Angela zu mir nach Hause. Ihre Freundin war so aufgeregt und brannte für Gott. Sie erzählte mir ihr Zeugnis über frühere Selbstmordversuche, bei denen sie sich mehrfach selbst geschnitten hatte, und über ihre Vergangenheit in der Prostitution. Ich mochte ihren süßen Geist und fragte sie, ob es ihr nichts ausmachte, für mich zu beten. „*Hier*"? fragte sie. „*Ja, hier*", antwortete ich. Als sie begann, für mich zu beten, kam der Geist der Weissagung über sie. Sie begann, das Wort des Herrn zu sprechen: „*Gott sagt dir, dass du das Buch, das du begonnen hast, zu Ende bringen sollst. Es wird ein Segen für viele Menschen sein. Durch dieses Buch werden viele Menschen gerettet werden.*" Ich war so glücklich, denn weder sie noch Karen hatten eine Ahnung, dass ich schon vor Jahren mit dem Schreiben meiner Erinnerungen begonnen hatte. Die erste Anregung, dieses Buch zu

Elisabeth Das

schreiben, erhielt ich vor einem Jahr von Frau Saroj Das und einem Freund. Eines Tages kam eine Schwester im Herrn aus einer örtlichen Kirche mit einem Stift in der Hand zu mir und befahl mir: *„Schreibe jetzt!"*

Ich begann zu schreiben, bis ich weitere gesundheitliche Probleme bekam, und hörte dann auf, weil es eine zu große Aufgabe für mich war, die ich bewältigen musste. Jetzt war die Sache mit dem Buch wieder aufgetaucht. Niemand hatte von meinem Versuch, ein Buch zu schreiben, gewusst. Meine Erfahrungen sollten gesammelt und aufgeschrieben werden, damit andere sich inspirieren lassen konnten. Ich musste gehorchen, aber wie das alles geschehen sollte, war mir immer noch ein großes Rätsel. Ich konnte es aus vielen Gründen nicht wirklich schreiben, aber auch hier musste Gott einen Weg finden, um es geschehen zu lassen. Nachdem ich die Botschaft gehört hatte, hatte ich den Wunsch und die Dringlichkeit, es zu tun, aber Gott musste den Rest erledigen. Meine erste Reise bestand darin, den lebendigen Gott zu finden, und er hat mich gefunden! Wenn ich nicht über meine Erfahrungen mit Gott schreibe, werden diese wahren Berichte für immer verloren gehen. Das Leben so vieler Menschen wurde auf wunderbare Weise berührt, dass dieses Buch nicht alle Ereignisse und Wunder enthalten kann. Gottes Wunder werden weitergehen, auch wenn ich diesen Körper verlasse und beim Herrn bin. Der Glaube beginnt irgendwo. Er hat einen Anfang und ist grenzenlos, denn es gibt verschiedene Maße des Glaubens. Wenn der Glaube gepflanzt ist, wird er durch das Wort Gottes bewässert und durch die Zeugnisse anderer genährt. Ich dachte über die Bibelstelle nach, in der es heißt, dass wir Berge versetzen können, wenn wir Glauben haben wie ein Senfkorn. Wie hätte ich wissen können, dass diese Reise nach Amerika mich durch ein Labyrinth von lebensverändernden Erfahrungen führen würde oder dass ich eines Tages darüber schreiben würde, wie ich Gottes Wege ehren würde? Eines Tages erzählte ich meiner Freundin Rose von der Botschaft Gottes und seinem Plan für dieses Buch. Rose hörte zu und sah sich meine Notizen an. Sie kannte mich seit Jahren und wusste bereits viel über mein Leben in Amerika. Das Schreiben nahm eine eigene Form an, die sich zwei unerfahrene Menschen nicht vorstellen konnten. Der Herr bahnte sich einen Weg, und durch viele Schwierigkeiten und sehr „seltsame" Vorkommnisse wurde das Buch

Ich habe es getan "Sein Weg".

vollendet. Der Herr hatte gesprochen, und nun ist sein Plan in Erfüllung gegangen.

Karens Freundin fuhr fort zu prophezeien. Sie sagte mir: „*Gott wird bis zum Ende dieses Monats etwas für dich tun*". Und viele andere Dinge sprach Gott durch ihre prophetischen Botschaften zu mir. Ich begann mich daran zu erinnern, wie ich für diese Wahrheit durch so viele Nöte gegangen war. An dem Tag, an dem Gott durch diese junge Frau zu mir sprach, beantwortete Gott die Frage meines Herzens. Ich sollte seinen Willen tun, und die Worte der Ermutigung gingen weiter. Worte, die ich hören musste. Sie prophezeite mir, dass ich ein „*Gefäß aus Gold*" sei. Das machte mich so demütig. Im Glauben tun wir unser Bestes, um in Harmonie mit Gott zu leben, und sind unsicher, ob wir ihm wirklich gefallen. An diesem Tag segnete er mich, indem er mich wissen ließ, dass ich ihm gefalle. Mein Herz war mit großer Freude erfüllt. Manchmal vergessen wir, worum wir bitten, aber wenn unser Gebet erhört wird, sind wir überrascht.

Wir müssen glauben, dass Gott keine Rücksicht auf Menschen nimmt, wie die Bibel sagt. Es spielt keine Rolle, welchen Status oder welche Stellung Sie haben, denn bei Gott gibt es kein Status- oder Stellensystem im Leben. Gott liebt uns alle gleich und möchte, dass wir eine persönliche Beziehung zu ihm haben, nicht die religiösen Traditionen, die von vielen Generationen weitergegeben wurden und die Götzen und Menschen gedient haben. Götzen können nicht sehen und nicht hören. Religion kann weder Ihr Leben noch Ihr Herz verändern. Religion sorgt nur dafür, dass man sich vorübergehend gut fühlt, weil sie zur Selbstbefriedigung dient. Der wahre Gott wartet darauf, Sie zu umarmen und zu empfangen. Jesus war das Opferlamm Gottes, das vor der Welt geschlachtet wurde. Als er am Kreuz starb, ist er wieder auferstanden und lebt heute und in Ewigkeit. Jetzt können wir durch Jesus Christus, unseren Herrn und Retter, direkte Gemeinschaft mit Gott haben. Es gibt verschiedene Stufen in unserem Wandel mit Gott. Wir müssen uns mehr von ihm wünschen und weiter in Liebe, Glauben und Vertrauen wachsen. Diese Erfahrung hat mich sehr gedemütigt. Mein ganzes Verlangen und Ziel ist es, Ihm zu gefallen. Es gibt verschiedene Stufen des geistlichen Wachstums und der Reife in Gott. Man reift mit der Zeit, aber es hängt alles davon ab, wie viel Zeit und Mühe man in die Beziehung zu Ihm investiert. Am Ende des Monats veranlassten mich die Umstände, die Gemeinde, die ich 23 Jahre lang besucht hatte, zu verlassen. Gott schloss eine Tür und öffnete eine andere. Seitdem hat er immer wieder Türen geschlossen und geöffnet, genau wie die Trittsteine, die ich am Anfang dieses Buches erwähnt habe. Gott hat sich die ganze Zeit um mich gekümmert. Ich besuchte kurz eine Gemeinde in West Covina, dann öffnete sich eine weitere Tür.

Dieselbe junge Frau prophezeite mir ein paar Jahre später erneut und sagte mir, ich solle packen, *„du ziehst um"*. Ich war sehr überrascht, denn meine Mutter war schon so alt und mein Zustand hatte sich immer noch nicht gebessert. Ich glaubte dem Herrn. Ein Jahr später war es dann soweit: Ich zog von Kalifornien nach Texas. An einen Ort, an dem ich noch nie gewesen war und den ich nicht kannte. Dies war der Beginn eines weiteren Abenteuers auf meinem Lebensweg. Als alleinstehende Frau war ich der Stimme Gottes unterworfen und musste ihr gehorchen. Gott hat mir nie etwas weggenommen. Er hat nur Dinge und Orte ersetzt und immer wieder neue Freundschaften und Menschen in mein Leben gebracht. Danke, Herr, mein Leben ist heute so gesegnet!

Ich habe es getan "Sein Weg".

Kapitel 11

EINE BEWEGUNG DES GLAUBENS

Im April 2005 zog ich in den Longhorn-Staat Texas. Gott benutzte verschiedene Menschen durch prophetische Botschaften. Der Umzug wurde bestätigt, und alles, was ich tun musste, war, diesen Sprung des Glaubens zu wagen. Es begann im Jahr 2004, als Bruder James und Angela, eine Freundin im Herrn, mit mir am Telefon beteten. Schwester Angela begann zu prophezeien, indem sie mir sagte: *„Du wirst bis zum Ende dieses Jahres umziehen."* Von Januar bis August dieses Jahres geschah nichts, und dann, im September, rief mich meine Mutter eines Nachmittags in ihr Schlafzimmer. Sie erzählte mir, dass die Familie meiner Schwester in einen anderen Bundesstaat umzieht und dass ich mit ihnen umziehen sollte. Die Entscheidung, wohin ich ziehen sollte, war noch nicht gefallen, aber die Optionen waren Texas, Arizona oder Amerika ganz zu verlassen und nach Kanada zu ziehen. Dann rief ich Schwester Angela an und erzählte ihr, was geschehen war. Ich sagte ihr, dass ich auf keinen Fall nach Texas gehen wolle. Es war mir nie in den Sinn gekommen, jemals dorthin zu gehen, also war es auch keine Option, dort zu leben. Zu meiner Enttäuschung sagte Schwester Angela, dass *Texas"* der Staat sei. Aus Gehorsam wurde es beschlossen, und so zogen wir schließlich nach Texas. Damals ahnte ich noch nicht, dass Gott bereits die Weichen in diese Richtung gestellt hatte. Nach meinem Gespräch mit Schwester Angela buchte ich einen Flug für mich, um in zwei Wochen in Texas zu sein. Was ich nicht wusste, war, dass die Familie meiner Schwester bereits in Texas war, um sich die Gegend um Plano anzusehen.

Schwester Angela betete für mich und sagte mir, ich solle mir keine Sorgen machen, Jesus würde mich vom Flughafen abholen. Bruder und Schwester Blakey waren so freundlich und geduldig, dass es mich an die Prophezeiung von Schwester Angela erinnerte. Sie holten mich gerne vom Flughafen ab und halfen mir mit all meinen Bedürfnissen auf so liebevolle und fürsorgliche Weise.

Schwester Angela fuhr fort zu sagen, dass ich das erste Haus, das ich sehen würde, lieben würde, aber es würde nicht mein Haus sein. Über das Internet rief ich die Vereinigten Pfingstkirchen in dieser Gegend an und nahm Kontakt zu Pastor Conkle auf, dem Pastor der Vereinigten Pfingstkirche in Allen, Texas. Ich erklärte Pastor Conkle, was ich in Texas tun wollte. Danach bat er mich, Nancy Conkle anzurufen. Ich war mir nicht sicher, warum und dachte, dass sie vielleicht seine Frau oder Sekretärin sei. Es stellte sich heraus, dass Nancy Conkle die Matriarchin der Familie ist, eine fürsorgliche Mutter der Familie und der Kirche. Schwester Conkle hatte ihre eigenen sechs Kinder großgezogen und half bei der Erziehung ihrer Brüder und Schwestern, insgesamt elf Geschwister! Nachdem ich mit Nancy Conkle gesprochen hatte, wurde mir klar, warum Pastor Conkle mich mit dieser starken und fürsorglichen Frau sprechen ließ, bei der ich mich sofort willkommen fühlte. Schwester Conkle verband mich dann mit ihrem anderen Bruder, James Blakey, der Immobilienmakler ist, und seiner Frau Alice Blakey. Sie leben in der kleinen Stadt Wylie, Texas, nur wenige Minuten von Allen entfernt auf den Straßen des flachen Landes im Hinterland.

Nachdem ich mich mit der Gegend vertraut gemacht hatte, flog ich zurück nach Kalifornien, um mein Haus auf den Markt zu bringen. Mein Haus wurde innerhalb von zwei Monaten verkauft. Dann flog ich zurück nach Texas, um mich auf Wohnungssuche zu begeben. Ich betete darüber, in welcher Stadt ich nach Gottes Willen leben sollte, denn es gab so viele kleine Städte und Ortschaften. Gott sagte „Wylie". Es ist wichtig, zu beten und Gott um seinen Willen zu bitten, bevor man wichtige Entscheidungen trifft, denn es wird immer die richtige sein.

„Denn es ist besser, wenn es Gottes Wille ist, dass ihr um des Guten willen leidet, als um des Bösen willen." (1. Petrus 3:17)

Später erzählte ich Bruder und Schwester Blakey von den prophezeiten Botschaften und dass ich Gott gehorchen wollte. Sie waren sehr darauf bedacht, meine Wünsche zu respektieren und hörten sich alles an, was ich ihnen sagte, dass Gott zu mir gesprochen hatte. Ich erzählte ihnen auch, dass Gott während meiner ersten Reise nach Texas gesagt hatte: *„Ihr wisst nicht, was ich für euch habe."* Sie waren so geduldig mit mir, dass ich ihnen für ihre Sensibilität für die Dinge Gottes immer sehr dankbar sein werde. Die Familie Blakey spielte eine große Rolle bei der Erfüllung dieser prophetischen Botschaft und meinem neuen Leben in Texas. Wir begannen damit, drei Tage lang Häuser in Wylie zu besichtigen, und am dritten Tag musste ich am Abend nach Kalifornien zurückkehren. Sie führten mich zu einem Musterhaus in einem neuen Wohngebiet, und dann sagte Schwester Blakey: „Das ist dein Haus." Ich wusste sofort, dass es das wirklich war. Schnell erledigte ich den Papierkram für den Kauf und machte mich dann sofort auf den Weg zum Flughafen, denn ich wusste, dass die Dinge irgendwie erledigt werden würden. Zur gleichen Zeit sagte Gott mir, ich solle für drei Monate nach Indien gehen. Ich stellte Ihn nicht infrage und bevollmächtigte Bruder Blakey, den Kauf des Hauses in Texas fortzusetzen, und ich bevollmächtigte meinen Neffen Steve, der im Immobiliengeschäft tätig ist, sich um meine Finanzen in Kalifornien zu kümmern. Ich kehrte nach zehn Jahren in mein Heimatland Indien zurück. Ich danke Gott für meine Heilung, denn ohne die Beweglichkeit meiner Beine hätte ich das nicht geschafft. Ich wollte nach Indien fliegen und ein Haus in Texas kaufen. Die Dinge änderten sich schnell in meinem Leben.

Rückkehr nach Indien.

Als ich in Indien ankam, stellte ich schnell fest, dass sich die Dinge in relativ kurzer Zeit verändert hatten. 25 Jahre lang habe ich gebetet und gefastet, damit dieses Land eine Erweckung erlebt. Indien ist ein sehr religiöses Land des Götzendienstes, der Anbetung von Statuen aus Stein, Holz und Eisen. Religiöse Bilder, die nicht sehen, sprechen oder hören können und keinerlei Macht haben. Es sind religiöse Traditionen, die weder den Geist noch das Herz verändern.

> *„Und ich will mein Gericht über sie ergehen lassen um all ihrer Bosheit willen, dass sie mich verlassen und anderen Göttern opfern und ihrer Hände Werk anbeten."*
> *(Jeremia 1:16)*

Das Christentum war die Minderheit in diesem Land, in dem es so viel Verfolgung und Hass zwischen den Religionen und insbesondere gegen Christen gab. Die Unterdrückung der Christen hat sie in ihrem Glauben nur gestärkt, denn es wurde unschuldiges Blut vergossen, Kirchen wurden niedergebrannt, Menschen geschlagen oder getötet. Traurigerweise lehnten Mütter und Väter ihre eigenen Kinder ab, wenn sie sich Jesus zuwandten und ihre Familienreligion verließen. Ausgestoßene vielleicht, aber nicht vaterlos, denn Gott ist unser himmlischer Vater, der die Tränen von unseren Augen abwischen wird.

> *„Meint ihr, ich sei gekommen, um Frieden auf Erden zu bringen? Ich sage euch: Nein, sondern vielmehr Spaltung: Denn von nun an werden fünf in einem Haus entzweit sein, drei gegen zwei und zwei gegen drei. Es wird sich scheiden der Vater gegen den Sohn und der Sohn gegen den Vater; die Mutter gegen die Tochter und die Tochter gegen die Mutter; die Schwiegermutter gegen die Schwiegertochter und die Schwiegertochter gegen die Schwiegermutter."*
> *(Lukas 12:51-53)*

Ich war so überrascht, überall Menschen zu sehen, die mit Bibeln unterwegs waren, und ich hörte von Gebetstreffen. Es gab viele Einheitsgemeinden und Gläubige an den einen Gott. Gott kam, um unter uns zu leben, im Fleisch, im Leib Jesu Christi. Und so ist auch das Geheimnis der Frömmigkeit des einen wahren Gottes.

> *„Und unstreitig ist das Geheimnis der Gottseligkeit groß:* **Gott ist offenbar geworden im Fleisch,** *gerechtfertigt im Geist, gesehen von den Engeln, gepredigt den Heiden, geglaubt in der Welt, aufgenommen in die Herrlichkeit."(1. Timotheus 3:16)*

Ich habe es getan "Sein Weg".

"Philippus spricht zu ihm: Herr, zeige uns den Vater, und es genügt uns. Jesus spricht zu ihm: Ich bin schon so lange bei euch, und du hast mich noch nicht erkannt, Philippus? Wer mich gesehen hat, der hat den Vater gesehen; wie sagst du denn: Zeig uns den Vater? Glaubst du nicht, dass ich im Vater bin und der Vater in mir? Die Worte, die ich zu euch rede, rede ich nicht von mir selbst; sondern der Vater, der in mir ist, der tut die Werke. Glaubt mir, dass ich in dem Vater bin und der Vater in mir, oder glaubt mir um der Werke willen." (Johannes 14:8-11)

"Du glaubst, dass es einen Gott gibt; du tust gut daran; auch die Teufel glauben und zittern." (Jakobus 2:19)

Es war eine solche Freude, Menschen zu sehen, die nach Gott dürsten. Ihre Anbetung war so kraftvoll. Es war ein ganz anderes Indien als das, das ich fünfundzwanzig Jahre zuvor verlassen hatte. Die Menschen, ob jung oder alt, sehnten sich nach den Dingen Jehovas. Es war üblich, dass junge Leute bei religiösen hinduistischen Feiern christliche Flugblätter verteilten. Tagsüber gingen sie in die Kirche und kehrten nach dem Gottesdienst, der um 14:30 Uhr begann, um etwa 3:00 Uhr morgens zurück. Auch Hindus und Muslime kamen zu unseren Gottesdiensten, um Heilung und Befreiung zu erfahren. Die Menschen waren offen für Predigten aus dem Wort Gottes und für Lehren aus der Heiligen Schrift. Ich wurde auf diese indischen Kirchen aufmerksam und kommunizierte mit ihren Pastoren per Telefon und E-Mail. Ich vernetzte mich mit den Vereinigten Pfingstkirchen, um amerikanische Prediger zu finden, die bereit waren, im Namen der indischen Pastoren nach Indien zu reisen, um auf deren Jahreskonferenzen zu sprechen. Wir waren sehr erfolgreich, mit Gottes Hilfe. Ich war froh, dass Prediger in Amerika eine Last für mein Land hatten und den indischen Predigern ihre geistliche Unterstützung gaben. Ich lernte einen indischen Pastor einer sehr kleinen und bescheidenen Gemeinde kennen. Dort herrschte so viel Armut und die Bedürfnisse der Menschen waren so groß, dass ich mich persönlich verpflichtete, Geld zu schicken. Wir sind so gesegnet in Amerika. Glauben Sie daran, dass „nichts unmöglich ist". Wenn Sie etwas geben wollen, tun Sie es fröhlich und im Glauben und geben Sie es im Geheimen. Viele Jahre lang wusste niemand von meinem Engagement. Erwarten Sie niemals,

Elisabeth Das

dass Sie für einen persönlichen Vorteil geben oder Ruhm oder Lob von anderen erhalten. Geben Sie mit reinem Herzen und verhandeln Sie nicht mit Gott.

„Wenn du nun dein Almosen gibst, sollst du nicht mit der Posaune vor dir her posaunen, wie die Heuchler in den Synagogen und auf den Gassen tun, damit sie sich bei den Menschen rühmen können. Wahrlich, ich sage euch: Sie haben ihren Lohn. Wenn du aber Almosen gibst, so soll deine linke Hand nicht wissen, was deine rechte tut: Auf dass dein Almosen im Verborgenen sei; und dein Vater, der ins Verborgene sieht, wird dir's vergelten öffentlich."
(Matthäus 6:2-4)

Gott hatte es zugelassen, dass Dinge in meinem Leben geschahen, sodassso dass ich zu Hause bleiben konnte. Ich blicke mit Erstaunen darauf zurück, wie meine Krankheiten fortschritten, sodassso dass ich nicht mehr gehen, denken oder mich normal fühlen konnte, bis zu dem Tag, an dem Bruder James betete und Gott mich aus dem Rollstuhl holte. Da ich wegen der Tumore und der Blutkrankheit immer noch als behindert galt, lebte ich von einem mageren monatlichen Invaliditätsscheck. Mein Scheck spielte keine Rolle, da Gott mir meinen Job weggenommen hatte, meine Sorge war, wie ich meine Rechnungen bezahlen sollte. Jesus sprach zweimal zu mir und sagte: „Ich werde mich um dich kümmern". Ob ich nun in Kalifornien oder Texas lebte, Jesus würde für all meine Bedürfnisse sorgen. Gott tat es aus seinem Reichtum und seiner Fülle heraus. Ich vertraute darauf, dass Gott für alle meine täglichen Bedürfnisse sorgen würde.

Trachtet aber zuerst nach dem Reich Gottes und nach seiner Gerechtigkeit, so wird euch dies alles zugerechnet werden.
(Matthäus 6:33)

Bevor ich Indien verließ, erzählten mir einige Frauen aus der Kirche, dass sie sich keinen Luxus mehr kauften. Sie waren mit dem zufrieden, was sie zum Anziehen hatten, weil sie so viel Befriedigung daraus zogen, den Armen zu geben.

Ich habe es getan "Sein Weg".

Aber Frömmigkeit mit Genügsamkeit ist ein großer Gewinn. Denn wir haben nichts in diese Welt gebracht, und es ist gewiss, dass wir nichts herausbringen können. Wenn wir aber Nahrung und Kleidung haben, so lasst uns damit zufrieden sein. (1. Tim 6:6-8)

Auch die älteren Menschen und die kleinen Kinder waren an Projekten der Liebe beteiligt. Sie schnürten gemeinsam Geschenkpakete, um sie an die Armen zu verteilen. Sie waren so zufrieden mit dem Segen des Gebens.

„Gebt, und es wird euch gegeben werden; ein gutes Maß, gedrückt und geschüttelt und überfließend, werden die Menschen in euren Schoß geben. Denn mit demselben Maß, mit dem ihr gemessen habt, wird euch wieder zugemessen werden." (Lukas 6:38)

Stellen Sie sich vor, was in so kurzer Zeit passiert ist. Ich verkaufte mein Haus und kaufte ein neues Haus in einem anderen Staat. Ich sah, wie sich mein Land mit Menschen, die nach dem Herrn Jesus Christus dürsteten, veränderte. Jetzt freute ich mich darauf, ein neues Leben in Texas zu beginnen. Wenn wir Gott an die erste Stelle setzen, wird der Herr der Herrlichkeit auch treu zu uns sein.

Zurück nach Amerika.

Drei Monate später kehrte ich aus Indien zurück. Ich flog nach Texas, als mein Haus fertig war. Am 26. April 2005, als mein Flugzeug auf dem Flughafen Dallas-Ft. Worth landete, weinte ich, weil ich seit meiner Ankunft in diesem Land völlig von meiner Familie und meinen Freunden getrennt war. Dann gab Gott mir die folgende Bibelstelle:

Aber so spricht der HERR, der dich geschaffen hat, Jakob, und der dich gebildet hat, Israel: Fürchte dich nicht; denn ich habe dich erlöst und dich bei deinem Namen gerufen; du bist mein. Wenn du durch Wasser gehst, will ich bei dir sein, und wenn du durch Ströme gehst, sollen sie dich nicht überschwemmen; und wenn du durchs Feuer gehst, sollst du nicht verbrannt werden, und die Flamme soll nicht an dir brennen. Denn ich bin der Herr, dein Gott, der Heilige Israels, dein Erlöser: Ich habe Ägypten als Lösegeld für dich gegeben

Elisabeth Das

und Äthiopien und Seba für dich. Weil du mir kostbar bist und ich dich lieb habe, will ich Menschen für dich geben und Völker für dein Leben. Fürchte dich nicht, denn ich bin mit dir; ich will deinen Samen von Osten her bringen und dich von Westen her sammeln; ich will sagen zu Norden: Gib auf, und zu Süden: Halte nicht zurück; bringe meine Söhne von fern und meine Töchter von den Enden der Erde; (Jesaja 43:1-6)

An dem Tag, an dem ich ankam, fand ich mich allein in diesem großen neuen Haus wieder. Als ich in der Mitte des Wohnzimmers stand und mein Haus völlig leer sah, wurde mir die Realität bewusst. Ich setzte mich auf den Boden und begann zu weinen. Ich fühlte mich so allein und wollte zurück nach Kalifornien, wo ich meine liebe Mutter zurückgelassen hatte. Wir hatten so lange zusammen gelebt, und sie war ein großer Teil von mir. Ich war so überwältigt von diesem Gefühl der Trennung, dass ich zum Flughafen fahren und zurück nach Kalifornien fliegen wollte. Ich wollte dieses Haus nicht mehr. Mein Kummer war größer als meine Realität. Während ich diese Gefühle durchlebte, erinnerte mich Gott daran, dass ich Bruder Blakey anrufen sollte. Bruder Blakey wusste nicht, wie ich mich in diesem Moment fühlte, aber Gott wusste es. Ich war überrascht, als er sagte: „Schwester Das, Sie wissen, dass Sie nur einen Anruf von uns entfernt sind." Seine Worte waren wie gesalbt, denn mein Schmerz und meine ganze Verzweiflung verschwanden augenblicklich. Ich spürte, dass ich eine Familie hatte, dass ich nicht allein war und dass alles in Ordnung sein würde. Von diesem Tag an nahm mich die Familie Blakey in ihre eigene Familie auf, zu einer Zeit, als ich niemanden hatte.

Meine Schwester und ihre Familie zogen später nach Plano, Texas, nur ein paar Meilen von Wylie entfernt. Die Familie Blakey besteht aus elf Brüdern und Schwestern. Ihre Kinder und Enkelkinder behandelten mich alle wie eine Familie. Sie waren fast 200 Personen und jeder in Wylie kennt die Familie Blakey. Sie waren mir eine große Stütze, und man gab mir immer das Gefühl, auch ein „Blakey" zu sein! Nachdem ich mich in meinem neuen Zuhause eingelebt hatte, musste ich eine Kirche finden. Ich fragte Gott, welche Kirche er für mich wollte. Ich besuchte viele Kirchen. Schließlich besuchte ich eine Kirche in der Stadt Garland, die North Cities United Pentecostal Church. Gott sagte

Ich habe es getan "Sein Weg".

ganz klar: „Das ist deine Kirche". Hier versammle ich mich noch immer. Ich liebe meine Kirche und habe einen wunderbaren Pastor, Pfarrer Hargrove, gefunden. Die Familie Blakey wurde zu meiner erweiterten Familie, die mich nach der Kirche zum Mittag- oder Abendessen einlud. Sie haben mich auch in ihre Familientreffen und Familienfeiern einbezogen. Gott hat auf wunderbare Weise für alles gesorgt, was ich brauche.

Ich danke Gott für meinen neuen Pastor, meine Kirche und die Blakeys, die mich in ihre Familie aufgenommen haben. Ich lebe jetzt bequem in meinem neuen Zuhause. Gott hat sein Versprechen gehalten: „Ich werde mich um dich kümmern". Gott hat das alles für mich entschieden, so wie es sein Wille für mein Leben ist. Jetzt arbeite ich für ihn, wenn ich um 3:50 Uhr morgens aufwache, um zu beten. Ich frühstücke und bereite mich von meinem Büro zu Hause aus auf die Arbeit für den Herrn vor. Meine Freunde werden Ihnen sagen: „Sagen Sie Schwester Liz nie, dass sie keine richtige Arbeit hat." Was ist meine Antwort? Ich arbeite für den Herrn, ich mache viele Überstunden, ohne auf die Stechuhr zu drücken, und ich bekomme keinen Gehaltsscheck. Gott kümmert sich um mich und mein Lohn wird im Himmel sein.

Ich schätze meine Arbeit und liebe, was ich tue!

Elisabeth Das

Kapitel 12

DÄMONISCHE BEFREIUNG UND DIE HEILENDE KRAFT GOTTES

Am Sonntagnachmittag erhielt ich einen Telefonanruf von Herrn Patel, der uns bat, für seinen Vater zu beten, der von dämonischen Geistern angegriffen wurde. Herr Patel ist ein Ingenieur, der seit über 30 Jahren in Amerika lebt. Er hatte von meiner Heilung gehört und war offen dafür, etwas über den Herrn Jesus Christus zu hören. Am nächsten Tag gingen wir zum Haus seines Bruders, wo wir uns mit Herrn Patel und seiner Familie (Bruder, Frau des Bruders, zwei Söhne, Vater und Mutter) trafen. Während alle zuhörten, begann ein anderer Bruder, der ebenfalls Christ war, darüber zu sprechen, wie er Jesus kennengelernt hatte. Der Vater, der ältere Herr Patel, sagte, er habe Götzen angebetet, sich aber immer schlecht gefühlt, wenn er sie anbetete. Er sagte, er fühle sich, als stoße ein Stab in seinen Magen, der ihm Schmerzen verursache, und wenn er gehe, habe er das Gefühl, Steine unter den Füßen zu haben. Wir begannen für ihn zu beten, im Namen des Herrn Jesus Christus. Wir beteten, bis er von dem dämonischen Geist befreit war und es ihm viel besser ging. Bevor er abreiste, erhielt er ein Bibelstudium, damit er die Macht des Namens des Herrn verstand und wusste, wie er frei von dämonischen Angriffen bleiben konnte, die immer wieder kamen.

Ich habe es getan "Sein Weg".

Wir waren erfreut, als der Sohn und einer der Enkel darauf bestanden, dass der ältere Herr Patel den Namen JESUS ausrief, aber er wollte nicht; obwohl er kein Problem damit hatte, „Gott" (Bhagvan) zu sagen. Die Enkel bestanden darauf: „Nein, sag im Namen Jesu", während die Söhne sich aufstellten, um das Gebet zu empfangen. Einer der Enkel, der um die zwanzig war, hatte zuvor einen Autounfall gehabt. Er war wegen eines Problems mit seinem Knie bei vielen Chirurgen gewesen. An diesem Tag heilte der Herr Jesus sein Knie, und der jüngere Bruder von Herrn Patel wurde vom Geist Gottes tief berührt. Alle erhielten Gebet und bezeugten, wie sie an diesem Tag von Gottes Geist bewegt wurden, der Wunder der Heilung und Befreiung wirkte. Als der Herr Jesus unter den Menschen wandelte, lehrte und predigte er das Evangelium vom kommenden Reich Gottes und heilte alle Arten von Krankheiten und Gebrechen unter den Menschen. Er heilte und befreite die Besessenen, die von Dämonen Gequälten, die Geisteskranken und die Gelähmten (Matthäus 4,23-24). Als Jünger Gottes fahren wir heute fort, sein Werk zu tun und andere über die Erlösung im Namen unseres Herrn Jesus zu lehren.

*„In keinem anderen ist das Heil; denn es ist kein anderer **Name** unter dem Himmel den Menschen gegeben, durch den wir gerettet werden sollen." (Apostelgeschichte 4:12).*

Es hat viele Vorteile, dem lebendigen Gott zu dienen. Anstelle eines Gottes aus Fels oder Stein, der weder sehen noch hören kann, haben wir den wahren und lebendigen Gott, der die Herzen von Männern und Frauen erforscht. Öffnen Sie Ihr Herz und Ihren Verstand, um auf seine Stimme zu hören. Beten Sie, dass er Ihr Herz berührt. Beten Sie, dass er Ihnen vergibt, dass Sie ihn abgelehnt haben. Beten Sie, dass Sie Ihn kennenlernen und sich in Ihn verlieben. Tun Sie dies jetzt, denn die Türen werden sich bald schließen.

Kapitel 13

BEICHTE UND EIN REINES GEWISSEN

Eines Tages kam ein indisches Ehepaar zu Besuch, um mit mir zu beten. Als wir uns auf das Gebet vorbereiteten, begann die Frau laut zu beten. Der Ehemann folgte ihr. Ich bemerkte, dass sie beide auf dieselbe religiöse Art und Weise beteten, aber ich genoss es trotzdem, ihren wortgewandten Worten zuzuhören. Ich bat Gott aufrichtig: „Ich möchte, dass du durch meinen Mund betest." Als ich an der Reihe war, laut zu beten, übernahm der Heilige Geist die Führung und ich betete im Geist.

„Denn wir wissen nicht, was wir beten sollen, wie wir sollten; aber der Geist selbst legt Fürbitte für uns ein mit unaussprechlichem Seufzen. Und wer die Herzen erforscht, der weiß, was der Geist denkt; denn er legt Fürbitte ein für die Heiligen nach dem Willen Gottes."
(Römer 8:26-27).

Ich betete im Geist mit der Kraft Gottes auf eine Weise, die die Sünde aufdeckte. Der Ehemann, der es nicht mehr ertragen konnte, begann seiner Frau, die schockiert war, seine Sünde zu bekennen. Später sprach ich mit ihnen über die Reinigung durch sein Sündenbekenntnis.

„Wenn wir unsere Sünden bekennen, ist er treu und gerecht, dass er uns die Sünden vergibt und uns reinigt von aller Ungerechtigkeit.

Wenn wir aber sagen, dass wir nicht gesündigt haben, so machen wir ihn zum Lügner, und sein Wort ist nicht in uns."
(1. Johannes 1:9-10)

Ich erklärte dem Ehemann, dass Gott ihm vergeben würde, da er gebeichtet habe.

Denken Sie auch daran, Ihre Sünden nur denen zu bekennen, die für Sie beten können.

Bekennt einander eure Fehler und betet füreinander, damit ihr geheilt werdet. Das wirksame, inbrünstige Gebet eines Gerechten vermag viel zu bewirken. (Jakobus 5:16)

Ich erklärte ihm, dass Gott ihn nach der Taufe von seinen Sünden befreien würde und er ein reines Gewissen hätte.

„Das gleiche Bild, zu dem auch die Taufe uns jetzt rettet (nicht die Ablegung des Fleisches, sondern die Bejahung eines guten Gewissens vor Gott) durch die Auferstehung Jesu Christi."
(1. Petrus 3:21)

Einige Tage später ließen sich der Mann und die Frau auf den Namen des Herrn Jesus taufen. Der Ehemann wurde völlig befreit und seine Sünden wurden ihm vergeben. Sie sind beide zu einem solchen Segen für das Reich Gottes geworden.

„Tut Buße und jeder von euch lasse sich taufen auf den Namen Jesu Christi zur Vergebung der Sünden, so werdet ihr die Gabe des Heiligen Geistes empfangen." (Apostelgeschichte 2:38)

Gott sucht diejenigen, die sich vor ihm demütigen. Es kommt nicht darauf an, wie eloquent und schön die Worte sind, die Sie beten, sondern dass Sie mit ganzem Herzen beten. Er weiß auch, was in Ihrem Herzen ist, wenn Sie beten. Entfernen Sie die Sünde, indem Sie Gott um Vergebung bitten, sonst werden Ihre Gebete durch den Heiligen Geist behindert. Als Gläubige erforschen wir täglich unser Herz und

Elisabeth Das

richten uns selbst. Gott ist immer da, um uns zu vergeben und uns zu reinigen, wenn wir sündigen.

Ich habe es getan "Sein Weg".

Kapitel 14.

AM RANDE DES TODES

Bruder James, von dem ich vorhin sprach, hat die Gabe der Heilung durch die salbende Kraft Gottes. Er wurde eingeladen, für eine koreanische Frau zu beten, die auf der Intensivstation des Queen-of-the-Valley-Krankenhauses lag. Den Ärzten zufolge war sie dem Tod nahe. Ihre Familie traf bereits Vorkehrungen für ihre Beerdigung. Ich begleitete Bruder James an diesem Tag und sah ihren Körper an den lebenserhaltenden Maßnahmen; sie war bewusstlos und dem Tod sehr nahe. Als ich zu beten begann, hatte ich das Gefühl, dass mich etwas an den Beinen packen und aus dem Raum werfen wollte; aber die Kraft des Heiligen Geistes war sehr stark in mir und ließ diesem Geist nicht den Vortritt.

Ihr seid aus Gott, meine lieben Kinder, und habt sie überwunden; denn er ist größer, der in euch ist, als der in der Welt ist.
(1. Johannes 4:4)

Nachdem ich gebetet hatte, sprach der Herr durch mich und ich sagte diese Worte: „Diese Maschine wird sich verändern." Das bezog sich auf die lebenserhaltenden Geräte, die an ihrem Körper befestigt waren. Ich hörte mich selbst diese Worte sagen, denn Gott hat das Schicksal dieser schwerkranken Frau gesprochen. Bruder James betete für sie und dann sprachen wir mit der Familie der Frau über die Macht des Gebets und das Wort Gottes. Sie hörten mir zu, als ich ihnen von meiner eigenen Heilung erzählte und wie Gott mich aus dem Rollstuhl geholt hat, damit ich wieder gehen kann. Ihr Sohn, ein Pilot, war ebenfalls anwesend, sprach aber kein Koreanisch. Ich sprach mit ihm auf Englisch, während sich der Rest der Familie auf Koreanisch unterhielt. Interessanterweise erklärte er mir, dass seine Mutter an dem Tag, an dem sie sehr krank wurde, nach Kanada reisen sollte. Er erklärte, dass sie ihren Mann um Hilfe gerufen hatte und ins Krankenhaus gebracht wurde, obwohl sie sich weigerte, dorthin zu gehen. Der Sohn sagte, seine Mutter habe ihnen gesagt: „Sie werden mich im Krankenhaus umbringen." Sie war sich sicher, dass sie sterben würde, wenn sie ins Krankenhaus gebracht würde. Ihr Sohn erklärte uns weiter, dass sie ihnen gesagt habe, dass jede Nacht schwarz gekleidete Leute ins Haus kämen. Jede Nacht schrie seine Mutter ihn und seinen Vater an und warf ohne ersichtlichen Grund wütend mit Geschirr nach ihnen. Sie begann auch, Schecks in einer Sprache auszustellen, die sie nicht verstehen konnten. Das Verhalten der Mutter war sehr bizarr. Ich erzählte ihm von dämonischen Geistern, die von einem Menschen Besitz ergreifen und ihn quälen können. Das erstaunte ihn, denn wie er uns erklärte, gehen sie alle in die Kirche und sie gibt so viel Geld, aber davon hatten sie noch nie gehört. Dämonen sind wahren Gläubigen, die den Heiligen Geist haben, unterworfen, denn das Blut Jesu ist auf ihrem Leben und sie dienen unter der Autorität des Namens Jesu in der Kraft seines Namens.

Ich sagte dem jungen Mann, dass Bruder James und ich in Jesu Namen beten könnten, um den Dämon auszutreiben, und er stimmte dem Befreiungsgebet für seine Mutter zu. Als der Arzt kam, um seine Patientin zu sehen, war er erstaunt, dass sie reagierte und konnte nicht verstehen, was mit seiner Patientin geschehen war. Die Familie erzählte ihm, dass jemand gekommen war, um in der Nacht für sie zu beten, und sie begann zu reagieren, genau wie es ihnen gesagt worden war. Ein paar Tage später hatten wir erneut Gelegenheit, für dieselbe Frau zu beten. Sie lächelte, als wir den Raum betraten. Dann legte ich meine Hand auf ihren Kopf und begann zu beten; sie warf meine Hand weg und bewegte ihren Kopf nach oben und deutete zur Decke, weil sie nicht sprechen konnte. Ihr Gesichtsausdruck veränderte sich und sie sah so verängstigt aus. Nachdem wir gegangen waren, wurde ihr Zustand immer schlimmer. Ihre Kinder fragten sich, was sie sah, und sie fragten sie, ob sie etwas Böses gesehen habe. Sie signalisierte mit ihrer Hand „ja". Wieder kehrten wir zurück, um für sie zu beten, denn sie hatte große Angst vor ihrem Peiniger, einem dämonischen Geist in ihrem Zimmer. Nachdem wir dieses Mal gebetet hatten, war sie siegreich von ihren Peinigern befreit. Wir danken dem Gott, der Gebete erhört. Später erfuhren wir, dass sie aus dem Krankenhaus entlassen wurde, an einem Rehabilitationsprogramm teilnahm und nach Hause geschickt wurde, wo es ihr weiterhin gut geht. Sie hatte sich vom Rande des Todes entfernt.

Geh und gib der Welt Zeugnis:

*Und er gebot ihnen, dass sie es niemandem sagen sollten; aber je mehr er ihnen gebot, desto mehr **veröffentlichten** sie es; (Markus 7:36)*

*Kehre in dein Haus zurück und verkünde, was für große Dinge Gott an dir getan hat. Und er ging hin und **verkündete** in der ganzen Stadt, was für große Dinge Jesus an ihm getan hatte. (Lukas 8:39)*

Die Bibel sagt, wir sollen hinausgehen und Zeugnis ablegen. Diese koreanische Familie gab anderen Familien Zeugnis von diesem Wunder. Eines Tages erhielt Bruder James einen Anruf von einer anderen koreanischen Frau. Der Ehemann dieser Familie war gewalttätig und wusste nicht, was er tat. Seine Frau war eine sehr zierliche und liebe Frau. An manchen Tagen versuchte er, sie zu töten. Oft musste sie ins Krankenhaus gebracht werden, weil er sie unbarmherzig schlug. Als sie von diesem Wunder hörte, lud sie uns ein und bat um mich. Wir besuchten sie und ihren Mann. Bruder James bat mich, zu sprechen, und er betete. Wir wurden alle gesegnet. Einige Wochen später rief seine Frau an und fragte, ob wir wieder kommen könnten, da es ihrem Mann besser ginge. Also gingen wir wieder hin und ich gab mein Zeugnis über Vergebung und Bruder James betete für alle.

Ich erzählte ihnen von der Zeit, in der ich arbeitete und eine weibliche Vorgesetzte mich unbarmherzig belästigte und ich nachts nicht schlafen konnte. Eines Tages ging ich in mein Zimmer, um für sie zu beten. Jesus sagte: „Du musst ihr vergeben". Zuerst schien es mir schwer zu fallen, und ich dachte, wenn ich ihr vergebe, wird sie mir immer noch das Gleiche antun. Da ich hörte, wie Jesus zu mir sprach, sagte ich: „Herr, ich vergebe ihr völlig", und Gott in seiner Barmherzigkeit half mir, es zu vergessen. Als ich ihr vergab, fing ich an, gut zu schlafen, und nicht nur das: Wann immer sie etwas Falsches tat, störte mich das nicht mehr.

Die Bibel sagt.

Der Dieb kommt nicht, aber um zu stehlen, zu töten und zu verderben. Ich bin gekommen, damit sie das Leben haben und es in Fülle haben (Johannes 10:10)

Ich war froh, dass die Schwiegermutter dabei war, um dieses Zeugnis zu hören, denn ihr Herz war schwer vor Traurigkeit. Es war so erstaunlich zu sehen, wie die Hand Gottes diese ganze Situation veränderte und Vergebung über ihre Herzen kam und Liebe in sie eindrang.

*Wenn ihr aber nicht **vergebt**, so wird euch auch euer Vater im Himmel eure Schuld nicht **vergeben**. (Markus 11:26)*

Unvergebenheit ist eine sehr gefährliche Sache. Sie werden Ihre geistige und körperliche Gesundheit verlieren. Vergebung ist zu Ihrem Vorteil, nicht nur für Ihren Feind. Gott bittet uns um Vergebung, damit wir besser schlafen können. Rache zu üben ist seine Sache, nicht unsere.

*Richtet nicht, und ihr **werdet** nicht gerichtet werden: Verurteilt nicht, so **werdet** ihr nicht verurteilt; **vergebt**, so wird euch **vergeben**. (Lukas 6:37)*

Und das Gebet des Glaubens wird den Kranken retten, und der Herr wird ihn aufrichten; und wenn er Sünden begangen hat, so werden sie ihm vergeben werden. Bekennt einander eure Fehler und betet füreinander, damit ihr geheilt werdet. Das wirksame, eifrige Gebet eines Gerechten bewirkt viel. (Jakobus 5:15-16)

Ich habe es getan "Sein Weg".

Im letzten Teil der obigen Geschichte hörten wir, dass ihr Ehemann von seinem geistigen Problem vollständig geheilt wurde und so freundlich und liebevoll zu seiner Frau war.

Gelobt sei der Herr! Jesus brachte Frieden in ihr Haus.

Kapitel 15

FRIEDEN IN GOTTES GEGENWART

Die Gegenwart Gottes kann der Seele Frieden bringen. Ich habe einmal für einen Mann gebetet, der unheilbar an Krebs im Endstadium erkrankt war. Er war der Ehemann einer Dame aus der Kirche. Die Dame und ihr Sohn blieben eine Zeit lang bei mir zu Hause.

Sie gehörten zu einer Kirche, die nicht an eine Veränderung ihres Lebens glaubte, bis sie ein Video über die Endzeit sahen. Sie empfingen beide die Offenbarung der Taufe im Namen des Herrn Jesus und begannen nach einer Kirche zu suchen, die sie in Jesu Namen taufen würde. So fanden sie die Gemeinde, in der ich bin. Satan will nicht, dass irgendjemand die Wahrheit kennt, denn sie führt zur Errettung. Er will, dass Sie in der Finsternis leben und denken, dass Sie gerettet sind, während Sie an falsche Lehren und menschliche Traditionen glauben. Er wird gegen Sie vorgehen, wenn Sie nach der Wahrheit suchen. In dieser Situation war das Instrument, das gegen diese Mutter und ihren Sohn eingesetzt wurde, der ungläubige Ehemann und Vater, der sie ständig wegen ihres Glaubens an Gott schikanierte und lächerlich machte. Oft kamen sie zu mir nach Hause, um zu beten, und blieben dann auch dort. Eines Tages hörte der Sohn, wie der Herr zu ihm sagte: Seine Tage sind gezählt. Der Vater lag im Baylor Hospital in Dallas, Texas, auf der Intensivstation. Er machte ihnen sehr deutlich, dass er nicht wollte, dass Gebete gesprochen werden oder Kirchenleute kommen, um zu beten. Eines Tages fragte ich die Frau, ob ich sie besuchen und für ihren Mann beten könnte. Sie erklärte mir, wie er sich fühlte, und sagte nein. Wir beteten weiter, dass Gott sein verhärtetes Herz erweichen möge.

Eines Tages ging ich mit dem Sohn und seiner Frau ins Krankenhaus und ging das Risiko ein, dass Gott ihn verändert hatte. Der Sohn fragte seinen Vater: *„Papa, möchtest du, dass Schwester Elizabeth für dich betet? Sie ist eine Gebetskämpferin.* Da sein Vater nicht mehr sprechen konnte, bat er ihn, mit den Augen zu zwinkern, damit er mit ihm kommunizieren konnte. Dann bat er ihn, zu zwinkern, um uns zu signalisieren, dass er möchte, dass ich für ihn bete, und er zwinkerte. Ich begann zu beten und bat darum, dass seine Sünden durch das Blut Jesu abgewaschen werden. Ich bemerkte eine Veränderung in ihm und betete weiter, bis die Gegenwart des Heiligen Geistes im Raum war. Nachdem ich gebetet hatte, versuchte der Vater zu kommunizieren, indem er auf die Decke deutete, als ob er uns etwas zeigen wollte. Er versuchte zu schreiben, konnte es aber nicht. Der Sohn bat seinen Vater, ihm zuzuzwinkern, wenn es etwas Gutes sei, was er sehe. Er hat gezwinkert! Dann bat er seinen Vater, ihm zuzuzwinkern, wenn es Licht sei, aber er zwinkerte nicht. Dann fragte er ihn, ob es Engel seien, die er sehe, und er solle zwinkern. Aber er blinzelte nicht. Schließlich fragt der Sohn, ob es der Herr Jesus sei. Daraufhin blinzelte sein Vater mit den Augen.

In der folgenden Woche besuchte ich ihn erneut im Krankenhaus. Diesmal war er ganz anders und hatte eine friedliche Miene aufgesetzt. Ein paar Tage später starb er in Frieden. Gott in seiner Barmherzigkeit und Liebe schenkte ihm Frieden, bevor er starb. Wir wissen nicht, was zwischen einem so schwerkranken Menschen und seinem Schöpfer vor sich geht. Die Gegenwart des Herrn war in diesem Raum. Ich sah einen Mann, der gegen Gott und seine eigene Familie verhärtet war, aber an der Schwelle des Todes gab sich der Herr ihm zu erkennen und gab ihm das Wissen um seine Existenz.

Danket dem HERRN, denn er ist gut; denn seine Barmherzigkeit währet ewiglich. Danket dem Gott der Götter; denn seine Barmherzigkeit währet ewiglich. Danket dem Herrn der Herren; denn

seine Barmherzigkeit währet ewiglich. Dem, der allein große Wunder tut; denn seine Barmherzigkeit währet ewiglich.
(Psalm 136:1-4)

Ich habe es getan "Sein Weg".

Kapitel 16.

EIN AUFOPFERNDER LEBENSSTIL IM LEBEN

Während dieser Zeit machte ich eine Bibelarbeit über Haare, Kleidung, Schmuck und Make-up. Ich sagte zu mir: „Diese Leute sind altmodisch." In meinem Herzen wusste ich, dass ich Gott liebe; deshalb sollte es keine Rolle spielen, was ich trage. Die Zeit verging, und eines Tages hörte ich den (Rhyma-)Geist Gottes zu meinem Herzen sprechen: „Du tust, was du in deinem Herzen fühlst." In diesem Moment wurden mir die Augen geöffnet. Ich verstand, dass ich eine Liebe für die Welt in meinem Herzen hatte und mich den Moden der Welt anpasste. (Rhyma ist das erleuchtete und gesalbte Wort Gottes, das zu einer bestimmten Zeit oder Situation zu dir gesprochen wurde).

HERR, du hast mich erforscht und kennst mich. Du weißt, wie ich mich niederlege und wie ich mich erhebe; du verstehst meine Gedanken von ferne. Du erforschst meinen Weg und mein Liegen und kennst alle meine Wege. (Psalm 139:1-3)

Juwelen

Ich mochte keinen Schmuck, und so fiel es mir nicht schwer, mich von den wenigen Stücken zu trennen, die ich besaß.

*Desgleichen, ihr Weiber, seid euren Männern untertan, auf dass, so jemand dem Wort nicht gehorcht, er auch ohne das Wort durch die Rede der Weiber gewonnen werde, wenn sie eure keusche Rede sehen, die mit Furcht verbunden ist. Deren Schmuck sei nicht der **äußere** Schmuck des Flechtens der Haare und des Tragens von Gold oder des Anlegens von Kleidern, sondern der verborgene Mann des Herzens in dem, was nicht verderblich ist, nämlich der **Schmuck** eines sanften und stillen Geistes, der vor Gott von großem Wert ist. Denn nach dieser Weise schmückten sich in alter Zeit auch die heiligen Frauen, die auf Gott vertrauten, und waren ihren Männern untertan: So wie Sara Abraham gehorchte und ihn Herr nannte, dessen Töchter ihr seid, solange ihr Gutes tut und euch nicht fürchtet vor lauter Verwunderung. (1. Petrus 3:1-6)*

Ebenso sollen sich auch die Frauen in bescheidener Kleidung schmücken, mit Schamhaftigkeit und Nüchternheit, nicht mit geflochtenen Haaren oder Gold oder Perlen oder kostbaren Kleidern, sondern (wie es sich für Frauen gehört, die sich zur Gottseligkeit bekennen) mit guten Werken. (1. Timotheus 2:9-10)

Haare

*Lehrt euch nicht sogar die Natur selbst, dass, wenn ein Mann langes Haar hat, es eine Schande für ihn ist? Wenn aber ein Weib langes Haar hat, so ist es ihr eine Ehre; denn ihr Haar ist ihr zur **Bedeckung** gegeben. (1. Korinther 11:14-15)*

In jungen Jahren hatte ich immer lange Haare. Im Alter von zwanzig Jahren bekam ich meinen ersten Haarschnitt und schnitt meine Haare immer weiter, bis sie sehr kurz waren. Daher war die Lehre über ungeschnittenes Haar für mich anfangs schwer zu akzeptieren. Ich wollte mein Haar nicht wachsen lassen, weil ich kurzes Haar mochte. Es war leicht zu pflegen. Ich begann, Gott zu bitten, dass er mich kurze Haare tragen lässt. Aber zu meiner Überraschung änderte Gott meine Denkweise, indem er sein Wort in mein Herz legte, und es fiel mir nicht mehr schwer, mein Haar wachsen zu lassen.

Ich habe es getan "Sein Weg".

Zu dieser Zeit lebte meine Mutter bei mir. Da ich nicht wusste, wie ich mein langes Haar pflegen sollte, bat mich meine Mutter, es zu schneiden, weil es ihr nicht gefiel, wie es aussah. Ich begann, mehr über Haare in der Bibel zu lesen. Ich bekam ein besseres Verständnis und Wissen, was dazu beitrug, dass meine Überzeugungen in meinem Herzen stärker wurden.

Ich betete und fragte den Herrn: *„Was soll ich mit meiner Mutter machen, da sie meine langen Haare nicht mag"*? Er sprach zu mir und sagte: *„Bete, dass sich ihr Denken ändert."*

Vertraue auf den HERRN von ganzem Herzen und verlasse dich nicht auf deinen eigenen Verstand. Auf allen deinen Wegen sollst du ihn erkennen, und er wird deine Pfade leiten. (Sprichwort 3:5-6)

Der Herr ist mein Ratgeber, und so betete ich weiter, dass sich ihr Denken ändern möge.

Jesus ist unser Beistand;

*Denn uns ist ein Kind geboren, ein Sohn ist uns gegeben, und die Herrschaft ruht auf seiner Schulter; und man nennt seinen Namen: Wunderbarer, **Ratgeber**, starker Gott, Vater der Ewigkeit, Friedefürst. (Jesaja 9:6)*

Ich habe meine Haare nicht mehr geschnitten. Meine Haare wuchsen weiter, und eines Tages sagte meine Mutter zu mir: „Du siehst mit langen Haaren gut aus!" Ich war sehr glücklich, diese Worte zu hören. Ich wusste, dass der Herr mich im Gebet geleitet und mein Gebet erhört hatte. Ich weiß, dass mein ungeschnittenes Haar meine Herrlichkeit ist und dass ich durch die Engel Macht auf meinem Kopf bekommen habe.

Ich weiß, wenn ich bete, gibt es Macht. Preiset den Herrn!!!

*Ein jedes Weib aber, das mit **unbedecktem** Haupt betet oder weissagt, entehrt ihr Haupt; denn es ist alles so, als ob sie geschoren wäre. Hat aber ein Weib langes Haar, so ist es ihr eine Ehre; **denn ihr Haar ist ihr zur Bedeckung gegeben**. (1. Korinther 11:5-15)*

Elisabeth Das

Diese Schriftstelle macht sehr deutlich, dass ungeschnittenes Haar unsere Bedeckung ist und nicht ein Schal, Hut oder Schleier. Es steht für unsere Unterordnung unter die Autorität Gottes und seine Herrlichkeit. Im ganzen Wort Gottes werden Sie feststellen, dass Engel die Herrlichkeit Gottes beschützten. Wo immer die Herrlichkeit Gottes war, waren Engel anwesend. Unser ungeschnittenes Haar ist unsere Herrlichkeit, und die Engel sind immer da, um uns zu beschützen, weil wir uns dem Wort Gottes unterordnen. Diese Engel beschützen uns und unsere Familie.

Darum soll die Frau Macht auf ihrem Haupt haben wegen der Engel. (1. Korinther 11:10)

1. Korinther 11 ist Gottes geordnetes Denken und Handeln zur Aufrechterhaltung einer eindeutigen Unterscheidung zwischen Frau und Mann.

Aus dem Neuen Testament geht hervor, dass Frauen ungeschnittene lange Haare hatten.

*Und siehe, ein Weib in der Stadt, die eine Sünderin war, da sie merkte, dass Jesus zu Tische saß im Hause des Pharisäers, brachte ein Glas mit Salbe und trat zu seinen Füßen hinter ihn und weinte und fing an, seine Füße zu waschen mit Tränen und **trocknete sie mit den Haaren ihres Hauptes** und küsste seine Füße und salbte sie mit der Salbe. (Lukas 7:37:38)*

Der Herr sagte

„Schneide dein Haar ab, Jerusalem, und wirf es weg, und erhebe ein Klagelied auf der Höhe; denn der HERR hat das Geschlecht seines Zorns verworfen und verlassen." (Jeremia 7:29)

Abgeschnittenes Haar ist ein Symbol für Scham, Schande und Trauer. Das Abschneiden der Haare ist eine gottlose und schändliche Handlung von Menschen, die von Gott abtrünnig geworden sind. Es ist ein Zeichen dafür, dass der Herr sie verworfen hat. Denken Sie daran, dass wir seine Braut sind.

Ich habe es getan "Sein Weg".

In der Encyclopedia Britannica, V, 1033, heißt es, dass nach dem Ersten Weltkrieg „die Haare gekämmt wurden". Das Schneiden der Haare wurde von fast allen Frauen überall übernommen.

Gottes Worte sind für die Ewigkeit bestimmt. Gott verlangt von den Frauen ungeschnittenes langes Haar und von den Männern kurzes Haar.

Kleidung

Gottes Wort gibt uns auch Anweisungen, wie wir uns zu kleiden haben. Als ich ein Neubekehrter war und lernte, wie wir uns kleiden sollten, war ich nicht überzeugt von meiner Kleidung. Wegen meiner Arbeit trug ich immer Hosen. Ich dachte mir: „Es wäre in *Ordnung, wenn ich weiterhin nur bei der Arbeit Hosen tragen würde.*" Ich kaufte mir eine neue Hose und bekam viele Komplimente, wie gut ich aussah. Ich wusste bereits, dass Frauen keine Männerkleidung tragen sollten. Hosen waren schon immer Männerkleidung, nicht die von Frauen. Wenn Sie das Wort Gottes einmal in Ihr Herz gepflanzt haben, werden Sie eine Überzeugung über die richtige Kleidung erhalten, die Sie tragen sollten.

Ein Weib soll nicht tragen, was des Mannes ist, und ein Mann soll nicht das Kleid eines Weibes anziehen; denn alle, die das tun, sind dem HERRN, deinem Gott, **ein Greuel**. *(Deuteronomium 22:5)*

Die Verwirrung begann, als Männer und Frauen begannen, Unisex-Kleidung zu tragen. Der nächste Schritt wird Sie, wie Gott gesagt hat, dorthin führen:

Levitikus 18:22 Du sollst nicht bei einem Menschen liegen wie bei einer Frau; es ist ein **Greuel**.

Wir werden durch das, was wir tragen, beeinflusst. Das Wort Abscheulichkeit wird verwendet, um die Frau zu beschreiben, die „das trägt, was einem Mann gehört", und den Mann, der „das Kleid einer Frau" anzieht. Gott kennt jeden Schritt der sexuellen Verwirrung. Gott hat die beiden Geschlechter völlig unterschiedlich und mit einem

Elisabeth Das

unterschiedlichen Ziel geschaffen. Ist Ihnen aufgefallen, dass es die Frauen waren, die als erste anfingen, Hosen anzuziehen? Das ist genau wie damals, als Eva im Garten Eden ungehorsam war! Diese Verwirrung ist ein Beweis für die heutige Gesellschaft, in der wir leben. Manchmal kann man den Unterschied zwischen Männern und Frauen nicht erkennen.

Vor über 70 Jahren war die Kleidung der Frauen kein Thema, denn sie trugen grundsätzlich lange Kleider oder lange Röcke. Keine Verwirrung. Als Frauen anfingen, Männerkleidung zu tragen, begannen sie, sich wie Männer zu verhalten und Männer wie Frauen. Das ist Unordnung.

Sie sollen eine leinene Haube auf dem Kopf und leinene **Hosen** *an den Lenden haben; sie sollen sich nicht mit etwas umgürten, das Schweiß verursacht (Hesekiel 44:18).*

Die heutige perverse, ungehorsame, mediengesteuerte Generation lernt vom Fürsten der Lüfte, der Satan ist. Sie sind sich der Wahrheit der Bibel nicht bewusst. Auch ihre Anhänger sind falsche Lehrer, die Lehren und Gebote von Menschen und nicht von Gott lehren.

Siehe, du hast meine Tage wie eine Handbreit gemacht, und mein Alter ist nichts vor dir; wahrlich, ein jeder Mensch in seinem besten Zustand ist eitel. Selah. Ein jeglicher wandelt vergeblich; vergeblich sind sie beunruhigt; sie häufen Reichtümer an und wissen nicht, wer sie einsammeln soll. (Psalmen 39:5-6)

Als Adam und Eva dem Herrn ungehorsam waren und von der Frucht des verbotenen Baumes aßen, wussten sie, dass sie gesündigt hatten, und ihnen wurden die Augen für ihre Blöße geöffnet.

Da wurden ihnen beiden die Augen geöffnet, und sie erkannten, dass sie nackt waren; und sie nähten Feigenblätter zusammen und machten sich Schürzen (1.Mose 3:7).

Adam und Eva bedeckten sich mit Feigenblättern. Sie machten sich Schürzen aus Feigenblättern, was aber nicht ausreichte. Gott hat eine

Ich habe es getan "Sein Weg".

Norm für die Bedeckung und deshalb billigte er ihre unangemessene Bedeckung mit Feigenblättern nicht. Also bekleidete er sie mit Mänteln aus Haut.

Und Gott, der HERR, machte Adam und seiner Frau Mäntel aus Fellen und bekleidete sie. (Genesis 3:21)

Der Feind unserer Seele, der Teufel, liebt es, den Körper auf unanständige Weise zur Schau zu stellen.

Lukas 8:35 „Und sie gingen hinaus, um zu sehen, was geschehen war, und kamen zu Jesus und fanden den Menschen, von dem die Teufel ausgefahren waren, zu den Füßen Jesu sitzen, <u>bekleidet</u> und bei klarem Verstand; und sie fürchteten sich."

Wenn eine Person ihren Körper nicht bedeckt, beweist das, dass sie von einem falschen Geist beeinflusst ist, der falsche Motive hervorbringt.

Es ist sehr wichtig, dass wir immer das Wort Gottes lesen, ohne Unterlass beten und fasten, um ein besseres Verständnis und eine bessere Führung durch seinen Geist zu erlangen. Verwandlung kommt durch das Wort Gottes, das zuerst von innen kommt, und dann kommt die Veränderung nach außen.

Dieses Buch des Gesetzes soll nicht von deinem Munde weichen, sondern du sollst Tag und Nacht darüber nachsinnen, damit du darauf achtest, alles zu tun, was darin geschrieben steht; denn dann wird dein Weg wohl gelingen, und du wirst Erfolg haben.
(Josua 1:8)

Der Angriff Satans gilt dem Wort Gottes. Erinnern Sie sich an Eva? Der Teufel weiß, was er angreifen muss und wann er angreifen muss, denn er ist raffiniert und gerissen.

Seid nüchtern, seid wachsam; denn euer Widersacher, der Teufel geht umher wie ein brüllender Löwe und sucht, wen er verschlingen kann
(1. Petrus 5:8).

Elisabeth Das

Wer meine Gebote hat und sie hält, der ist es, der mich liebt; und wer mich liebt, der wird von meinem Vater geliebt werden, und ich werde ihn lieben und mich ihm offenbaren. (Johannes 14:21)

Wenn ihr meine Gebote haltet, werdet ihr in meiner Liebe bleiben, wie auch ich die Gebote meines Vaters gehalten habe und in seiner Liebe bleibe. (Johannes 15:10)

An diesem Abend, als ich bei der Arbeit war, kam mir ein Gedanke in den Sinn. Ich fragte mich, wie ich in den Augen Gottes aussah. Plötzlich überkam mich Scham und ich konnte nicht mehr aufblicken. Ich fühlte mich, als stünde ich vor dem Herrn, unserem Gott. Wie Sie wissen, hören wir mit den Ohren, aber ich hörte seine Stimme, als würde er durch jede Zelle meines Körpers sprechen und sagen: „Ich liebe dich aufrichtig". Als ich diese wundervollen Worte von Gott hörte: Ich liebe dich aufrichtig", bedeutete das so viel für mich. Ich konnte es kaum erwarten, Feierabend zu machen und nach Hause zu gehen, um meinen Kleiderschrank von all meinen weltlichen Sachen zu befreien.

Ein paar Wochen lang hörte ich immer wieder das Echo seiner Stimme, die mir sagte: „Ich liebe dich aufrichtig". Später verblasste es.

Ein Leben für Gott ist nicht nur ein Wort, sondern ein Lebensstil. Als Gott zu Mose sprach, sprach er sehr deutlich zu ihm. Mose kannte ohne Zweifel die Stimme Gottes.

Das aus dem Griechischen übersetzte Wort Schamhaftigkeit bezieht sich auf ein Gefühl der Scham oder Bescheidenheit oder den inneren Anstand, der das Fehlen von Kleidung als beschämend empfindet. Das bedeutet, dass unsere äußere Erscheinung unser inneres Wesen widerspiegelt, nicht nur für uns selbst, sondern auch für andere. Aus diesem Grund sagt die Bibel, dass bescheidene Kleidung mit Schamhaftigkeit gleichzusetzen ist

Sprüche 7:10 Und siehe da, da kam ihm eine Frau entgegen, die wie eine Hure gekleidet und von Herzen verschlagen war. So sollen auch die Frauen sich in bescheidener Kleidung schmücken, mit

Ich habe es getan "Sein Weg".

***<u>Schamhaftigkeit</u>* und *Nüchternheit*, *nicht mit geflochtenem Haar oder Gold oder Perlen oder kostbaren Kleidern*
(1. Timotheus 2:9).

Die Kleidung muss die Blöße einer Person bedecken. Nüchternheit würde einen davon abhalten, das zu tragen, was sexy aussehen soll oder eine freizügige Mode ist. Der heutige Kleidungsstil ist so kurz geschnitten, dass er an die Kleidung einer Prostituierten erinnert. Es geht nur darum, wie sexy man aussieht. Die Modedesigner machen den Kleidungsstil immer freizügiger und aufreizender.

Danken Sie Gott für sein Wort, das er für die Ewigkeit festgesetzt hat; er kennt die Generationen aller Zeitalter. Das Wort wird Sie davon abhalten, sich an diese Welt anzupassen.

Die Definition von Bescheidenheit ändert sich je nach Land, Zeit und Generation. Asiatische Frauen tragen weite Hosen und lange Blusen, sogenannte Panjabi-Kleider, die sehr bescheiden sind. Arabische Frauen tragen lange Gewänder und einen Schleier. Westliche christliche Frauen tragen ihre Kleider unterhalb der Knie.

Wir haben immer noch gottesfürchtige Christinnen, die es lieben, bescheiden zu sein und sich an die Predigt und Lehre Gottes zu halten.

Prüft alles und haltet fest an dem, was gut ist.
(1. Thessalonicher 5:21)

Wir leben in einer schockierenden Zeit, in der es keine Furcht vor Gott gibt.

Wenn ihr mich liebt, haltet meine Gebote. (Johannes 14:15)

sagte Paul,

*„Denn ihr seid um einen Preis erkauft; darum verherrlicht Gott in eurem **Leib** und in eurem Geist, die Gott gehören."*
(1. Korinther 6:20)

Elisabeth Das

Die Kleidung sollte weder eng noch kurz noch tief ausgeschnitten sein. Bilder auf manchen Hemden und Blusen sind oft nicht richtig platziert.

Gottes Vorstellung davon, dass wir Kleidung tragen sollen, ist, dass wir bedeckt sein sollen. Denken Sie daran, dass Eva und Adam nackt waren. Wir sind nicht mehr unschuldig. Wir wissen, dass dies die Versuchung für das Auge des Mannes ist. David sah Bathseba ohne Kleidung und verfiel in Ehebruch.

Die Mode der Kleidung für junge Frauen oder kleine Mädchen unserer Zeit ist unbescheiden. Die Hosen sind eng anliegend. Die Bibel sagt, dass man Kinder die Gerechtigkeit Gottes lehren soll. Anstatt den Mädchen Bescheidenheit beizubringen, kaufen die Eltern unanständige Kleidung ein.

Die gottesfürchtige, gewissenhafte Christin wird ihre Kleidung so wählen, dass sie Christus und ihrem Mann gefällt. Sie will nicht mehr das tragen, was „in Mode" ist.

Unanständige Kleidung, Schmuck und Make-up nähren die Lust der Augen, die Lust des Fleisches und den Stolz des Lebens.

> *Liebt nicht die Welt noch die Dinge, die in der Welt sind. Wenn jemand die Welt liebt, so ist die Liebe des Vaters nicht in ihm.* **Denn alles, was in der Welt ist,** *die* **Lust des Fleisches** *und die* **Lust der Augen** *und die* **Hoffart des Lebens**, *ist nicht vom Vater, sondern von der Welt. Und die Welt vergeht und ihre Lust; wer aber den Willen Gottes tut, der bleibt in Ewigkeit. (1. Johannes 2:15-17)*

Satan weiß, dass der Mensch visuell orientiert ist. Frauen durchschauen die Absichten Satans nicht. Unbescheidenheit ist eine starke Versuchung und Verlockung für Männer. Unanständige Kleidung, Schmuck und Make-up erregen die Männer. Stolz und Eitelkeit bauen das menschliche Ego auf. Eine Frau fühlt sich mächtig, weil sie die lüsterne Aufmerksamkeit der Männer auf sich ziehen kann. Diese Dinge machen eine Frau stolz auf ihre äußere Erscheinung.

Ich habe es getan "Sein Weg".

Ich ermahne euch nun, liebe Brüder, durch die Barmherzigkeit Gottes, dass ihr eure Leiber darbringt als ein lebendiges, heiliges, Gott wohlgefälliges Opfer, das ist euer vernünftiger Dienst. Und seid nicht gleichförmig dieser Welt, sondern werdet verwandelt durch die Erneuerung eures Sinnes, damit ihr prüfen könnt, was der gute und wohlgefällige und vollkommene Wille Gottes ist.
(Römer 12:1-2)

Make-up

Die Bibel spricht eindeutig **gegen** Make-up. In der Bibel wird Make-up immer mit gottlosen Frauen in Verbindung gebracht. In der Bibel war Isebel eine böse Frau, die ihr Gesicht bemalte.

Durch sein Wort hat Gott uns Christen schriftliche Anweisungen für die Bemalung des Gesichts gegeben, die man heute Make-up nennt. Gott hat uns über jedes Detail informiert und sogar historische Hinweise gegeben. Die Bibel betrachtet uns als ein Licht dieser Welt; wenn wir dieses Licht sind, brauchen wir keine Schminke. Niemand malt die Glühbirne an. Ein totes Ding braucht einen Anstrich. Man kann die Wand, das Holz usw. streichen.

Die meisten Frauen und kleinen Mädchen tragen heutzutage Make-up, ohne etwas über die Geschichte oder die Bibel zu wissen. Früher wurde nur das Gesicht geschminkt, aber heute werden verschiedene Körperteile wie Arme, Hände, Füße usw. bemalt und bedruckt. Ist Make-up sündhaft? Gott ist es nicht egal, was man mit seinem Körper macht. Gott spricht sich klar gegen das Bemalen und Durchstechen des Körpers, das Auftragen von Make-up und Tätowierungen aus.

Ihr sollt euch keine Schnitte in euer Fleisch machen für die Toten und **euch keine Zeichen aufdrücken**: *Ich bin der HERR.*
(Levitikus 19:28).

Ich habe mich nie geschminkt, aber ich habe Lippenstift getragen, weil ich ihn mochte. Als ich hörte, dass über Make-up gepredigt wurde, begann ich, weniger Lippenstift zu tragen und hörte später ganz damit auf. In meinem Herzen hatte ich immer noch den Wunsch, ihn zu tragen, aber ich tat es nicht.

Im Gebet fragte ich Gott, was er über Lippenstift denkt. Eines Tages gingen zwei Frauen auf mich zu und ich bemerkte, dass sie Lippenstift trugen. In diesem Moment sah ich mit seinen geistlichen Augen, wie sie aussahen ... Ich fühlte mich so krank im Magen. Ich wurde in meinem Herzen zutiefst überführt und hatte nie wieder das Verlangen, Lippenstift zu tragen. Mein Wunsch war es, Ihm zu gefallen und Seinem Wort zu gehorchen.

„So redet ihr und so tut ihr, wie die, die nach dem Gesetz der Freiheit gerichtet werden sollen" (Jakobus 2:12)

Obwohl wir die Freiheit haben, zu tun, was wir wollen, und zu leben, wie wir wollen, ist unser Herz trügerisch, und unser Fleisch wird nach den Dingen dieser Welt trachten. Wir wissen, dass unser Fleisch Feindschaft gegen Gott und die Dinge Gottes ist. Wir müssen immer im Geist wandeln, damit wir nicht die Begierde des Fleisches erfüllen. Der Teufel ist nicht das Problem. Wir sind unser eigenes Problem, wenn wir im Fleisch wandeln.

Denn alles, was in der Welt ist, die Lust des Fleisches und die Lust der Augen und die Hoffart des Lebens, ist nicht vom Vater, sondern von der Welt. Und die Welt vergeht und ihre Lust; wer aber den Willen Gottes tut, der bleibt in Ewigkeit. (1. Johannes 2:16-17)

Satan will der Mittelpunkt von allem sein. Er war perfekt in seiner Schönheit und voller Stolz. Er weiß, was ihn zu Fall gebracht hat, und er benutzt das auch, um Sie zu Fall zu bringen.

*Du Menschenkind, erhebe ein Klagelied über den König von Tyrus und sprich zu ihm: So spricht Gott der Herr: Du hast die Summe versiegelt, voll Weisheit und **<u>vollkommen an Schönheit</u>**. Du warst in Eden, dem Garten Gottes, und alle Edelsteine bedeckten dich: Sardellen, Topase, Diamanten, Berylle, Onyxe, Jaspise, Saphire, Smaragde, Karfunkel und Gold. Das Werk deiner Zungen*

Ich habe es getan "Sein Weg".

und Pfeifen war in dir bereitet an dem Tag, da du geschaffen wurdest (Hesekiel 28:12-13).

Wenn wir im Fleisch leben, wollen wir auch im Mittelpunkt der Aufmerksamkeit stehen. Das zeigt sich in unserer Kleidung, unseren Gesprächen und Handlungen. Wir tappen leicht in die Falle Satans, indem wir uns der Welt und ihrer weltlichen Mode anpassen.

Lassen Sie mich erzählen, wie und wo das Schminken oder Malen begann. Die Anfänge des Schminkens liegen in Ägypten. Könige und Königinnen trugen Make-up um die Augen. Die ägyptische Augenschminke diente zum Schutz vor böser Magie und auch als Symbol für die Wiedergeburt bei der Reinkarnation. Sie wurde auch von denjenigen verwendet, die die Toten einkleideten. Sie wollten die Toten so aussehen lassen, als würden sie nur schlafen.

Sie müssen wissen, was die Bibel eindeutig zu diesem Thema sagt. Wenn Make-up für Gott wichtig ist, muss es in seinem Wort erwähnt werden - sowohl ausdrücklich als auch prinzipiell.

Und als Jehu nach Jesreel kam, hörte Isebel davon; und sie schminkte ihr Gesicht und ermüdete ihr Haupt und schaute zum Fenster hinaus. (2. Könige 9:30)

Der junge Mann Jehu machte sich sofort auf den Weg nach Jesreel, um das Urteil über Isebel zu vollstrecken. Als sie hörte, dass sie in Gefahr war, schminkte sie sich; aber ihr Make-up konnte Jehu nicht verführen. Was der Prophet Gottes über Isebel und ihren Mann, König Ahab, prophezeit hatte, trat in Kraft. Ihre Abscheulichkeit hatte ein Ende, so wie der Prophet Gottes über sie geweissagt hatte. Als Jehu sie aus dem Fenster warf, fraßen die Hunde ihr Fleisch, wie Gott es angekündigt hatte! Make-up ist eine selbstzerstörerische Waffe.

Dein Herz soll nicht nach ihrer Schönheit trachten, und sie soll dich nicht mit ihren Augenlidern berühren (Sprüche 6:25).

„Und wenn du verdorben bist, was wirst du tun? Du kleidest dich mit Purpur und schmückst dich mit goldenem Schmuck, Auch wenn du

dein Gesicht mit Malerei verunstaltest, wirst du dich vergeblich schön machen; deine Liebhaber werden dich verachten, sie werden dir nach dem Leben trachten." (Jeremia 4:30)

Aus der Geschichte wissen wir, dass Prostituierte ihre Gesichter bemalten, um als Prostituierte erkannt zu werden. Im Laufe der Zeit haben sich Schminke und Gesichtsbemalung durchgesetzt. Es wird nicht mehr als unpassend angesehen.

Und ihr habt Männer aus der Ferne kommen lassen, zu denen ein Bote gesandt wurde, und siehe, sie kamen; für sie hast du dich gewaschen und deine Augen geschminkt und dich mit Schmuck geschmückt. (Hesekiel 23:40)

Make-up ist ein „Produkt, das niemand braucht", aber es liegt in der menschlichen Natur, es zu wollen. Stolz und Eitelkeit sind der Grund, warum viele Frauen Make-up benutzen, damit sie in die Welt passen. Das ist die menschliche Natur. Wir alle wollen dazugehören!

Hollywood-Stars sind für diese drastischen Veränderungen im Denken der Frauen über ihr Äußeres verantwortlich. Make-up wurde nur von arroganten und eingebildeten, stolzen Frauen getragen. Jeder will hübsch aussehen, sogar Kinder, die Make-up tragen.

Stolz und Eitelkeit haben die Make-up-Industrie gefördert, indem sie Make-up willkommen hießen, sind sie eitel geworden. Überall, wo man hingeht, findet man Make-up. Von den Ärmsten bis zu den Reichsten wollen alle schön aussehen. Die heutige Gesellschaft legt zu viel Wert auf das äußere Erscheinungsbild; aufgrund innerer Unsicherheiten schminken sich Frauen jeden Alters.

Viele sind wegen ihres Aussehens deprimiert, sie versuchen sogar, sich umzubringen. Schönheit ist für diese Generation eines der am meisten bewunderten Dinge. Manche Menschen tragen Make-up, sobald sie aufwachen. Sie mögen ihr natürliches Aussehen nicht. Das Make-up hat sie so sehr vereinnahmt, dass sie sich ohne es unerwünscht fühlen. Das verursacht Depressionen bei unserer jüngeren Generation und sogar bei kleinen Kindern.

Ich habe es getan "Sein Weg".

Denken Sie einmal an die bekanntesten rechtschaffenen Frauen des Alten oder Neuen Testaments der Bibel. Sie werden nicht eine einzige finden, die Make-up trug. Es wird nicht erwähnt, dass Sarah, Ruth, Abigail, Naomi, Maria, Deborah, Esther, Rebecca, Feebie oder irgendeine andere tugendhafte und sanftmütige Frau jemals Make-up trug.

Er wird die Sanftmütigen mit dem Heil verschönern (Psalm 149:4b)

Tatsächlich sind in Gottes Wort die einzigen Beispiele für diejenigen, die Make-up trugen, Ehebrecherinnen, Huren, Aufrührerinnen, Abtrünnige und falsche Prophetinnen. Dies sollte eine große Warnung für alle sein, denen das Wort Gottes am Herzen liegt und die einem biblischen, gerechten Beispiel folgen wollen, anstatt dem Beispiel gottloser Frauen zu folgen.

*So ziehet nun **an**, als die Auserwählten Gottes, als Heilige und Geliebte, das Herz der Barmherzigkeit, die Freundlichkeit, die Demut, die Sanftmut, die Langmut; (Kolosser 3:12)*

Nein, aber, o Mensch, wer bist du, der du Gott widersprichst? Soll denn das Geformte zu dem, der es geformt hat, sagen: Warum hast du mich so gemacht? (Römer 9:20)

Unser Körper ist der Tempel Gottes; wir sollten danach streben, den gerechten Wegen Gottes zu folgen. Dies geschieht dadurch, dass Frauen sich in heiliger Kleidung und mit offenem Gesicht (reines Gesicht) präsentieren und Gottes kostbare Herrlichkeit in unserem Körper widerspiegeln.

Wisst ihr nicht, dass euer Leib ein Tempel des Heiligen Geistes ist, der in euch ist, den ihr von Gott habt, und dass ihr nicht euer eigen seid? (1. Korinther 6:19)

Sie und ich sind mit einem Preis erkauft worden, und auch Gott hat uns nach seinem Bild geschaffen. Die Gesetze Gottes sollen uns schützen und sollten in unsere Herzen geschrieben sein. Sie und ich haben Regeln und Richtlinien, nach denen wir leben müssen, genauso wie wir als Eltern Regeln und Richtlinien für unsere Kinder haben. Wenn wir uns entscheiden, die Gesetze und Richtlinien Gottes zu befolgen, werden wir gesegnet und nicht bestraft.

> *„Ich rufe Himmel und Erde, dass ich euch heute zu Protokoll gebe, dass ich euch Leben und Tod, Segen und Fluch vor Augen gestellt habe; darum wähle das Leben, damit du und deine Nachkommen leben" (Deuteronomium 30:19)*

Stolz und Rebellion werden Krankheit, Finanzen, Unterdrückung und dämonische Besessenheit über uns bringen. Wenn wir durch Stolz und Rebellion nach den Dingen dieser Welt streben, bereiten wir uns auf ein Scheitern vor. Es ist der Wunsch des Teufels, unser Leben mit der Sünde des Stolzes zu verderben. Das ist nicht Gottes Wille für unser Leben!

Ich habe die Veränderungen gesehen, wenn weltliche Frauen zu gottesfürchtigen Frauen werden. Sie verwandeln sich von gealterten, deprimierten, gestressten, gequälten und unglücklichen Frauen in jugendlichere, schönere, lebendigere, friedlichere und strahlendere Frauen.

Wir haben nur ein Leben zu leben! Deshalb lasst uns den Gott Abrahams, Jakobs und Isaaks repräsentieren ... und unsere Leiber als lebendiges Opfer darbringen, heilig und annehmbar in seinen Augen. Das ist unser vernünftiger Dienst, innerlich und äußerlich, untadelig in allen Dingen!

Wenn wir Gottes Wort durch Stolz und Rebellion missachten, bringen wir Flüche über uns selbst, unsere Kinder und die Kinder unserer Kinder. Das kann man an Evas ungehorsamen und rebellischen Handlungen sehen; das Ergebnis war die Flut, die über die Erde kam und alles zerstörte. Samson und Saul brachten durch ihren Ungehorsam Zerstörung über sich und ihre Familie. Elis Ungehorsam brachte seinen Söhnen den Tod und die Entfernung aus dem Priesteramt.

Ich habe es getan "Sein Weg".

Die Geschichte erzählt uns durch das Wort Gottes, dass die Mentalität der Menschen vor der Zerstörung hochmütig und egozentrisch war und dass sie ihr eigenes Vergnügen suchten.

*Und der HERR spricht: Weil die **Töchter Zions** hochmütig sind und wandeln mit gerecktem Nacken und übermütigen Augen, gehen und tänzeln und klimpern mit ihren Füßen: Darum wird der HERR den Scheitel der Töchter Zions mit einer Schorfkruste schlagen, und der HERR wird ihre verborgenen Stellen entdecken. An jenem Tag wird der HERR die Tapferkeit ihres klimpernden Schmucks an ihren Füßen wegnehmen, und ihre Kaulen und ihre runden Reifen wie der Mond, die Ketten und die Armbänder und die Muffeln, die Hauben und den Schmuck an den Beinen, und die Stirnbänder und die Tafeln und die Ohrringe, die Ringe und den Nasenschmuck, die Wechselkleider und die Mäntel und die Hauben und die Knusperstifte, die Gläser und die feine Leinwand und die Hauben und die Schleier. Und es wird geschehen, dass statt des süßen Geruchs Gestank sein wird, und statt des Gürtels ein Riss, und statt des wohlgeformten Haars Kahlheit, und statt des Mieder ein Gürtel aus Sackleinen, und statt der Schönheit Brand. Deine Männer werden durch das Schwert fallen und deine Helden im Krieg. Und ihre Tore werden klagen und wehklagen, und sie wird verwüstet auf der Erde sitzen.*
(Jesaja 3:16-26)

Unsere Entscheidungen im Leben sind sehr wichtig. Entscheidungen, die auf der Bibel basieren und vom Geist geleitet sind, werden uns und unseren Kindern Segen bringen. Wenn Sie sich entscheiden, gegen das Wort Gottes zu rebellieren und Ihr eigenes egoistisches Vergnügen zu suchen, dann werden Sie die folgende Geschichte wiederholen:

1. Die ungehorsame Eva, die die Sintflut verursachte.

Und Gott sah, dass die Bosheit des Menschen groß war auf Erden und dass alle Gedanken seines Herzens immer nur böse waren. Und es reute den HERRN, dass er den Menschen auf Erden gemacht hatte, und es bekümmerte ihn in seinem Herzen. Und der HERR sprach: Ich will den Menschen, den ich geschaffen habe, vom Erdboden vertilgen, den

*Menschen und das Vieh und das Gewürm und die Vögel unter dem
Himmel; denn es reut mich, dass ich sie gemacht habe.
(1. Mose 6:5-7)*

2. Die Rebellion von Sodom und Gomorrah:

Da ließ der Herr Schwefel und Feuer vom Himmel auf **Sodom** *und
Gomorra regnen (1. Mose 19:24).*

Dies sind einige Beispiele aus der Bibel. Sie wissen, dass Sie in dieser Welt einen Unterschied machen. Sie wollen keine böse alte Geschichte wiederbeleben.

Das ist es, was Gott über Rebellion und Ungehorsam zu sagen hat:

*Und ich will das Schwert, den Hunger und die Pest unter sie schicken,
bis sie von dem Land vertilgt sind, das ich ihnen und ihren Vätern
gegeben habe (Jeremia 24:10)*

Aber für die Gehorsamen:

*Und du sollst umkehren und der Stimme des HERRN gehorchen und
alle seine Gebote tun, die ich dir heute gebiete. Und der HERR, dein
Gott, wird dich reich machen in allen Werken deiner Hände, in der
Frucht deines Leibes, in der Frucht deines Viehs und in der Frucht
deines Landes, zum Guten; denn der HERR wird sich wieder über
dich freuen, wie er sich über deine Väter gefreut hat: Wenn du auf die
Stimme des HERRN, deines Gottes, hörst, dass du seine Gebote und
Rechte hältst, die in diesem Gesetzbuch geschrieben stehen, und wenn
du dich zu dem HERRN, deinem Gott, bekehrst von ganzem Herzen
und von ganzer Seele. Denn dieses Gebot, das ich dir heute gebiete,
ist dir nicht verborgen, und es ist nicht fern.
(Deuteronomium 30:8-11)*

Ich habe es getan "Sein Weg".

Kapitel 17

REISEMINISTERIUM: BERUFEN, ZU LEHREN UND DAS EVANGELIUM ZU VERBREITEN

Ich bin kein Geistlicher im Sinne von jemandem, der Pfarrer, Pastor oder Prediger genannt wird. Wenn wir den Heiligen Geist und das Feuer empfangen, werden wir zu Dienern seines Wortes und verbreiten die Gute Nachricht. Wo immer ich hingehe, bitte ich Gott um die Gelegenheit, ein Zeuge und Lehrer seines Wortes zu sein. Ich benutze immer die KJV-Bibel, denn sie ist die einzige Quelle, die Herz und Verstand des Menschen belebt. Wenn die Saat einmal gesät ist, ist es für Satan unmöglich, sie zu entfernen, wenn wir sie ständig im Gebet bewässern.

Wenn Menschen diese wunderbare Wahrheit akzeptieren, bringe ich sie mit einer örtlichen Gemeinde in Verbindung, damit sie auf den **Namen Jesu** getauft werden können; sie können unter der Nachfolge eines Pastors stehen, der mit ihnen in Kontakt bleibt. Es ist wichtig, einen Pastor zu haben, der sie mit dem Wort Gottes nährt (lehrt) und über sie wacht.

*„Darum geht hin und lehrt alle Völker und tauft sie auf den **Namen** des Vaters und des Sohnes und des Heiligen Geistes."*
(Matthäus 28:19)

Elisabeth Das

> *„Und ich will euch Hirten geben nach meinem Herzen, die euch mit Wissen und Verstand weiden sollen." (Jeremia 3:15)*

Wenn der Herr uns Anweisungen gibt, seinen Willen zu tun, kann das überall und jederzeit geschehen. Seine Wege mögen manchmal keinen Sinn ergeben, aber ich habe aus Erfahrung gelernt, dass das für mich keine Rolle spielt. Von dem Zeitpunkt an, an dem ich aufwache, bis zu dem Zeitpunkt, an dem ich aus dem Haus gehe, weiß ich nie, was Gott für mich vorbereitet hat. Als Gläubige müssen wir durch das Studium des Wortes Gottes in unserem Glauben wachsen, damit wir zu reifen Lehrern werden können. Wir erreichen immer mehr Reife, indem wir keine Gelegenheit auslassen, anderen Zeugnis zu geben, vor allem, wenn Gott uns die Tür geöffnet hat.

> *„Denn wenn ihr für die Zeit Lehrer sein solltet, so habt ihr es nötig, dass man euch wieder lehrt, welches die ersten Grundsätze der Orakel Gottes sind, und seid geworden wie solche, die der Milch bedürfen und nicht der festen Speise. Denn jeder, der Milch braucht, ist ungeschickt im Wort der Gerechtigkeit; denn er ist ein Säugling. Die feste Speise aber gehört den Volljährigen, die durch den Gebrauch ihre Sinne geschult haben, Gutes und Böses zu unterscheiden." (Hebräer 5:12-14)*

In diesem Kapitel teile ich mit Ihnen einige meiner Reiseerfahrungen mit einigen wichtigen historischen Punkten, die zur Erklärung der frühen Kirche und der späteren Lehren herangezogen wurden.

Gott hat mich durch einen „unlogischen Flugplan" wieder nach Kalifornien gebracht. Aus gesundheitlichen Gründen bevorzuge ich immer Direktflüge. Diesmal kaufte ich einen Flug von Dallas - Ft. Worth, Texas, nach Ontario, Kalifornien, mit einem Zwischenstopp in Denver, Colorado. Ich kann nicht erklären, warum ich das getan habe, aber im Nachhinein machte es Sinn. Im Flugzeug machte ich die Stewardess darauf aufmerksam, dass ich Schmerzen hatte und in der Nähe einer Toilette saß. Gegen Ende des Fluges fragte ich die Stewardess, ob sie einen Platz für mich finden könnte, wo ich mich hinlegen könnte. Sie führte mich in den hinteren Teil des Flugzeugs.

Ich habe es getan "Sein Weg".

Später ließen die Schmerzen nach. Die Stewardess kam zurück, um zu sehen, wie es mir ging, und sagte mir, dass sie für mich gebetet hatte.

Der Herr öffnete mir die Tür, um mitzuteilen, was er für mich getan hatte. Ich erzählte ihr von meinen Verletzungen, Krankheiten und Heilungen. Sie war so erstaunt, dass ich all das ohne Medikamente und nur im Vertrauen auf Gott durchgestanden hatte. Als wir über die Bibel sprachen, sagte sie mir, sie habe noch nie gehört, dass jemand den Heiligen Geist empfangen könne. Ich erklärte ihr, dass dies laut der Heiligen Schrift auch heute noch möglich ist. Ich sagte ihr, warum ich meine Heimat in Indien verlassen hatte: Wenn wir Gott von ganzem Herzen suchen, wird er unsere Gebete erhören. Sie war sehr nett und fürsorglich zu mir, wie schon so oft, wenn ich geflogen bin, scheint es immer jemanden auf dem Flug zu geben, der mir solche Freundlichkeit und Fürsorge entgegenbringt. Ich erzählte ihr weiter vom Heiligen Geist und den Beweisen für das Sprechen in Zungen. Sie sagte hartnäckig, dass sie nicht daran glauben würde. Ich sprach mit ihr über die Taufe im Namen des Herrn Jesus und sie gab zu, dass sie auch davon noch nie gehört hatte. Die Taufe der Apostel, wie sie in Apostelgeschichte Kapitel 2 beschrieben wird, wird von der Mehrheit der Kirchen nicht gepredigt, da die meisten die Trinitätslehre von drei Personen in der Gottheit angenommen haben und die Titel aufrufen: Vater, Sohn und Heiliger Geist, wenn sie taufen.

*„Und Jesus kam und redete zu ihnen und sprach: Mir ist gegeben alle Gewalt im Himmel und auf Erden. Darum gehet hin und lehret alle Völker und taufet sie auf den **Namen** des Vaters und des Sohnes und des Heiligen Geistes" (Matthäus 28:18-19)*

Wenn die Jünger im Namen Jesu tauften, erfüllten sie die Taufe des Vaters und des Sohnes und des Heiligen Geistes, wenn die Person ganz untergetaucht ins Wasser ging. Das war keine Verwechslung; sie erfüllten, was Jesus ihnen befohlen hatte, wie die Schrift zeigt.

*Denn es sind drei, die im Himmel Zeugnis ablegen: der Vater, das Wort und der Heilige Geist; und diese **drei sind eins**.*
(1. Johannes 5:7)

Elisabeth Das

(Diese Schriftstelle wurde aus der NIV und allen modernen Bibelübersetzungen entfernt)

„Als sie aber das hörten, wurden sie in ihrem Herzen erschüttert und sprachen zu Petrus und den übrigen Aposteln: Ihr Männer und Brüder, was sollen wir tun? Petrus aber sprach zu ihnen: Tut Buße und jeder von euch lasse sich taufen auf **den Namen Jesu Christi** *zur Vergebung der Sünden, so werdet ihr die Gabe des Heiligen Geistes empfangen." (Apostelgeschichte 2:37-38)*

„Als sie das hörten, ließen sie sich **auf den Namen des Herrn Jesus taufen**. *Und als Paulus ihnen die Hände aufgelegt hatte, kam der Heilige Geist auf sie, und sie redeten mit Zungen und weissagten. Und die Männer waren alle etwa zwölf Jahre alt."*
(Apostelgeschichte 19:5-7)

„Denn sie hörten sie mit Zungen reden und Gott preisen. Da antwortete Petrus: Kann jemand das Wasser verbieten, dass diese nicht getauft werden, die den heiligen Geist empfangen haben wie auch wir? Und er befahl ihnen, sich auf den Namen des Herrn taufen zu lassen. Da baten sie ihn, einige Tage zu bleiben".
(Apostelgeschichte 10:46-48)

Die Apostel waren nicht ungehorsam gegenüber Jesus. Der Pfingsttag war der Beginn des Kirchenzeitalters, nachdem Jesus von den Toten auferstanden war und in die Herrlichkeit aufgenommen wurde. Er war den Aposteln erschienen und hatte sie für ihren Unglauben getadelt und war vierzig Tage bei ihnen. Während dieser Zeit lehrte Jesus sie viele Dinge. Die Bibel sagt, dass die Gläubigen getauft werden sollen.

„Danach erschien er den Elf, als sie beim Essen saßen, und tadelte sie wegen ihres Unglaubens und ihrer Herzenshärte, weil sie denen nicht glaubten, die ihn gesehen hatten, nachdem er auferstanden war. Und er sprach zu ihnen: Gehet hin in alle Welt und predigt das Evangelium aller Kreatur. Wer da glaubt und getauft wird, der wird selig werden; wer aber nicht glaubt, der wird verdammt werden."
(Markus 16:14-16)

Ich habe es getan "Sein Weg".

Später übernahmen die Menschen verschiedene Taufformeln, darunter das „Besprengen" anstelle des vollständigen Untertauchens. (Einige argumentieren damit, dass die Bibel nicht sagt, dass man nicht besprengen darf, und dass die römische Kirche Säuglinge taufte). Die Taufe im Namen Jesu wurde von der römischen Kirche geändert, als sie die Trinitätslehre annahm.

Bevor ich fortfahre, möchte ich zunächst sagen, dass ich die Aufrichtigkeit vieler wunderbarer Gläubiger nicht infrage stelle, die einen persönlichen Weg mit unserem Herrn suchen, die Gott lieben und glauben, was sie für die frühe biblische Lehre halten. Deshalb ist es so wichtig, die Heilige Schrift selbst zu lesen und zu studieren, einschließlich der Geschichte der frühen apostolischen Kirchenlehre der Bibel. „Die Lehre der Kirche geht in die Apostasie".

Abtrünnigkeit bedeutet, dass man von der Wahrheit abfällt. Ein Abtrünniger ist jemand, der einmal geglaubt und dann die Wahrheit Gottes verworfen hat.

Im Jahr 312 n. Chr., als Konstantin Kaiser war, wurde das Christentum von Rom als bevorzugte Religion angenommen. Konstantin hob die Verfolgungsdekrete von Diokletian (lateinisch: Gaius Aurelius Valerius Diocletianus Augustus;) auf, die 303 n. Chr. begonnen hatten. Diokletian war von 284-305 n. Chr. römischer Kaiser. Die Verfolgungsdekrete entzogen den Christen ihre Rechte und verlangten von ihnen, „traditionelle religiöse Praktiken" zu befolgen, wozu auch das Opfern an die römischen Götter gehörte. Dies war die letzte offizielle Verfolgung des Christentums, zusammen mit der Ermordung und dem Schrecken derer, die sich nicht fügten. Konstantin „christianisierte" das Römische Reich und machte es zur Staatsreligion, d. h. zur offiziellen Religion. Unter seiner Herrschaft förderte er auch die heidnischen Religionen in Rom. Dies bestärkte Konstantin in seinem Vorhaben, sein Reich zu vereinen und Frieden zu schaffen. So wurden das „christianisierte Rom" und eine politische Kirche zur Herrschaft gebracht. Mit all dem hatte Satan einen äußerst mächtigen Plan entwickelt, um die Kirche von innen heraus zu korrumpieren, wobei die frühe Kirche nirgendwo anerkannt wurde. Das Christentum wurde herabgewürdigt, verunreinigt und durch ein heidnisches System geschwächt, das sich dem politischen Weltsystem jener Zeit anschloss. Diesem System zufolge machte die Taufe jeden zum Christen, und sie brachten ihre heidnische Religion, Heiligen und Bilder in die Kirche ein. Zu einem späteren Zeitpunkt wurde auf ihrem Konzil auch die Trinitätslehre eingeführt. Die abtrünnige Kirche erkannte die Bedeutung des Heiligen Geistes und des Zungenredens nicht mehr an, predigte nicht mehr und schenkte ihnen keine Beachtung mehr. Im Jahr 451 n. Chr. wurde auf dem Konzil von Chalcedon mit Zustimmung des Papstes das Glaubensbekenntnis von Nizäa/Konstantinopel als verbindlich festgelegt. Niemandem war es erlaubt, über dieses Thema zu diskutieren. Sich gegen die Dreifaltigkeit auszusprechen, galt nun als Blasphemie. Denjenigen, die nicht gehorchten, wurden harte Strafen angekündigt, die von Verstümmelung bis zum Tod reichten. Es kam zu Glaubensunterschieden zwischen den Christen, was zur Verstümmelung und Abschlachtung Tausender führte. Den wahren Gläubigen blieb nichts anderes übrig, als sich im Untergrund vor ihren Verfolgern zu verstecken, die im Namen des Christentums mordeten.

Ich erklärte ihr, dass der Glaube an die Dreieinigkeit von den Heiden stammt, die die Verordnungen, Gesetze und Gebote Gottes nicht kannten, und im Jahr 325 n. Chr. eingeführt wurde, als das Erste Konzil von Nicäa die Lehre von der Dreieinigkeit als Rechtgläubigkeit festlegte und das Nizänische Glaubensbekenntnis der römischen Kirche annahm.

Die Dreifaltigkeit wurde von 300 Bischöfen in sechswöchiger Arbeit erarbeitet.

Niemand kann jemals ein Gebot ändern! Die frühe Kirche in der Apostelgeschichte begann auf der Grundlage des alttestamentlichen Glaubens an die absolute Einheit Gottes und der neutestamentlichen Offenbarung von Jesus Christus als dem einen, fleischgewordenen Gott. Das Neue Testament war vollendet und die letzten Apostel waren gegen Ende des ersten Jahrhunderts gestorben. Zu Beginn des vierten Jahrhunderts hatte sich die primäre Lehre von Gott in der Christenheit von der biblischen Einheit Gottes zu einem offensichtlichen Trinitarismus gewandelt.

Ich wundere mich, dass ihr so schnell von dem, der euch in die Gnade Christi gerufen hat, zu einem anderen Evangelium übergegangen seid: Welches nicht ein anderes ist; sondern es sind etliche, die euch stören und wollen das Evangelium Christi verkehren. Wenn aber wir oder ein Engel vom Himmel euch ein anderes Evangelium predigen als das, das wir euch gepredigt haben, so sei er verflucht. Wie wir zuvor gesagt haben, so sage ich auch jetzt: Wenn jemand euch ein anderes Evangelium predigt als das, das ihr empfangen habt, der sei verflucht. (Galater 1:6-9)

Die Schriftsteller des nachapostolischen Zeitalters (90-140 n. Chr.) waren der biblischen Sprache, ihrem Gebrauch und ihrem Denken treu. Sie glauben an den Monotheismus, d. h. an die absolute Gottheit Jesu Christi und die Manifestation Gottes im Fleisch.

Höre, o Israel! <u>Der Herr, unser Gott, ist ein einziger Herr</u>. (Deuteronomium 6:4)

*Und unbestritten groß ist das Geheimnis der Gottseligkeit: <u>**Gott wurde im Fleisch offenbart**</u>, im Geist gerechtfertigt, von Engeln gesehen, den Heiden gepredigt, in der Welt geglaubt, in die Herrlichkeit aufgenommen. (1. Timotheus 3:16)*

Sie maßen dem Namen Gottes große Bedeutung bei und glaubten an die Taufe auf den Namen Jesus. Die frühen Konvertiten der Kirche waren Juden; sie wussten, dass Jesus das „Lamm Gottes" war. Gott nahm Fleisch an, damit er Blut vergießen konnte.

*„So habt nun acht auf euch selbst und auf die ganze Herde, über die euch der Heilige Geist zu Aufsehern gesetzt hat, **damit ihr die Gemeinde Gottes weidet**, die er mit seinem **Blut** erkauft hat (Apg 20:28).*

Der Name Jesus bedeutet: Hebräisch Yeshua, griechisch Yesous, englisch Jesus. Das ist der Grund, warum Jesus sagte.

Jesus spricht zu ihm: Bin ich schon so lange bei euch, und du hast mich noch nicht erkannt, Philippus? Wer mich gesehen hat, der hat den Vater gesehen; wie sagst du dann: Zeig uns den Vater?
(Johannes 14:9)

Sie unterstützten weder die Idee einer Dreifaltigkeit noch die trinitarische Sprache, wie sie später von der Kirche von Rom übernommen wurde. Obwohl die Mehrheit der christlichen Kirchen heute der Trinitätslehre folgt, hält die frühe Kirche immer noch an der apostolischen Lehre vom Pfingsttag fest. Gott hat uns gewarnt, uns nicht vom Glauben abzuwenden. Es gibt nur einen Gott, einen Glauben und eine Taufe.

*„Ein Herr, ein Glaube, **eine Taufe**, ein Gott und Vater aller, der über allen und durch alle und in euch allen ist." (Epheser 4:5-6)*

*Jesus antwortete ihm: „Das erste aller Gebote ist: Höre, Israel: **Der Herr, unser Gott, ist ein einziger Herr**" (Markus 12:29).*

*„Aber ich bin der Herr, dein Gott, aus Ägyptenland, und du sollst keinen Gott kennen außer mir; denn es gibt **keinen Retter außer mir**." (Hosea 13:4)*

Das Christentum wich vom Konzept der Einheit Gottes ab und übernahm die verwirrende Lehre der Dreieinigkeit, die innerhalb der christlichen Religion nach wie vor umstritten ist. Die Trinitätslehre besagt, dass Gott die Vereinigung von drei göttlichen Personen ist - dem Vater, dem Sohn und dem Heiligen Geist. Sie wichen von der Wahrheit ab und begannen, sich zu verirren.

Als diese Praxis der Trinitätslehre begann, wurde der „Name Jesu" in der Taufe nicht mehr verwendet. Der Name JESU ist so mächtig, weil wir durch diesen Namen gerettet werden:

Es gibt auch keine Rettung in einem anderen Namen als JESUS:

Ich habe es getan "Sein Weg".

*In keinem anderen ist das Heil; denn es ist **kein anderer Name** unter dem Himmel den Menschen gegeben, durch den wir gerettet werden müssen. (Apostelgeschichte 4:12)*

Es gab Juden- und Heidenchristen, die diese Taufe mit den Titeln (Vater, Sohn und Heiliger Geist) nicht annehmen wollten. Das Kirchenzeitalter ging in die Apostasie über. (Was das bedeutet? Abfallen von der Wahrheit).

Apostasie ist eine Rebellion gegen Gott, weil sie eine Rebellion gegen die Wahrheit ist.

Vergleichen wir, was die NASB und die KJV-Bibeln zu diesem wichtigen Thema sagen.

Der unterstrichene Satz wurde in der NIV, NASB und anderen Bibelübersetzungen entfernt.

*„Lasst euch von niemandem täuschen, denn sie [die Wiederkunft Jesu] wird nicht kommen, wenn nicht vorher der **Abfall** kommt und der Mensch der Gesetzlosigkeit geoffenbart wird, der Sohn des Verderbens" (2. Thessalonicher 2:3 **NASB Version**)*

*„Lasst euch von niemandem verführen; denn jener Tag (die Wiederkunft Jesu) wird nicht kommen, **es sei denn, dass zuvor ein Abfall kommt** und der Mensch der Sünde, der Sohn des Verderbens, geoffenbart wird." (2. Thessalonicher 2:3 **KJ Version**)*

Die Stewardess war sehr interessiert an dem, was ich ihr beibrachte. Da die Zeit jedoch knapp war, erklärte ich ihr das Einssein Gottes, um ihr in der kurzen Zeit, die mir zur Verfügung stand, ein umfassendes Verständnis zu vermitteln.

„Hütet euch, dass euch nicht jemand verderbe durch Philosophie und eitlen Betrug, nach der Überlieferung der Menschen, nach den Grundsätzen der Welt, und nicht nach Christus. Denn in ihm wohnt die ganze Fülle der Gottheit leibhaftig".
(Kolosser 2:8-9)

Elisabeth Das

Der Sitz des Satans (auch bekannt als Pergamos, Pergos oder Pergemon):

Ich erklärte der Stewardess auch die Schlüsselrolle, die das Land Türkei in unserer heutigen Zeit und in der Endzeit spielt. Pergamon oder Pergamum war eine antike griechische Stadt in der heutigen Türkei, die während der hellenistischen Periode unter der Attaliden-Dynastie (281-133 v. Chr.) die Hauptstadt des Königreichs Pergamon war. Die Stadt liegt auf einem Hügel, auf dem sich der Tempel ihres Hauptgottes Asklepios befindet. Dort befindet sich eine Statue des Asklepios, der sitzend einen Stab hält, um den sich eine Schlange windet. Im Buch der Offenbarung ist von Pergamon die Rede, einer der sieben Gemeinden. Johannes von Patmos bezeichnete sie in seinem Buch der Offenbarung als „Sitz des Satans".

*„Und dem Engel der Gemeinde in Pergamos schreibe: Das sagt der, der ein scharfes, zweischneidiges Schwert hat: Ich kenne deine Werke und weiß, wo du wohnst, wo der **Sitz des Satans** ist, und du hältst an meinem Namen fest und hast meinen Glauben nicht verleugnet, auch nicht in den Tagen, da Antipas, mein treuer Märtyrer, unter euch getötet wurde, wo der Satan wohnt. Aber ich habe etwas gegen dich, weil du dort die hast, die an der Lehre Bileams festhalten, der Bileam gelehrt hat, einen Stein des Anstoßes vor die Kinder Israel zu werfen, Götzenopfer zu essen und Unzucht zu treiben."*
(Offenbarung 2:12-14)

Warum ist diese Stadt heute so wichtig? Der Grund ist, dass König Cyrus der Große, als er 457 v. Chr. Babylon eroberte, die heidnische babylonische Priesterschaft zwang, nach PERGAMOS in der heutigen Türkei zu fliehen.

{Anmerkung: Wir müssen auf Israel und die Erfüllung der Prophezeiung schauen. Ist es kein Wunder, dass der syrische Präsident Assad am 6. Juli 2010 in Madrid, Spanien, warnte, dass Israel und die Türkei kurz vor einem Krieg stehen? Gottes geliebtes Israel und Satans (Sitz) Thron kommen in den heutigen Nachrichten zusammen}

Nachdem ich mit der Stewardess über Pergamos gesprochen hatte, begann ich, sie über die Neue Geburt zu belehren. Sie hatte noch nie jemanden in Zungen sprechen hören (Heiliger Geist). Ich gab ihr alle Informationen, Bibelstellen und eine Liste, wo sie eine bibelgläubige Gemeinde finden konnte. Sie war so begeistert von dieser Wahrheit und Offenbarung. Jetzt verstand ich, warum ich auf unerklärliche Weise einen Nicht-Direktflug nach Kalifornien gekauft hatte. Gott weiß immer, was er tut, und ich lernte, dass ich seine Absichten nicht immer erkenne, aber später zurückblicken und sehen kann, dass er von Anfang an einen Plan hatte. Als ich in Kalifornien ankam, stieg ich schmerzfrei und ohne Fieber aus dem Flugzeug.

Die Frage: Was ist apostolisch?

Ich war auf einem anderen Flug von Dallas-Ft. Worth nach Ontario, Kalifornien. Nachdem ich ein kurzes Nickerchen gemacht hatte, bemerkte ich, dass die Dame neben mir am Lesen war. Sie hatte Schwierigkeiten, nach draußen zu sehen, also zog ich die Jalousie an meinem Fenster hoch, und sie war glücklich. Ich suchte nach einer Gelegenheit, mit ihr zu sprechen, und mit dieser Geste begann unser Gespräch, das fast eine Stunde dauerte. Ich begann ihr von meinem Zeugnis zu erzählen.

Sie sagte, dass sie es sich ansehen würde, wenn sie in ihrem Hotelzimmer einchecken würde. Wir kamen auf die Kirche zu sprechen, als sie mir gestand, dass sie nur ab und zu in die Kirche geht. Sie erzählte mir auch, dass sie verheiratet ist und zwei Töchter hat. Ich erzählte ihr dann, dass ich in eine apostolische Pfingstkirche gehe. Da bemerkte ich, dass sich ihre Augen weit öffneten. Sie erzählte mir, dass sie und ihr Mann kürzlich ein Plakat über eine apostolische Kirche gesehen hatten. Wir wüssten nicht, was dieses Wort (apostolisch) bedeute, sagte sie. Ich erklärte ihr, dass dies die von Jesus in Johannes 3,5 aufgestellte Lehre sei, die in der Apostelgeschichte auf die frühe Kirche des apostolischen Zeitalters angewandt werde. Ich glaube fest daran, dass Gott mich in die Nähe dieser Dame gestellt hat, um genau diese Frage zu beantworten. Es war ein zu großer Zufall, um zufällig zu sein.

Apostolisches Zeitalter:

Es wird angenommen, dass Christus vor 4 v. Chr. oder nach 6 n. Chr. geboren und zwischen 30 und 36 n. Chr. im Alter von 33 Jahren gekreuzigt wurde. Somit wurde die Gründung der christlichen Kirche auf das Pfingstfest im Mai 30 n. Chr. geschätzt.

Das apostolische Zeitalter umfasst etwa siebzig Jahre (30 - 100 n. Chr.) und reicht vom Pfingsttag bis zum Tod des Apostels Johannes.

Seit der Abfassung der Johannesbriefe entfernte sich das erste Jahrhundert immer mehr von der Wahrheit. Die Finsternis hielt Einzug in die Kirchen des ersten Jahrhunderts. Abgesehen davon wissen wir sehr wenig über diese Periode der Kirchengeschichte. Die Apostelgeschichte (2,41) berichtet von der pfingstlichen Bekehrung von dreitausend Menschen an einem Tag in Jerusalem. Die Geschichte spricht von Massenmord unter Nero. Die christlichen Konvertiten stammten größtenteils aus der Mittel- und Unterschicht, z. B. Analphabeten, Sklaven, Händlern usw. Es wird geschätzt, dass zur Zeit der Bekehrung Konstantins die Zahl der Christen unter diesem römischen Dekret mehr als elf Millionen betragen haben könnte, was einem Zehntel der Gesamtbevölkerung des Römischen Reiches entspricht und einen großen und schnellen Erfolg für das Christentum darstellt. Dies führte zu einer grausamen Behandlung der Christen, die in einer feindseligen Welt lebten.

Jesus hat gelehrt, dass wir einander lieben sollen wie uns selbst und dass die Erlösung und die Umkehr von Sünden in seinem Namen geschehen wird.

Und dass in seinem Namen unter allen Völkern Buße und Vergebung der Sünden gepredigt werde, angefangen in Jerusalem.
(Lukas 24:47)

Die Apostel nahmen die Lehren Jesu auf und wandten sie am Pfingsttag an. Dann gingen sie hinaus und predigten Jesus zuerst den Juden und dann den Heiden.

Ich habe es getan "Sein Weg".

*„So habt nun acht auf euch selbst und auf die ganze Herde, über die euch der Heilige Geist zu Aufsehern gesetzt hat, **damit ihr die Gemeinde Gottes weidet, die er mit seinem eigenen Blut erkauft hat**. Denn das weiß ich: Wenn ich weggehe, werden grimmige Wölfe unter euch eindringen und die Herde nicht verschonen. Es werden auch von euch selbst Menschen aufstehen, die verkehrte Dinge reden, um Jünger an sich zu ziehen. Darum wachet und gedenket daran, dass ich drei Jahre lang nicht aufgehört habe, einen jeden Tag und Nacht unter Tränen zu ermahnen."* (Apostelgeschichte 20:28-31)

Nicht alle unterwarfen sich dem Dekret des Römischen Reiches von Konstantin.

Es gab diejenigen, die der ursprünglichen Lehre der Apostel folgten und die „Bekehrung", die im Dekret von Konstantin festgelegt wurde, nicht akzeptieren wollten. Das Dekret enthielt die religiösen Traditionen, die während der römischen Kirchenkonzilien entstanden waren, zusammen mit Änderungen, die vorgenommen wurden und die Wahrheit der frühen Kirche verdrehten. Diese Leute, die die Konzile bildeten, die das Dekret Konstantins entwarfen, waren keine wahren wiedergeborenen Gläubigen.

Deshalb bezeichnen sich viele Kirchen heute als apostolisch oder pfingstlich und folgen den Lehren der Apostel.

„Nicht viele Weise nach dem Fleisch, nicht viele Mächtige, nicht viele Edle sind berufen, sondern Gott hat die Toren der Welt erwählt, um die Weisen zu zuschanden zu machen; und die Schwachen der Welt hat Gott erwählt, um die Starken zu zuschanden zu machen; und das Niedrige der Welt und das Verachtete hat Gott erwählt, ja, und das, was nicht ist, damit er das, was ist, zunichte mache, damit kein Fleisch sich vor Gott rühme". (1. Korinther 1:26-29)

Interreligiös

Heute gibt es eine neue Bedrohung für die Grundsätze Gottes. Sie heißt „Interreligiös". „Interreligiös" besagt, dass es wichtig ist, **allen Göttern** Respekt zu zollen. Geteilte Loyalität und geteilte Verehrung sind für Inter-Gläubige akzeptabel. Wir können einander als Individuen respektieren und lieben, auch wenn wir unterschiedlicher Meinung sind; die Bibel ist jedoch kristallklar in Bezug auf die „Eifersucht Gottes", die eine ausschließliche Hingabe an ihn verlangt, während die Verehrung anderer Götter eine Schlinge ist.

„Hüte dich, dass du nicht einen Bund machst mit den Einwohnern des Landes, dorthin du ziehst, dass es dir nicht zum Fallstrick werde; sondern du sollst ihre Altäre zerstören und ihre Bilder zerbrechen und ihre Ascherabilder abhauen: Denn du sollst keinen anderen Gott anbeten; denn der HERR, dessen Name Eifer ist, ist ein eifersüchtiger Gott: Auf dass du nicht einen Bund machst mit den Einwohnern des Landes und sie ihren Göttern nachlaufen und ihren Göttern opfern und einer dich ruft und du von seinem Opfer isst"
(2. Mose 34:12-15)

Der Teufel hat sich den trügerischen Glauben des „Interreligiös" ausgedacht, um die Auserwählten zu täuschen. Er weiß, wie er den modernen Menschen mit seiner eigenen Vorrichtung der politischen Korrektheit manipulieren kann, wenn in Wirklichkeit ein Bund geschlossen wird, indem man ihre falschen Götter, Idole und Bilder anerkennt oder ihnen Verehrung entgegenbringt.

Ich habe es getan "Sein Weg".

Kapitel 18

MINISTERIUM IN MUMBAI, INDIEN „EIN MANN MIT GROßEM GLAUBEN"

Vor 1980 ging ich nach Mumbai in Indien, um ein Visum für eine Reise ins Ausland zu erhalten. Als ich mit dem Zug durch Mumbai reiste, bemerkte ich, dass wir durch ein Slumgebiet mit sehr armen Menschen und Hütten fuhren. Ich hatte noch nie so beklagenswerte Lebensbedingungen mit Menschen gesehen, die in entsetzlicher Armut lebten.

Ich habe eingangs erwähnt, dass ich in einer streng religiösen Familie aufgewachsen bin. Mein Vater war Arzt und meine Mutter war Krankenschwester. Obwohl wir religiös waren und ich viel in der Bibel las, hatte ich den Heiligen Geist in dieser Zeit meines Lebens nicht. Mein Herz war betrübt, als die Last des Herrn auf mich zukam. Von diesem Tag an trug ich diese Last für diese Menschen, die ohne Hoffnung in diesen Slums lebten. Ich wollte nicht, dass jemand meine Tränen sah, also senkte ich meinen Kopf und verbarg mein Gesicht. Ich wollte einfach nur einschlafen, aber meine Last für diese Menschen fühlte sich an, als wäre sie größer als eine ganze Nation. Ich betete und fragte Gott: „Wer wird hingehen und diesen Menschen das Evangelium verkünden?" Ich dachte, dass ich selbst Angst hätte, in diese Gegend zu kommen. Damals verstand ich noch nicht, dass Gottes Hand so groß ist, dass er jeden und überall erreichen kann. Damals ahnte ich noch nicht, dass Gott mich in den kommenden Jahren an diesen Ort zurückbringen würde. Zurück in Amerika, und 12 Jahre später, war meine Last für die Menschen in den Slums von Mumbai immer noch in meinem Herzen.

Die indische Sitte und die unserer Familie war es, Minister immer in unserem Haus zu empfangen, sie zu verköstigen, ihre Bedürfnisse zu befriedigen und ihnen eine Spende zu geben. Ich war früher Methodist, aber jetzt hatte ich die Offenbarung der Wahrheit erhalten, und es gab keinen Kompromiss. Meine Familie erwartete die Ankunft eines indischen Geistlichen, der zu Besuch in Amerika war. Wir warteten, aber er kam nicht pünktlich. Ich musste zur Arbeit gehen und verpasste die Gelegenheit, ihn zu treffen, aber meine Mutter sagte mir später, dass er sehr aufrichtig war. Im folgenden Jahr, 1993, kam derselbe Pfarrer ein zweites Mal zu uns nach West Covina, Kalifornien. Diesmal sagte ihm mein Bruder, dass er seine Schwester kennenlernen müsse, weil sie dem Wort Gottes treu sei und die Familie ihren Glauben und ihr Vertrauen in Gott respektiere. Das war der Tag, an dem ich Pastor Chacko kennenlernte. Wir begannen über die Taufe und seinen Glauben an das Wort Gottes zu sprechen. Pastor Chacko erzählte mir, dass er im Namen Jesu durch vollständiges Untertauchen taufe und dass er mit keiner anderen Art der Taufe Kompromisse eingehen würde. Ich war sehr erfreut und begeistert zu wissen, dass dieser Mann Gottes es auf die biblische Weise der apostolischen Urgemeinde tat. Dann lud er mich ein, Mumbai, Indien, wo er lebt, zu besuchen.

Ich erzählte meinem Pastor von Pastor Chackos starker Überzeugung vom Wort Gottes und von seinem Besuch in unserem Haus. An diesem Abend besuchte Pastor Chacko unsere Kirche und mein Pastor bat ihn, ein paar Worte vor der Gemeinde zu sprechen. Das Interesse an der Arbeit von Pastor Chacko in Mumbai war so groß, dass meine Gemeinde begann, ihn finanziell und mit unseren Gebeten zu unterstützen. Unsere Kirche war missionarisch ausgerichtet. Wir haben immer für die Mission bezahlt, so wie wir den Zehnten zahlen. Es war erstaunlich, wie sich alles zusammenfügte und Mumbai nun von meiner Ortsgemeinde in Kalifornien unterstützt wurde.

Ich habe es getan "Sein Weg".

Im folgenden Jahr schickte mich Gott nach Indien, und ich nahm das Angebot von Pastor Chacko an, die Gemeinde und seine Familie in Mumbai zu besuchen. Als ich ankam, holte mich Pastor Chacko vom Flughafen ab. Er brachte mich zu meinem Hotel. Es war auch der Ort, an dem sie sich zum Gottesdienst trafen, und im selben Slum, durch den ich 1980 mit dem Zug gefahren war. Es war jetzt 1996 und mein Herzensgebet der Hoffnung für diese schönen Seelen wurde erhört. Pastor Chacko war sehr gastfreundlich und teilte mit mir seine Last und seinen Wunsch, eine Kirche zu bauen. Ich konnte andere Kirchen besuchen und wurde gebeten, vor der Gemeinde zu sprechen, bevor ich in meine Zielstadt Ahmadabad fuhr. Ich war sehr betrübt über die Lebensbedingungen der Kirche in Mumbai. Ein katholischer Vater stellte Pastor Chacko ein Klassenzimmer für den Sonntagsgottesdienst zur Verfügung.

Die Menschen waren sehr arm, aber ich hatte die Freude, die kleinen, hübschen Kinder zu sehen, die Gott lobten und ihm dienten. Sie aßen gemeinsam mit nur einem kleinen Stück Brot, das weitergereicht wurde, und Wasser zum Trinken. Es rührte mich, ihnen Lebensmittel zu kaufen, und ich bat sie, mir eine Liste der Dinge zu geben, die sie brauchten. Ich tat, was ich konnte, um die Bedürfnisse auf dieser Liste zu erfüllen. Nach meinem langen Flug nach Indien beehrten sie mich mit ihren Gebeten. Ein Bruder aus der Gemeinde betete für mich, und ich spürte, wie die Kraft des Heiligen Geistes wie Elektrizität sofort über meinen geschwächten und schlaflosen Körper kam. Ich fühlte mich erfrischt, als die Kraft zurückkehrte und meine Schmerzen im ganzen Körper verschwunden waren. Ihre Gebete waren so mächtig, dass ich über alles hinaus gesegnet wurde, was ich erklären kann. Sie gaben mir mehr als das, was ich ihnen gegeben hatte. Bevor ich nach Amerika zurückflog, verließ ich Ahmadabad und kehrte nach Mumbai zurück, um Pastor Chacko ein letztes Mal zu besuchen. Ich gab ihm alle Rupien, die ich noch hatte, als Spende für ihn und seine Familie.

Dankenswerterweise erzählte er mir von seiner Frau, die sich sehr schämte, wenn sie an dem Geschäft vorbeiging, bei dem sie Schulden hatten. Sie ging mit beschämtem Blick nach unten, weil sie diese Schulden nicht bezahlen konnten. Pastor Chacko erzählte mir auch von der Ausbildung seines Sohnes. Die Schulgebühren waren fällig und sein Sohn konnte die Schule nicht weiter besuchen. Ich konnte sehen, dass die Situation für die Familie überwältigend war. Gott hatte mich zum Geben bewegt, und die Spende, die ich gegeben hatte, war mehr als ausreichend, um beide Angelegenheiten zu regeln und noch viel mehr. Gelobt sei Gott!

> *„Verteidige die Armen und die Waisen; gib den Bedrängten und Bedürftigen Recht. Erlöse die Armen und Bedürftigen und befreie sie aus der Hand der Bösen." (Psalmen 82:3-4)*

Als ich nach Kalifornien zurückkehrte, betete ich und weinte über diese kleine Gemeinde und ihre Menschen. Ich war so zerbrochen, dass ich Gott um die Zustimmung von zwei oder drei bat, alles anzufassen, worum sie bitten.

> *„Wahrlich, ich sage euch: Was ihr auf Erden binden werdet, das wird im Himmel gebunden sein; und was ihr auf Erden lösen werdet, das wird im Himmel gelöst sein. Und weiter sage ich euch: Wenn zwei von euch auf Erden übereinstimmen in allem, was sie erbitten, so wird es ihnen von meinem Vater im Himmel zuteil werden. Denn wo zwei oder drei in meinem Namen versammelt sind, da bin ich mitten unter ihnen." (Matthäus 18:18-20)*

Es war meine Last und mein Anliegen, der Kirche Gottes in Mumbai zu helfen, aber ich musste meine Last mit jemandem teilen. Eines Tages fragte mich meine Mitarbeiterin Karen, wie ich so lange beten könne. Ich fragte Karen, ob sie auch lernen wolle, wie man längere Zeit betet, ihr Gebetsleben aufbaut und mit mir fastet. Sie stimmte dankenswerterweise zu und wurde meine Gebetspartnerin. Karen teilte auch meine Last für Mumbai. Als wir mit dem Beten und Fasten begannen, wollte sie unbedingt länger beten und mehr fasten. Zu dieser Zeit ging sie in keine Kirche, war aber sehr ernsthaft und aufrichtig in dem, was sie geistlich tat. Wir beteten in der Mittagspause und nach der Arbeit trafen wir uns für 1½ Stunden im Auto zum Gebet. Ein paar Monate später erzählte mir Karen, dass sie durch den Tod ihres Onkels zu etwas Geld aus einer Versicherung gekommen war. Karen ist sehr gutherzig und spendabel und sagte, sie wolle von diesem Geld den Zehnten zahlen und es dem Werk in Mumbai geben. Das Geld wurde

Ich habe es getan "Sein Weg".

an Pastor Chacko geschickt, um eine Einrichtung zu kaufen, in der sie ihre eigene Kirche haben können. Sie kauften einen kleinen Raum, der für satanische Anbetung genutzt worden war. Sie räumten ihn auf und richteten ihn für ihre Kirche ein. Im folgenden Jahr reisten Karen und ich zur Einweihung der Kirche nach Mumbai. Es war ein erhörtes Gebet, denn Karen, die jetzt dem Herrn dient, ist stark im Glauben. Gelobt sei Gott!

Da die Kirche in Mumbai wuchs, bat Pastor Chacko um Hilfe in Form einer Spende für den Kauf eines kleinen Grundstücks neben der Kirche. Pastor Chacko hatte großes Vertrauen in das Wachstum der Kirche und in das Werk Gottes. Dieses Grundstück gehörte der katholischen Kirche. Pastor Chacko und der Priester hatten ein freundschaftliches Verhältnis und der Priester war bereit, das Grundstück an Pastor Chacko zu verkaufen. Pastor Chacko erhielt nicht die Spende, von der er glaubte, dass Gott sie bereitstellen würde. Gott weiß alles, und er tut die Dinge auf seine Weise und besser, als wir es uns überhaupt vorstellen können!

Ein paar Jahre später kam es in ganz Indien zu Ausschreitungen zwischen Hindus und Christen. Die Hindus versuchten, die Christen aus Indien zu vertreiben. Die Unruhestifter kamen am Morgen in die Kirche und wurden von der Polizei unterstützt. Sie begannen, die Kirche zu zerstören, aber Pastor Chacko und die Gemeindemitglieder flehten sie an, es um ihrer selbst willen nicht zu tun, weil es für sie gefährlich sei, das Haus des allmächtigen Gottes zu zerstören. Die Randalierer fuhren fort, alles in Sichtweite zu zerstören, ohne auf die Warnungen und Bitten der Menschen zu hören, bis die Kirche vollständig zerstört war. Den Rest des Tages hatten die Kirchenmitglieder Angst vor dieser berüchtigten und bösartigen Gruppe, weil sie wussten, dass ihr eigenes Leben in Gefahr war.

Sie waren traurig darüber, dass sie ihre Kirche nicht mehr hatten, nachdem sie so lange dafür gebetet hatten, einen eigenen Ort zur Anbetung Gottes zu haben. Dies war der Ort, an dem sie sahen, wie Gott Wunder vollbrachte, wie Dämonen ausgetrieben wurden und wie den Sündern das Heil verkündet wurde. In dieser Nacht, gegen Mitternacht, klopfte es an Pastor Chackos Tür. Als er sah, dass es der

Anführer dieser berüchtigten Gruppe war, die zuvor die Kirche zerstört hatte, bekam er Angst. Pastor Chacko dachte, dass er mit Sicherheit getötet werden würde und dass dies sein Ende wäre. Er betete und bat Gott, ihm den Mut zu geben, die Tür zu öffnen und ihn zu beschützen. Als er die Tür öffnete, sah er zu seiner Überraschung den Mann mit Tränen in den Augen, der Pastor Chacko um Vergebung für das bat, was sie an diesem Tag in seiner Kirche angerichtet hatten.

Der Mann fuhr fort, Pastor Chacko zu erzählen, dass nach der Zerstörung der Kirche die Frau des Leiters gestorben sei. Einem der Randalierer wurde mit einer Maschine die Hand abgeschnitten. Gegen die Leute, die die Kirche zerstört hatten, war etwas im Gange. Die Randalierer fürchteten sich vor dem, was sie gegen Pastor Chacko und seinen Gott getan hatten. Gott sagte, er würde unsere Schlachten schlagen, und das tat er auch. Religiöse Hindus und Christen in Indien sind gottesfürchtige Menschen, die alles tun würden, um die Dinge wieder in Ordnung zu bringen. Aufgrund dessen, was mit den Hindus geschah, weil sie sich an der Zerstörung der Kirche beteiligt hatten, kehrten dieselben Randalierer zurück und bauten die Kirche aus Angst wieder auf. Sie nahmen auch das Eigentum in Besitz, das der katholischen Kirche gehörte. Niemand ging gegen sie vor oder beschwerte sich. Die Randalierer bauten die Kirche selbst wieder auf, stellten das Material zur Verfügung und leisteten die gesamte Arbeit ohne die Hilfe der Kirche. Als die Kirche fertiggestellt war, war sie größer und hatte zwei Stockwerke statt einem.

Gott hat das Gebet von Pastor Chacko erhört und er sagt: „Jesus versagt nie." Wir haben weiter für Mumbai gebetet. Heute gibt es 52 Kirchen, ein Waisenhaus und zwei Tagesstätten, dank des Glaubens und der Gebete vieler, die eine Last für Indien tragen. Ich begann darüber nachzudenken, wie mein Herz tief berührt worden war, als ich 1980 in diesem Zug saß. Ich wusste nicht, dass Gott seine Augen auf diesen Teil meines Landes gerichtet hatte und den Menschen in den Slums von Mumbai durch unerschütterliche Gebete und einen Gott, der auf das Herz hört, Liebe und Hoffnung brachte. Am Anfang habe ich gesagt, dass meine Last so groß wie eine ganze Nation ist. Ich bin Gott dankbar, dass er mir diese Last auferlegt hat. Gott ist der große Stratege. Es geschah nicht sofort, aber im Laufe von sechzehn Jahren

Ich habe es getan "Sein Weg".

geschahen Dinge, die ich nicht kannte, während Er den Grundstein für die Ergebnisse der Gebetserhörung legte, und das alles, während ich in Amerika lebte.

Die Bibel sagt: Betet ohne Unterlass. Ich betete und fastete konsequent für Erweckung in ganz Indien. Mein Land erlebte eine geistliche Metamorphose für den Herrn Jesus.

Die Website von Pastor Chacko lautet:
http://www.cjcindia.org/index.html

Kapitel 19

MINISTERIUM IN GUJARAT!

In den späten 1990er Jahren besuchte ich die Stadt Ahmedabad im Bundesstaat Gujarat. Bei meinem letzten Besuch in Mumbai, Indien, hatte ich das Gefühl, dass die Arbeit dort erfolgreich war. Später auf dieser Reise besuchte ich die Stadt Ahmedabad und wurde Zeuge. Ich wusste, dass die meisten Menschen trinitarisch waren. Alle meine Kontakte waren trinitarisch. Ich habe viele Jahre lang dafür gebetet, diese Wahrheit nach Indien zu bringen. Mein erstes Gebet war: Ich möchte jemanden wie Paulus oder Petrus gewinnen, damit meine Arbeit leichter wird und weitergeht. Ich bete immer mit einem Plan und einer Vision. Bevor ich einen Ort besuche, bete und faste ich. Vor allem, wenn ich nach Indien reise, bete und faste ich drei Tage und Nächte lang ohne Essen und Trinken oder bis ich vom Geist erfüllt bin. Das ist der biblische Weg des Fastens.

Esther 4:16 Geh und versammle alle Juden, die in Susan sind, und fastet für mich und esst und trinkt drei Tage lang nicht, weder bei Tag noch bei Nacht: Auch ich und meine Mägde wollen fasten, und so will ich zum König hineingehen, was nicht nach dem Gesetz ist; und wenn ich umkomme, komme ich um.

Jona 3:5 Da glaubten die Einwohner von Ninive Gott und riefen ein Fasten aus und legten Säcke an, von den Größten bis zu den Kleinsten. 6 Da kam die Kunde zum König von Ninive, und er erhob

Ich habe es getan "Sein Weg".

sich von seinem Thron, legte seinen Mantel ab und bedeckte sich mit Sackleinen und setzte sich in Asche. 7 Und er ließ es durch den König und seine Fürsten in ganz Ninive ausrufen und verkünden und sagen: Weder Mensch noch Vieh, weder Rinder noch Schafe sollen etwas kosten; sie sollen nicht fressen und kein Wasser trinken.

Indien ist so von geistlicher Finsternis durchdrungen, dass man nicht dorthin reisen möchte, wenn man nicht voll von Gottes Geist ist. Vor einigen Jahren, in den 1990er-Jahren, wurde ich auf dem Campus einer trinitarischen Hochschule mit Bruder Christian bekannt gemacht. Während dieses Besuchs wurde ich von den meisten der trinitarischen Pastoren angegriffen. Es war meine erste Begegnung mit Bruder Christian. Anstatt den Herrn zu loben! fragte ich ihn: „*Was predigen Sie*"? „*Taufen Sie im Namen von Jesus*"? Er sagte: „*Ja*". Ich wollte wissen, woher er diese Wahrheit kannte. Er sagte: „Eines Morgens betete ich Gott auf einem offenen Platz namens Malek-Saben-Stadion an. Während dieses Besuchs druckte ich einige tausend Broschüren aus und verteilte sie, in denen die Wassertaufe Jesu erklärt wurde. Das machte die religiösen Kirchenbehörden wütend. Religiöse Führer begannen, gegen mich zu predigen. Sie sagten: „*Auf jeden Fall, schmeißt sie aus eurem Haus*". Egal, wohin ich ging, alle sprachen gegen mich. Die Wahrheit macht den Teufel wütend, aber das Wort Gottes sagt: „Ihr werdet die Wahrheit erkennen und die Wahrheit wird euch frei machen. Die Begegnung mit Bruder Christian half, die Wahrheit zu verbreiten. Gelobt sei Gott, dass er einen Einheits-Pastor geschickt hat, der das wahre Evangelium in Indien lehrt und predigt.

Nach diesem Besuch in Indien, im Jahr 1999, wurde ich arbeitsunfähig und konnte nicht mehr nach Indien zurückkehren. Aber die Arbeit wurde fortgesetzt. Bald vergaßen all die Leute, die gegen mich sprachen, mich und sind nun verstorben. Während dieser Zeit der körperlichen Behinderung nahm ich alle „Suche nach der Wahrheit", „Einheit" und „Lehr-CDs" auf und gab sie kostenlos ab. Ich saß im Rollstuhl und verlor mein Gedächtnis, also erweiterte ich meinen Dienst durch Aufnahmen. Es war schwer, zu sitzen, aber mit der Hilfe des Herrn tat ich, was ich körperlich nicht konnte. Wenn man sich auf den Herrn verlässt, gelangt man auf neue Straßen und Autobahnen. Wir stellen uns allen Herausforderungen. Die Macht Gottes ist so überwältigend, dass nichts die Salbung aufhalten kann. Die Botschaft, die so hart bekämpft worden war, wurde nun in den Häusern auf CDs aufgenommen. Gelobt sei Gott! Zu meiner Freude und zu meinem Erstaunen wussten viele Menschen von der biblischen Lehre und der Einheit Gottes. Ich hatte viele Jahre lang gebetet und gefastet, damit in Indien die Liebe zur Wahrheit wächst. Außerdem sollte das Evangelium von Jesus in jedem Staat Indiens frei gepredigt werden. Ich hatte den starken Wunsch, ihnen durch die Übersetzung von Bibelstudien aus dem Englischen ins Gujarati mehr Wissen zu bringen. Gujarati ist die gesprochene Sprache in diesem Staat. Ich fand Übersetzer in Indien, die mir bei der Übersetzung dieser Bibelstudien gerne helfen wollten. Einer dieser Übersetzer, der selbst Pastor war, wollte den Bibeltext von der biblischen Taufe der apostolischen Urgemeinde abändern, indem er den Namen JESUS in Vater, Sohn und Heiliger Geist wegließ. Das ist der Titel Gottes. Es wurde schwierig, meinem Übersetzer zu vertrauen, dass er das Wort Gottes korrekt wiedergibt. Die Bibel warnt uns deutlich davor, der Heiligen Schrift etwas hinzuzufügen oder wegzunehmen - vom Alten Testament bis zum Neuen Testament dürfen wir das Wort Gottes nicht aufgrund menschlicher Interpretation verändern. Wir müssen ausschließlich dem Beispiel Jesu und der Lehre der Apostel und Propheten folgen.

Epheser 2:20 und sind auf das Fundament der Apostel und Propheten gebaut, wobei Jesus Christus selbst der wichtigste Eckstein ist;

Es waren die Jünger, die hinausgingen, um das Evangelium von Jesus zu predigen und zu lehren. Wir müssen der Lehre der Apostel folgen und glauben, dass die Bibel das unfehlbare und maßgebliche Wort Gottes ist.

Deuteronomium 4:1 So höre nun, Israel, auf die Gebote und Rechte, die ich dich lehre, dass du sie tust, damit du am Leben bleibst und in das Land einziehst und es in Besitz nimmst, das der Herr, der Gott deiner Väter, dir gibt. 2 Du sollst dem Wort, das ich dir gebiete, nichts hinzufügen und nichts davon abnehmen, damit du die Gebote des Herrn, deines Gottes, hältst, die ich dir gebiete.

Ich habe es getan "Sein Weg".

Ich möchte hier feststellen, dass es einen großen Unterschied gibt zwischen dem, was wir heute für die Wahrheit halten, und dem, was die frühe Kirche lehrte. Schon in der frühen Kirchengeschichte gab es einige, die sich von der gesunden Lehre abwandten, wie aus den Briefen des Paulus an die Gemeinden hervorgeht. Viele Bibelversionen wurden geändert, um der Lehre des Teufels zu entsprechen. Ich bevorzuge die KJV, da sie eine 99,98%ige Übersetzung ist, die den ursprünglichen Schriftrollen nahe kommt. Lesen und prüfen Sie die folgenden Bibelstellen sorgfältig:

2 Petrus 2:1 Es waren aber auch falsche Propheten unter dem Volk, wie es auch unter euch falsche Lehrer geben wird, die heimlich verderbliche Irrlehren einführen und den Herrn verleugnen, der sie erkauft hat, und über sich selbst schnelles Verderben bringen. 2 Und viele werden ihren verderblichen Wegen folgen, um dessentwillen der Weg der Wahrheit schlecht geredet wird. 3 Und aus Habgier werden sie mit vorgetäuschten Worten mit euch Handel treiben; und ihr Gericht währt nicht lange, und ihre Verdammnis währt nicht lange.

Nach der Offenbarung der Identität Jesu übergab sie dem Apostel Petrus die Schlüssel zum Königreich und hielt am Pfingsttag seine erste Predigt. Sie warnten uns vor Betrügern, die eine Form der Frömmigkeit haben und nicht der Lehre der Apostel und Propheten folgen. Ein Gott, an den sie glaubten, kann nicht der Antichrist sein, da sie wussten, dass Jehova eines Tages leibhaftig kommen wird.

2 Johannes 1:7 Denn es sind viele Verführer in die Welt gekommen, die nicht bekennen, dass Jesus Christus im Fleisch gekommen ist. Das ist ein Verführer und ein Antichrist. 8 Seht auf euch selbst, dass wir nicht verlieren, was wir gearbeitet haben, sondern dass wir vollen Lohn empfangen. 9 Wer abtrünnig wird und nicht bleibt in der Lehre Christi, der hat Gott nicht. Wer aber in der Lehre Christi bleibt, der hat beides, den Vater und den Sohn. 10 So jemand zu euch kommt und bringt nicht diese Lehre, den nehmet nicht in euer Haus auf und gebietet ihm nicht Gott. 11 Denn wer ihm Gott gebietet, der ist seiner bösen Werke teilhaftig.

Es gab viele Konferenzen in Indien, zu denen Prediger vom Stockton Bible College und aus anderen Staaten kamen, um die Botschaft der Wiedergeburt zu verkünden. Pastor McCoy, der berufen war, in Indien zu predigen, leistete wunderbare Arbeit, indem er an vielen Orten in Indien predigte. Mit vielen Stunden des Gebets und des Fastens hat der Erfolg des indischen Dienstes seit dem Jahr 2000 angehalten. Ich erinnerte mich daran, dass ich einen Pastor Miller angerufen hatte, an den mich Reverend Shalm, der Leiter der Auslandsmission der Vereinigten Pfingstkirche in Asien, verwiesen hatte. Als ich ihn zu Hause anrief, sagte er mir, dass er mich gerade anrufen wollte, um mir mitzuteilen, dass er sechs Monate zuvor in Kalkutta und Westbengalen gewesen war. Er wollte auch nach Ahmedabad gehen, kehrte aber wegen einer Krankheit nach Amerika zurück. Pastor Miller sagte freundlicherweise, er wolle zurück nach Indien, müsse aber darüber beten und Gott fragen, ob seine Berufung für dieses Land gelte. Er kehrte ein zweites Mal nach Indien zurück und predigte auf zwei allgemeinen Konferenzen. Gott bewegte sich mächtig unter den Gujarati in diesem Staat. Pastor Christian sagte, es sei sehr schwierig, das Werk Gottes in diesem Staat zu etablieren. Bitte beten Sie für die Prediger, die einen enormen Kampf zu bestehen haben. Der Herr tut ein großes Werk im Staat Gujarat. Der Teufel kämpft nicht gegen die Ungläubigen, denn die hat er schon! Er greift diejenigen an, die die Wahrheit haben; die treuen Auserwählten des Herrn. Jesus hat den Preis mit seinem Blut bezahlt, damit wir den Erlass oder die Vergebung unserer Sünden erlangen können. Der Teufel wird sogar noch stärker gegen den Dienst (Minister) kämpfen, indem er sowohl Männer als auch Frauen mit allen perversen Mitteln angreift, um sie in einen gefallenen Zustand der Sünde und Verdammnis zu bringen.

Johannes 15:16 Nicht ihr habt mich auserwählt, sondern ich habe euch auserwählt und eingesetzt, dass ihr hingeht und Frucht bringt und dass eure Frucht bleibt, damit, was immer ihr den Vater in meinem Namen bitten werdet, er es euch gebe.

Einmal gerettet, immer gerettet ist auch eine weitere Lüge des Teufels. Zwischen 1980 und 2015 habe ich Indien ein paar Mal besucht. In diesem Land hatten sich viele Veränderungen vollzogen. Wenn Sie ein Werk Gottes beginnen, denken Sie daran, dass Sie Jünger Jesu machen,

Ich habe es getan "Sein Weg".

was die Fortsetzung des von Jesus und seinen Jüngern begonnenen Werkes ist. Wir hätten die Welt gewonnen, wenn wir dem Evangelium von Jesus Christus gefolgt wären. Im Jahr 2013 versetzte Gott mich nach seinem Plan in eine Gemeinde in Dallas. Ich saß unter dem wahren Propheten Gottes. Er hatte neun Gaben des Geistes Gottes. Er bekommt Ihren Namen, Ihre Adresse, Telefonnummer usw. genau durch den Heiligen Geist. Das war neu für mich. Im Jahr 2015, an einem Sonntagmorgen, sah mich mein Pastor in Dallas, Texas, an und sagte: Ich sehe einen Engel, der eine große Tür öffnet, die kein Mensch schließen kann. Er rief mich heraus und fragte: „Gehst du auf die Philippinen? Er sagte, ich hätte dort weder schwarze noch weiße Menschen gesehen. Als er weitere Informationen vom Heiligen Geist erhielt, fragte er: „Gehst du nach Indien? Der Heilige Geist sprach zu ihm und sagte, ich werde den Hindus dienen. Zu dieser Zeit waren die Christen in Gefahr. Die Hindus griffen die Christen an, indem sie ihre Heiligtümer verbrannten und Pastoren und Heilige Jesu verprügelten. Ich glaubte an die Prophezeiung, also gehorchte ich der Stimme Gottes und ging nach Indien. Als ich das College in Badlapur erreichte, waren 98 % der Studenten Hindus, die sich zum Christentum bekehrt hatten. Es erstaunte mich, ihre Zeugnisse darüber zu hören, wie Gott Menschen aus der Finsternis zum Licht führt. Durch ihre Zeugnisse lernte ich eine Menge über den Hinduismus. Es erstaunte mich zu hören, dass sie an 33 Millionen und mehr Götter und Göttinnen glauben. Ich konnte nicht verstehen, wie man glauben kann, dass es so viele Götter und Göttinnen gibt.

Während dieser Missionsreise besuchte ich eine Stadt namens Vyara in Süd-Gujarat. Ich hörte von einer großen Erweckung, die in Süd-Gujarat stattfand. Gott öffnete mir die Tür für einen Besuch dort. Ich war sehr aufgeregt, dort zu sein, und ich traf viele Götzendiener, die sich jetzt dem einen wahren Gott zuwenden. Das liegt daran, dass sie durch den Namen Jesus Heilung, Befreiung und Errettung erfahren haben. Wie großartig unser Gott ist! Viele Menschen beten und fasten für Indien. Bitte beten Sie für eine Erweckung. Während dieses Besuchs lud mich der Pastor in sein Haus ein. Ich betete über ihn, und viele der hinderlichen Geister wurden gebrochen. Danach war er frei von Sorgen, Zweifeln, Schwere und Angst. Gott prophezeite durch mich, ein Gebetshaus zu bauen. Der Pastor sagte, wir hätten kein Geld. Gott sagte mir, er werde für alles sorgen. Innerhalb eines Jahres hatten sie ein großes, wunderschönes Gebetshaus, und wir haben es abbezahlt. Bei meinem letzten Besuch in Indien im Jahr 2015 diente ich vielen Hindus, die sich in verschiedenen Bundesstaaten zum Christentum bekehrten. Ich diente auch vielen Nichtchristen, die die Zeichen und Wunder, die im Namen Jesu geschehen, erlebten und erstaunt waren. Ich sah viele Jahre des Gebets mit Fasten Antworten für Indien. Gelobt sei Gott! Seit ich die Offenbarung dieser Wahrheit erhalten habe, habe ich ununterbrochen daran gearbeitet, diese Informationen durch CDs, Audio, Video, YouTube-Kanal und Bücher für das Land Indien bereitzustellen. Unsere harte Arbeit ist nicht vergebens! 2015 kehrte ich nach 23 Jahren nach Badlapur in Bombay zurück, um an der Bibelschule zu lehren. Ich diente dort dem Übersetzer der Bibelschule, Bruder Sunil. Bruder Sunil befand sich in einer Übergangsphase. Bruder Sunil war entmutigt, da er nicht wusste, dass Gott seine Richtung änderte und er war entmutigt. Während ich mit ihm arbeitete, wusste ich, dass er die Wahrheit und die Liebe zu ihr hatte. Weichen Sie niemals von der Wahrheit der Bibel ab. Lassen Sie sich vom Heiligen Geist leiten, führen, lehren und befähigen, Wunder und Heilungen zu bezeugen. Indien braucht noch viele Arbeiter, wahre Propheten und Lehrer. Bitte beten Sie, dass Gott viele Arbeiter nach Indien schickt. Ich habe mich gefreut zu hören, dass Bruder Sunil seine Berufung als Pastor für Bombay und die umliegenden Städte angenommen hat und arbeite nun mit Pastor Sunil und an anderen Orten, die ich 2015 besucht habe.

Wir haben viele Jahrhunderte in den Bundesstaaten Maharashtra und Gujarat verbracht. Auch heute noch kümmere ich mich um die Neubekehrten in diesen Bundesstaaten. Ich unterstütze sie durch Gebete und Lehre. Ich unterstütze das Werk Gottes in Indien finanziell. Viele dieser Menschen gehen zu Medizinmännern, wenn sie krank sind, aber sie werden nicht geheilt. Also rufen sie mich jeden Morgen an, und ich diene, bete und treibe die Dämonen in Jesu Namen aus. Sie werden in Jesu Namen geheilt und befreit. Wir haben viele Neubekehrte in verschiedenen Staaten. Während sie geheilt und befreit werden, gehen sie hinaus, um ihren Familien, Freunden und in ihren Dörfern Zeugnis zu geben und andere zu Christus zu führen. Viele von ihnen bitten mich, ein Bild von Jesus zu schicken. Sie sagten, wir

Ich habe es getan "Sein Weg".

würden gerne Gott sehen, der heilt, befreit und Erlösung schenkt. Gottes Werk kann weitergehen, wenn wir Arbeiter haben. Viele von ihnen arbeiten auf dem Bauernhof. Da viele von ihnen Analphabeten sind, hören sie sich die Aufnahmen des Neuen Testaments und der Bibelstudien an. Das hilft ihnen, Jesus kennenzulernen und mehr über ihn zu erfahren. An meinem letzten Samstag im November 2015 in Indien kam ich spät von meinem Dienst nach Hause und beschloss, am Sonntag und Montag zu Hause zu bleiben, um zu packen und mich auf meine Weiterreise in die Vereinigten Arabischen Emirate vorzubereiten. Als der Pastor in Dallas über mir prophezeite, sah ich einen Engel, der eine riesige Tür öffnete, die niemand mehr schließen kann. Es zeigte sich, dass nicht einmal ich diese Tür schließen konnte. Am späten Samstagabend erhielt ich einen Anruf, in dem ich eingeladen wurde, an den Sonntagsgottesdiensten teilzunehmen, aber das würde nicht in meinen Zeitplan passen. Ich versuchte, ihnen das zu erklären, aber sie akzeptierten kein Nein als Antwort. Ich hatte keine andere Wahl als zu gehen. Am nächsten Morgen setzten sie mich um 9 Uhr an der Kirche ab, aber die Kirche öffnete erst um 10 Uhr. Ich war allein und ein Musiker übte gerade seine Lieder. Während ich betete, sah ich im Altarraum viele Geister hinduistischer Götter und Göttinnen. Ich fragte mich, warum es so viele von ihnen an diesem Ort gab. Gegen 10 Uhr trafen der Pastor und die Mitglieder ein. Sie begrüßten mich, indem sie mir die Hand schüttelten. Als der Pastor mir die Hand schüttelte, fühlte ich mich in meinem Herzen komisch. Ich hatte das Gefühl, ich würde zusammenbrechen. Später sagte mir der Heilige Geist, dass der Pastor von den Dämonen angegriffen wurde, die Sie vorhin in der Kirche gesehen hatten. Ich begann zu beten und Gott zu bitten, mir zu erlauben, diesem Pastor zu dienen. In der Mitte des Gottesdienstes wurde ich gebeten, nach oben zu kommen und zu sprechen. Während ich auf die Kanzel zuging, betete ich und bat den Herrn, durch mich zu sprechen. Als ich das Mikrofon bekam, erklärte ich dem Pastor, was Gott mir gezeigt hatte und was passiert war. Als der Pastor sich hinkniete, bat ich die Gemeinde, ihm ihre Hand zum Gebet entgegenzustrecken. Währenddessen legte ich meine Hand auf ihn und betete, und alle Dämonen verließen ihn. Er sagte aus, dass er am Abend zuvor in der Notaufnahme war. Er hatte gefastet und für junge Menschen gebetet. Das war der Grund, warum er angegriffen wurde. Gott sei gepriesen! Wie wichtig ist es, mit dem Geist Gottes in

Elisabeth Das

Einklang zu sein! Von dort aus ging ich am 1. Dezember 2015 in die Vereinigten Arabischen Emirate. Ich diente in Dubai und Abu Dhabi den Hindus und auch sie erlebten die Kraft Gottes. Nach Beendigung meines Auftrags kehrte ich nach Dallas, Texas, zurück - Gott sei Dank!

Meine YouTube-Kanäle: Tägliche spirituelle Ernährung:

1.https://www.youtube.com/channel/UCjmSTgrzu2W9POveigKY7Xw/

Videos

1. *Neues Testament નવો કરાર KJV: https://www.youtube.com/ channel/ UCCRplrqi8UENxHqFuBPHX1A/videos*

2. *Website: https://waytoheavenministry.org*

Ich habe es getan "Sein Weg".

Kapitel 20

DER HIRTE UNSERER SEELE: DER KLANG DER TROMPETE

Ich bin der gute Hirte und kenne meine Schafe und werde von den Meinen erkannt. (Johannes 10:14)

Jesus ist der Hirte unserer Seele. Wir sind aus Fleisch und Blut und haben eine lebendige Seele. Wir sind auf dieser Erde nur für einen Augenblick in Gottes Zeit. In einem Augenblick, in einem Augenzwinkern, wird alles vorbei sein mit dem Klang der „Trompete", wenn wir verwandelt werden.

„Ich will aber nicht, dass ihr unwissend seid, Brüder, über die Entschlafenen, damit ihr nicht trauert wie andere, die keine Hoffnung haben. Denn so wir glauben, dass Jesus gestorben und auferstanden ist, so wird Gott auch die, die in Jesus entschlafen sind, mit ihm auferwecken. Denn das sagen wir euch durch das Wort des Herrn, dass wir, die wir leben und übrig bleiben bis zur Ankunft des Herrn, die Entschlafenen nicht hindern werden. Denn der Herr selbst wird herabkommen vom Himmel mit einem Jauchzen und mit der Stimme des Erzengels und mit der Posaune Gottes; und die Toten in Christus werden zuerst auferstehen: Dann werden wir, die wir leben und übrigbleiben, mit ihnen entrückt werden in den Wolken, dem Herrn

entgegen in die Luft; und so werden wir bei dem Herrn sein allezeit. So tröstet euch nun gegenseitig mit diesen Worten."
(1. Thessalonicher 4:13-18)

Nur diejenigen, die den Geist Gottes (den Heiligen Geist) haben, werden lebendig gemacht und auferweckt, um bei dem Herrn zu sein. Die Toten in Christus werden zuerst abgerufen, dann werden die Lebenden in die Luft entrückt, um unseren Herrn Jesus in den Wolken zu treffen. Unsere sterblichen Leiber werden verwandelt werden, um bei dem Herrn zu sein. Wenn die Zeit der Heiden vollendet ist, werden diejenigen, die den Heiligen Geist nicht haben, zurückbleiben und eine Zeit großer Trauer und Trübsal erleben.

„In jenen Tagen aber, nach der Trübsal, wird die Sonne verfinstert werden und der Mond seinen Schein verlieren, und die Sterne des Himmels werden fallen, und die Kräfte des Himmels werden erschüttert werden. Und dann werden sie den Sohn des Menschen kommen sehen in den Wolken mit großer Kraft und Herrlichkeit. Und dann wird er seine Engel senden und seine Auserwählten versammeln von den vier Winden her, vom Ende der Erde bis zum Ende des Himmels." (Markus 13:24-27)

Viele werden verloren gehen, weil sie nicht die Furcht (den Respekt) vor Gott hatten, um an sein Wort zu glauben, damit sie gerettet werden können. Die Furcht des Herrn ist der Anfang der Weisheit. König David schrieb: „Der HERR ist mein Licht und mein Heil; vor wem sollte ich mich fürchten? Der Herr ist die Kraft meines Lebens; vor wem sollte ich mich fürchten? David war wirklich ein Mann nach dem Herzen Gottes. Als Gott den Menschen aus dem Staub der Erde formte, blies er ihm den Lebensatem in die Nase, und der Mensch wurde eine lebendige Seele. Der Kampf geht um die Seele; die Seele kann auf Gott zugehen oder auf die Hölle.

*„Und fürchtet euch nicht vor denen, die den Leib töten, aber die **Seele** nicht töten können; fürchtet euch aber vielmehr vor dem, der Leib und Seele verderben kann in der **Hölle**."* (Matthäus 10:28)

Ich habe es getan "Sein Weg".

Viele werden an diesem Tag wissen, was sie heute nur schwer akzeptieren können. Es wird zu spät sein, die Seiten des Lebens zurückzudrehen, denn viele werden vor dem lebendigen Gott stehen und Rechenschaft ablegen müssen.

„Das sage ich aber, liebe Brüder, dass Fleisch und Blut das Reich Gottes nicht erben können und das Verwesliche das Unverwesliche nicht erbt. Siehe, ich sage euch ein Geheimnis: Wir werden nicht alle entschlafen, sondern wir werden alle verwandelt werden, in einem Augenblick, in einem Augenblick, bei der letzten Posaune; denn es wird die Posaune erschallen, und die Toten werden auferweckt werden unverweslich, und wir werden verwandelt werden. Denn dieses Verwesliche muss die Unverweslichkeit anziehen, und dieses Sterbliche muss die Unsterblichkeit anziehen. Wenn nun dieses Verwesliche die Unverweslichkeit und dieses Sterbliche die Unsterblichkeit angezogen haben wird, dann wird sich erfüllen, was geschrieben steht: „Der Tod ist verschlungen in den Sieg. O Tod, wo ist dein Stachel? O Grab, wo ist dein Sieg? Der Stachel des Todes ist die Sünde, und die Kraft der Sünde ist das Gesetz. Gott aber sei Dank, der uns den Sieg gibt durch unseren Herrn Jesus Christus."
(1. Korinther 15:50-57)

Wovor werden wir „gerettet"? Vor einer ewigen Hölle in einem See, der mit Feuer brennt. Wir entreißen Seelen aus den Klauen des Teufels. Dies ist ein geistlicher Kampf, den wir auf dieser Erde führen. Wir werden durch das Wort Gottes (66 Bücher der Bibel) gerichtet, und das Buch des Lebens wird geöffnet werden.

„Und ich sah einen großen weißen Thron und den, der darauf saß, von dessen Angesicht die Erde und der Himmel flohen, und es wurde keine Stätte für sie gefunden. Und ich sah die Toten, klein und groß, vor Gott stehen, und die Bücher wurden aufgetan; und ein anderes Buch wurde aufgetan, das ist das Buch des Lebens, und die Toten wurden gerichtet nach dem, was in den Büchern geschrieben ist, nach ihren Werken. Und das Meer gab die Toten heraus, die darin waren, und der Tod und die Hölle gaben die Toten heraus, die darin waren; und sie wurden gerichtet, ein jeder nach seinen Werken. Und der Tod und die Hölle wurden in den Feuersee geworfen. Das ist der zweite

Elisabeth Das

Tod. Und wer nicht gefunden wurde geschrieben in dem Buch des Lebens, der wurde in den Feuersee geworfen."
(Offenbarung 20:11-15)

Ich begann, über Männer wie Mose, König David, Josef, Hiob und so weiter nachzudenken. Ich hatte keine Freude an all dem Schmerz, den ich erlebte, und ich verstehe nicht, warum es im Christentum so viel Leid gibt. Ich bin weit davon entfernt, wie diese Männer zu sein, die unsere Vorbilder sind und die uns inspirieren, den Weg des Glaubens zu gehen. Gottes Wort hat selbst inmitten von Leid und Schmerz Bestand. In Zeiten der Prüfung, der Krankheit und der Bedrängnis rufen wir Gott am meisten an. Es ist ein seltsamer, aber wunderbarer Glaube, von dem nur Gott weiß, warum er diesen Weg gewählt hat. Er liebt uns so sehr, und doch hat er uns die Möglichkeit gegeben, selbst zu entscheiden, ob wir ihm dienen und ihn lieben wollen. Er ist auf der Suche nach einer leidenschaftlichen Braut. Würden Sie jemanden heiraten, der keine Leidenschaft für Sie empfindet? Dieses Kapitel ist als Ermutigung geschrieben, um die Dinge zu überwinden, die Sie daran hindern, das ewige Leben zu erlangen. Der Gott der Liebe, der Barmherzigkeit und der Gnade wird zum Gott des Gerichts. Jetzt ist es an der Zeit, Ihr Heil zu sichern und den Flammen der Hölle zu entkommen. Wir müssen uns so entscheiden, wie Josua sich im Buch Josua entschieden hat.

Und wenn es euch übel dünkt, dem HERRN zu dienen, so wählt euch heute, wem ihr dienen wollt: den Göttern, denen eure Väter jenseits der Flut gedient haben, oder den Göttern der Amoriter, in deren Land ihr wohnt; ich aber und mein Haus, wir wollen dem HERRN dienen.
(Josua 24:15)

„Und siehe, ich komme bald, und mein Lohn ist bei mir, um einem jeden zu geben, wie sein Werk sein wird. Ich bin das Alpha und das Omega, der Anfang und das Ende, der Erste und der Letzte. Selig sind, die seine Gebote halten, auf dass sie das Recht haben an dem Baum des Lebens und zu den Toren eingehen in die Stadt."
(Offenbarung 22:12-14)

Ich habe es getan "Sein Weg".

Jeder möchte durch die Tore in die Stadt gehen, die Gott für uns vorbereitet hat, aber wir müssen ein Gewand haben, das makellos und ohne Fehler ist, bevor wir eintreten können. Dies ist ein geistlicher Kampf, der auf unseren Knien im Gebet „gekämpft und gewonnen" wird. Wir haben nur ein Leben auf dieser Erde und nur einen guten Kampf! Das Einzige, was wir in diese Stadt mitnehmen können, sind die Seelen derer, denen wir Zeugnis gegeben haben, die das Evangelium unseres Herrn und Erlösers Jesus Christus angenommen haben und die der Lehre Christi gehorcht haben. Um das Wort zu kennen, müssen wir es lesen, und das Wort zu lesen bedeutet, sich in den Urheber unserer Erlösung zu verlieben. Ich danke meinem Herrn und Heiland, dass er meine Schritte von Indien nach Amerika gelenkt und mir seine Wege gezeigt hat, denn sie sind vollkommen.

Dein Wort ist eine Leuchte für meine Füße und ein Licht für meinen Weg. (Psalm 119:105)

Kapitel 21

MINISTERIUM BEI DER ARBEIT

Seit ich den Heiligen Geist empfangen habe, haben sich in meinem Leben große Veränderungen ergeben.

Ihr werdet aber Kraft empfangen, nachdem der Heilige Geist auf euch gekommen ist; und ihr werdet meine Zeugen sein in Jerusalem und in ganz Judäa und Samarien und bis an das Ende der Erde.
(Apostelgeschichte 1:8)

Ich habe versucht, bei meiner Arbeit den Kollegen zu dienen; ich habe Zeugnis abgelegt und für sie gebetet, wenn sie ein Problem hatten. Oftmals kamen sie zu mir und erzählten mir ihre Situation, und ich betete für sie. Wenn sie krank waren, legte ich ihnen die Hände auf und betete für sie. Viele Jahre lang habe ich für sie Zeugnis abgelegt. Mein eigenes Leben war ein großartiges Zeugnis, und Gott arbeitete mit mir, bestätigte mich durch Heilung, Befreiung, Seelsorge und Trost.

Und er sprach zu ihnen: Gehet hin in alle Welt und predigt das Evangelium aller Kreatur. Wer da glaubt und getauft wird, der wird selig werden; wer aber nicht glaubt, der wird verdammt werden. Und diese Zeichen werden denen folgen, die glauben: In meinem Namen werden sie Teufel austreiben; sie werden mit neuen Zungen reden; sie werden Schlangen aufheben; und wenn sie etwas Tödliches trinken, wird es ihnen nicht schaden; sie werden den Kranken die Hände auflegen, und sie werden gesund werden. Und nachdem der Herr zu ihnen geredet hatte, wurde er in den Himmel aufgenommen und setzte sich zur Rechten Gottes. Und sie zogen aus und predigten überall, und der Herr wirkte mit ihnen und bestätigte das Wort durch nachfolgende Zeichen. Amen. (Markus 16:15-20)

Wo immer ich gebetet habe, wenn sie geheilt oder befreit wurden, habe ich mit ihnen über das Evangelium gesprochen. Das Evangelium ist der Tod, das Begräbnis und die Auferstehung von Jesus. Das bedeutet, dass wir für alle Sünden Buße tun müssen oder dass wir unserem Fleisch sterben, indem wir Buße tun. Der zweite Schritt ist, dass wir im Namen Jesu im Wasser der Taufe begraben werden, um den Erlass unserer Sünden oder die Vergebung unserer Sünden zu empfangen. Wir kommen aus dem Wasser und sprechen in neuen Zungen, indem wir seinen Geist empfangen, was auch die Taufe des Geistes oder des Heiligen Geistes genannt wird.

Viele hörten es und gehorchten auch.

Ich möchte Sie ermutigen, indem ich Ihnen mein Zeugnis davon gebe, wie Jesus an meinem Arbeitsplatz mächtig gewirkt hat. Unser Arbeitsplatz, egal wo wir leben oder wo auch immer, ist ein Feld, auf dem wir den Samen des Wortes Gottes säen können.

Eine von Krebs geheilte Freundin und ihre Mutter wenden sich im Sterben dem Herrn zu.

Ich hatte eine wertvolle Freundin namens Linda bei meiner Arbeit. Im Jahr 2000 war ich sehr krank. Eines Tages rief mich meine Freundin an und sagte, sie sei auch sehr krank und habe sich einer Operation unterzogen. Im ersten Jahr unserer Freundschaft lehnte sie das Evangelium ab und sagte mir, ich wolle weder deine Bibel noch deine Gebete, ich habe meinen eigenen Gott. Ich war nicht verletzt, aber immer wenn sie über Krankheit klagte, bot ich ihr an zu beten, aber sie sagte immer „Nein". Doch eines Tages hatte sie unerträgliche Schmerzen im Rücken, und plötzlich hatte sie auch Schmerzen im Knie. Die Schmerzen waren noch stärker als die im Rücken. Sie beklagte sich, und ich fragte, ob ich für sie beten könne. Sie sagte: „Tu alles, was nötig ist". Ich nutzte die Gelegenheit, um sie zu lehren, wie man diesen Schmerz im Namen des Herrn Jesus vertreibt. Ihre Schmerzen waren unerträglich; sie begann sofort, den Schmerz im Namen des Herrn Jesus zurechtzuweisen, und der Schmerz verschwand sofort.

Doch diese Heilung hat ihr Herz nicht verändert. Gott benutzt Trübsal und Probleme, um unser Herz zu erweichen. Das ist die Rute der Korrektur, die er für seine Kinder einsetzt. Eines Tages rief mich Linda an und weinte, dass sie eine große Wunde am Hals hatte, die sehr schmerzhaft war. Sie flehte mich an, zu beten. Ich war mehr als glücklich, für meine gute Freundin zu beten. Sie rief mich stündlich an, um sich trösten zu lassen, und sagte: „Kannst du zu mir nach Hause kommen und beten"? An diesem Nachmittag erhielt sie einen Anruf, in dem ihr mitgeteilt wurde, dass bei ihr Schilddrüsenkrebs diagnostiziert worden war. Sie weinte sehr, und als ihre Mutter hörte, dass ihre Tochter Krebs hatte, brach sie einfach zusammen. Linda war geschieden und hatte einen kleinen Sohn.

Sie bestand darauf, dass ich komme und für sie bete. Ich war auch sehr verletzt, als ich diesen Bericht hörte. Ich machte mich ernsthaft auf die Suche nach jemandem, der mich zu ihrem Haus fahren konnte, damit ich für sie beten konnte. Gott sei gelobt, wo ein Wille ist, da ist auch ein Weg.

Meine Gebetspartnerin kam von der Arbeit und brachte mich zu ihrem Haus. Linda, ihre Mutter und ihr Sohn saßen da und weinten. Wir begannen zu beten, und ich spürte nicht viel, aber ich glaubte, dass Gott etwas tun würde. Ich bot ihr an, noch einmal zu beten. Sie sagte: *„Ja, bete die ganze Nacht*, es wird mir nichts ausmachen. Während ich das zweite Mal betete, sah ich ein helles Licht aus der Tür kommen, obwohl die Tür geschlossen war und meine Augen geschlossen waren. Ich sah, dass Jesus durch die Tür kam, und ich wollte meine Augen öffnen, aber er sagte: *„Bete weiter"*.

Als wir mit dem Gebet fertig waren, lächelte Linda. Ich wusste nicht, was passiert war, dass sich ihr Gesichtsausdruck so verändert hatte. Ich fragte sie: *„Was ist passiert?"* Sie sagte: *„Liz, Jesus ist der wahre Gott"*. Ich sagte: *„Ja, das sage ich dir schon seit 10 Jahren, aber ich möchte* *wissen, was passiert ist."* Sie sagte: *„Meine Schmerzen sind völlig verschwunden." „Bitte gib mir die Adresse der Kirche, ich möchte mich taufen lassen."* Linda willigte ein, mit mir ein Bibelstudium zu machen, und dann ließ sie sich taufen. Jesus benutzte dieses Leiden, um ihre Aufmerksamkeit zu erregen.

Sieh an mein Elend und meinen Schmerz und vergib mir alle meine Sünden. (Psalm 25:18).

Gelobt sei Gott!! Bitte geben Sie Ihren geliebten Menschen nicht auf. Beten Sie weiter Tag und Nacht, eines Tages wird Jesus antworten, wenn wir nicht schwach werden.

Und lasst uns nicht müde werden, Gutes zu tun; denn wenn wir nicht verzagen, werden wir zur rechten Zeit ernten. (Galater 6:9)

Am Sterbebett ihrer Mutter rief mich Linda an, um sie zu besuchen. Sie schob mich in meinem Rollstuhl in ihr Krankenzimmer. Als wir uns um ihre Mutter kümmerten, tat sie Buße und flehte den Herrn Jesus um Vergebung an. Am nächsten Tag war ihre Stimme völlig weg, und am dritten Tag starb sie.

Meine Freundin Linda ist jetzt eine gute Christin. Gelobt sei der Herr!!

Mein Arbeitskollege aus Vietnam:

Sie war eine nette Dame und hatte immer einen sehr schönen Geist. Eines Tages war sie krank, und ich fragte, ob ich für sie beten könnte. Sie nahm mein Angebot sofort an. Ich betete für sie und sie wurde geheilt. Am nächsten Tag sagte sie: „Wenn es nicht zu viel Mühe ist, dann bete für meinen Vater." Ihr Vater war in den letzten Monaten ständig krank gewesen. Ich sagte ihr, dass ich sehr gerne für ihren Vater beten würde. In seiner Barmherzigkeit berührte Jesus ihn und heilte ihn vollständig.

Später sah ich sie krank und bot ihr an, wieder zu beten. Sie sagte: *„Mach dir nicht die Mühe, für mich zu beten"*, aber ihr Freund, der als Mechaniker in einer anderen Schicht arbeitet, braucht Gebet. Er konnte weder Tag noch Nacht schlafen; diese Krankheit wird Fatale Schlaflosigkeit genannt. Sie gab mir weitere Informationen und war sehr besorgt über diesen Mann. Der Arzt hatte ihm hohe Dosen von Medikamenten gegeben, aber nichts half. Ich sagte: *„Ich bin gerne bereit, zu beten".* Jeden Abend nach der Arbeit betete ich fast eineinhalb Stunden für alle Gebetsanliegen und für mich selbst. Als ich anfing, für diesen Mann zu beten, merkte ich, dass ich nicht gut schlief. Plötzlich hörte ich jemanden in mein Ohr klatschen oder ein lautes Geräusch, das mich fast jede Nacht aufweckte, seit ich begonnen hatte, für ihn zu beten.

Ein paar Tage später, als ich gefastet hatte, kam ich von der Kirche nach Hause und lag in meinem Bett. Dann kam plötzlich zu meiner Überraschung etwas durch die Wand über meinem Kopf und ging in mein Zimmer. Gott sei Dank für den Heiligen Geist. Sofort sprach der Heilige Geist durch meinen Mund: „Ich binde dich im Namen von Jesus". Ich wusste im Geiste, dass etwas gebunden war, und die Macht wurde im Namen Jesu gebrochen.

Wahrlich, ich sage euch: Was ihr auf Erden binden werdet, das wird im Himmel gebunden sein; und was ihr auf Erden lösen werdet, das wird im Himmel gelöst sein. (Matthäus 18:18)

Ich wusste nicht, was das war, und später, während ich arbeitete, begann der Heilige Geist mir zu offenbaren, was geschehen war. Da wusste ich, dass Dämonen diesen Mechaniker kontrollierten und ihn nicht schlafen ließen. Ich bat meine Arbeitskollegin, sich über den Schlafzustand ihres Freundes zu erkundigen. Später kam sie mit dem Mechaniker zu mir an den Arbeitsplatz zurück. Er sagte mir, er schlafe gut und wolle sich bei mir bedanken. Ich sagte: *"**Bitte danke Jesus**." „**Er ist derjenige, der dich erlöst hat**."* Später gab ich ihm eine Bibel und bat ihn, jeden Tag zu lesen und zu beten.

Es gab viele Menschen in ihrer Familie, die sich bei meiner Arbeit zu Jesus bekehrten. Es war eine großartige Zeit für mich, in der ich vielen verschiedenen Nationalitäten Zeugnis geben konnte.

Ich habe es getan "Sein Weg".

Ich will dir danken in der großen Versammlung: Ich will dich loben unter vielen Menschen. (Psalm 35:18)

Ich will dich preisen, mein Gott, König, und will deinen Namen loben für immer und ewig. (Psalm 145:1)

Elisabeth Das

Kapitel 22

SEINE WEGE LERNEN, INDEM MAN SEINER STIMME GEHORCHT

Ich fand diese wunderbare Wahrheit im Jahr 1982. Ein paar Jahre später beschloss ich, Indien zu besuchen. Während ich dort war, beschlossen meine Freundin Dinah und ich, die Stadt Udaipur zu besichtigen. Am Ende des Tages kehrten wir in unser Hotelzimmer zurück, das wir uns teilten. In unserem Zimmer hing ein Bild an der Wand, auf dem ein falscher Gott abgebildet war, der dort in Indien verehrt wurde. Wie Sie wissen, gibt es in Indien viele Götter. Die Bibel spricht von dem einen wahren Gott und sein Name ist Jesus.

Jesus spricht zu ihm: Ich bin der Weg, die Wahrheit und das Leben; niemand kommt zum Vater außer durch mich. (Johannes 14:6)

Plötzlich hörte ich diese Stimme, die mir sagte: „*Nimm das Bild von der Wand.*" Da ich den Heiligen Geist habe, dachte ich: „*Ich habe vor nichts Angst und nichts kann mir etwas anhaben.*" Also war ich dieser Stimme ungehorsam und nahm das Bild nicht ab.

Als wir schliefen, fand ich mich unerwartet im Bett sitzend wieder; ich wusste, dass ein Engel mich reingelegt hatte. Gott öffnete meine geistigen Augen und ich sah eine riesige schwarze Spinne durch die Tür kommen. Sie krabbelte über mich, meine Freundin und ihren Sohn.

Ich habe es getan "Sein Weg".

Sie ging auf mein Kleid zu, das an der Wand hing, und verschwand direkt vor meinen Augen. In diesem Moment erinnerte mich der Herr an die Bibelstelle, die besagt, dass man dem Teufel niemals nachgeben soll.

Und gebt dem Teufel nicht Raum. (Epheser 4:27)

Sofort stand ich auf, nahm das Bild herunter und drehte es um. Von diesem Tag an wurde mir klar, dass Gott ein heiliger Gott ist. Seine Gebote, die er uns gegeben hat, werden uns beschützen und segnen, solange wir sie immer befolgen und einhalten.

Zu der Zeit, als ich arbeitete, kam ich immer nach Hause und fühlte mich geistig ausgelaugt. Eines Tages sprach Jesus zu mir und sagte mir: *„Rede eine halbe Stunde in Zungen, eine halbe Stunde Lobpreis und Anbetung und lege meine Hand über meinen Kopf und rede eine halbe Stunde in Zungen."* Das wurde mein tägliches Gebetsleben.

Eines Tages kam ich nach Mitternacht von der Arbeit nach Hause. Ich begann in meinem Haus herumzulaufen und zu beten. Ich kam zu einer bestimmten Ecke meines Hauses und sah mit meinen geistigen Augen einen Dämon. Ich schaltete das Licht an und setzte meine Brille auf, um zu sehen, warum dieser Dämon hier sein würde. Plötzlich erinnerte ich mich daran, dass ich früher an diesem Tag die Abdrücke und Namen der Götter auf einer Maisölschachtel abgedeckt hatte. Irgendwie hatte ich den Abdruck dieses falschen Gottes übersehen. Ich holte sofort den Permanentmarker und überdeckte ihn.

In der Bibel steht, dass Jesus uns die Vollmacht gegeben hat, böse Geister zu binden und auszutreiben. In dieser Nacht nutzte ich diese Vollmacht, öffnete die Tür und sagte zu dem Dämon: *„Im Namen Jesu befehle ich dir, aus meinem Haus zu verschwinden und nie wiederzukommen!"* Der Dämon verließ das Haus auf der Stelle.

Gelobt sei Gott! Wenn wir das Wort Gottes nicht kennen, können wir Dämonen erlauben, durch Zeitschriften, Zeitungen, Fernsehen und sogar durch Spielzeug in unser Haus zu kommen. Es ist sehr wichtig, dass wir wissen, was wir in unser Haus bringen.

Elisabeth Das

Ein weiteres Beispiel dafür: Ich war sehr krank und konnte nicht laufen, ich war auf Familie und Freunde angewiesen, um meine Lebensmittel zu holen und sie wegzuräumen. Eines Morgens wachte ich auf und spürte, dass jemand meinen Mund zuhielt, ich war gefesselt.

Ich fragte Gott, warum ich so empfand. Er zeigte mir das Symbol des Hakenkreuzes. Ich fragte mich, wo ich dieses Symbol wohl finden würde. Ich ging zum Kühlschrank und sobald ich die Tür öffnete, sah ich das Hakenkreuzsymbol auf einem Lebensmittel, das meine Schwester am Vortag mitgebracht hatte. Ich dankte Gott für seine Führung und entfernte es sofort.

Vertraue auf den HERRN von ganzem Herzen und verlasse dich nicht auf deinen eigenen Verstand. Auf allen deinen Wegen sollst du ihn erkennen, und er wird deine Pfade leiten. (Sprichwörter 3:5-6)

Ich möchte ein weiteres Erlebnis schildern, das ich bei einem Besuch in meiner Heimatstadt in Indien hatte. Ich verbrachte eine Nacht mit einem Freund von mir, der ein Götzenanbeter war.

Viele Jahre lang hatte ich ihr von Jesus und der Macht gezeugt. Sie kannte auch die Macht des Gebets und viele Wunder, die in ihrem Haus geschahen. Sie erzählte von Wundern, wenn ich im Namen Jesu betete.

Während ich schlief, wurde ich von einem Geräusch geweckt. Am anderen Ende des Zimmers sah ich eine Gestalt, die wie mein Freund aussah. Die Gestalt deutete mit einem bösen Gesicht auf mich. Ihre Hand wuchs auf mich zu, kam bis auf einen Meter an mich heran und verschwand dann. Diese Gestalt tauchte wieder auf, aber dieses Mal war es das Gesicht ihres kleinen Jungen. Wieder begann sein Arm zu wachsen und auf mich zu zeigen. Es kam einen Fuß weit weg von mir und verschwand. Ich erinnerte mich daran, dass die Bibel sagt, dass Engel um uns herum sind.

Wer an der verborgenen Stätte des Höchsten wohnt, wird unter dem Schatten des Allmächtigen bleiben. Ich will von dem HERRN sagen: Er ist meine Zuflucht und meine Burg, mein Gott; auf ihn will ich vertrauen. Er wird dich erretten von der Schlinge des Jägers und von

Ich habe es getan "Sein Weg".

> *der lästigen Pestilenz. Er wird dich mit seinen Federn decken, und unter seinen Flügeln wirst du trauen; seine Wahrheit wird dein Schild sein. Du sollst dich nicht fürchten vor dem Schrecken in der Nacht, noch vor dem Pfeil, der am Tage fliegt, noch vor der Pestilenz, die im Finstern wandelt, noch vor dem Verderben, das am Mittag kommt. Tausend werden zu deiner Seite fallen und zehntausend zu deiner Rechten; aber es wird sich dir nicht nähern. Nur mit deinen Augen sollst du den Lohn der Gottlosen sehen. Weil du den HERRN, der meine Zuflucht ist, den Allerhöchsten, zu deiner Wohnung gemacht hast, wird dir kein Unglück widerfahren, und keine Plage wird sich deiner Wohnung nähern. Denn er gibt seinen Engeln die Aufsicht über dich, dass sie dich behüten auf allen deinen Wegen.*
> *(Psalmen 91:1-11)*

Als ich am Morgen aufwachte, sah ich, wie sich meine Freundin und ihr Sohn vor den Götzen verneigten. Und ich erinnerte mich daran, was Gott mir in der Nacht gezeigt hatte. Also erzählte ich meiner Freundin, dass ich in dieser Nacht eine Vision gehabt hatte. Sie sagte mir, dass sie es auch in ihrem Haus gesehen und gespürt hatte. Sie fragte mich, wie der Dämon, den ich gesehen hatte, aussah. Ich sagte ihr, dass eine Form wie sie und die andere wie ihr Sohn aussah. Sie sagte mir, dass sie und ihr Sohn nicht miteinander auskamen. Sie fragte mich, was zu tun sei, um diese Dämonen, die sie und ihre Familie quälten, loszuwerden. Ich erklärte ihr diese Schriftstelle.

> *Der Dieb kommt nicht, aber um zu stehlen, zu töten und zu verderben. Ich bin gekommen, damit sie das Leben haben und es in Fülle haben.*
> *(Johannes 10:10)*

Ich gab ihr die Bibel und bat sie, jeden Tag in ihrem Haus laut darin zu lesen, insbesondere Johannes 3:20 und 21.

> *Denn jeder, der Böses tut, hasst das Licht und kommt nicht ans Licht, damit seine Werke nicht zurechtgewiesen werden. Wer aber die Wahrheit tut, der kommt zum Licht, damit seine Taten offenbar werden, dass sie in Gott gewirkt sind. (Johannes 3:20-21)*

Ich lehrte sie auch das Gebet zur spirituellen Kriegsführung, in dem man alle bösen Geister bindet und den Heiligen Geist oder die Engel im Namen Jesu loslässt. Ich bat sie auch, den Namen Jesu zu sprechen und das Blut Jesu in ihrem Haus ständig zu erbitten.

Einige Monate nach dieser Reise erhielt ich einen Brief, der bezeugte, dass die Dämonen ihr Haus verlassen hatten, dass sie und ihr Sohn miteinander auskamen und dass in ihrem Haus völliger Frieden herrschte.

Und er rief seine zwölf Jünger zusammen und gab ihnen Macht und Gewalt über alle Teufel und die Krankheiten zu heilen. Und er sandte sie aus, das Reich Gottes zu verkünden und die Kranken zu heilen (Lukas 9:1-2).

Als sie vor anderen Verwandten Zeugnis ablegte, interessierten sich diese sehr für die Bibel und wollten mehr über den Herrn Jesus erfahren.

Bei meinem nächsten Besuch in Indien traf ich mich mit der ganzen Familie und beantwortete ihre Fragen. Ich lehrte sie, wie man betet, und gab ihnen Bibeln. Ich gebe Gott die ganze Ehre für diese Ergebnisse.

Mein Wunsch ist es, dass die Menschen lernen, den Namen Jesu und das Wort Gottes als Schwert gegen den Feind einzusetzen. Indem wir ein „wiedergeborener Christ" werden, haben wir die Macht dazu.

Der Geist Gottes, des Herrn, ruht auf mir; denn der Herr hat mich gesalbt, damit ich den Sanftmütigen eine frohe Botschaft verkünde; er hat mich gesandt, damit ich die zerbrochenen Herzen verbinde und den Gefangenen die Freiheit verkünde und den Gebundenen das Gefängnis öffne (Jesaja 61:1).

Ich habe es getan "Sein Weg".

Kapitel 23

BEWEGUNG IN DEN MEDIEN

Im Jahr 1999 hatte ich einen Arbeitsunfall, der sich später verschlimmerte. Diese Verletzung war so schwer, dass ich durch die Schmerzen mein Gedächtnis verlor. Ich konnte weder lesen noch mich an das Gelesene erinnern. Ich konnte 48 Stunden lang nicht schlafen. Wenn ich doch schlief, wachte ich nach ein paar Stunden auf, weil meine Hände taub waren und ich Schmerzen im Rücken, im Nacken und in den Beinen hatte. Dies war die Feuerprobe für meinen Glauben. Ich hatte keine Ahnung, was ich dachte. Viele Male wurde ich ohnmächtig und schlief ein. Das war die einzige Möglichkeit, wie ich die meiste Zeit schlief. Ich wollte meine Zeit nicht vergeuden, also dachte ich, was soll ich tun? Ich dachte daran, eine CD mit all meinen bereits übersetzten Büchern zu machen. Ich dachte, wenn ich diese ganzen Bücher als Hörbücher aufnehmen würde, wäre das für diese Zeit und dieses Zeitalter großartig.

Damit die Prüfung eures Glaubens, die viel kostbarer ist als Gold, das vergeht, wenn es auch mit Feuer geprüft wird, gefunden werde zum Lob und zur Ehre und zur Herrlichkeit bei der Erscheinung Jesu Christi (1. Petrus 1:7).

Um diese Wahrheit zu verbreiten, war ich bereit, alles zu tun. Kein Preis ist größer als der, den Jesus bezahlt hat. Gott hat mir in seiner Gnade geholfen, mein Ziel zu erreichen.

Elisabeth Das

Zweifellos hat es über ein Jahr gedauert, dies zu tun. Ich hatte weder genug Geld, um die ganze Ausrüstung zu kaufen, noch hatte ich genug Wissen, um zu wissen, wie man aufnimmt. Ich begann, meine Kreditkarte zu benutzen, um zu kaufen, was ich für dieses neue Projekt brauchte. Da ich nicht lesen und mir nichts merken kann, dachte ich, dass ich das Buch einfach laut vorlesen und eine Audio-CD machen kann, sodass ich kein Gedächtnis zum Lesen brauche.

Da ich in eine englische Kirche ging, hatte ich fast vergessen, wie man Guajarati richtig liest, und ich wollte meine Sprache nicht aufgeben. Wie Sie wissen, konnte ich aus gesundheitlichen Gründen oft tagelang oder sogar wochenlang nicht sitzen. Ich vergaß, wie man aufnimmt und mein Aufnahmegerät benutzt. Ich sah mir meine Notizen an und fing wieder von vorne an, aber ich wollte es nicht aufgeben.

Eines müssen wir uns merken: Der Teufel gibt niemals auf! Daraus müssen wir lernen und niemals aufgeben!

Es kam der Tag, an dem ich mein sechsseitiges Büchlein fertigstellte. Zu meiner Überraschung dauerte es ein Jahr, bis es fertig war. Ich war so glücklich, dass ich die CD einlegte, um sie abzuspielen, und langsam drehte ich meinen Rollstuhl um, um meine CD zu hören.

Als ich aufblickte, sah ich plötzlich nichts mehr. Ich war so erschrocken und sagte zu mir selbst: „Ich habe so hart gearbeitet, obwohl es mir so schlecht ging. Ich wünschte, ich hätte mich besser um meine Gesundheit gekümmert, jetzt kann ich nichts mehr sehen." Ich konnte meine Küche, meine Stereoanlage, die Wand und die Möbel nicht sehen. Nichts war da außer einer dicken weißen Wolke. Ich sagte: „Ich war hart zu mir selbst, jetzt bin ich blind." Plötzlich sah ich in dieser dicken weißen Wolke in meinem Zimmer den Herrn Jesus in einem weißen Gewand stehen und mich anlächeln. Nach kurzer Zeit war er verschwunden, und ich erkannte, dass es eine Vision war. Ich wusste, dass seine Shekinah-Herrlichkeit herabgekommen war. Ich war so glücklich und erkannte, dass der Herr Jesus mit meinen Bemühungen zufrieden war.

Ich habe es getan "Sein Weg".

Ich möchte immer Gott um seine Führung bitten, um meine Zeit so zu nutzen, dass ich ihm die Ehre gebe. Keine Situation kann uns davon abhalten, Seinen Dienst zu tun. Diese CD habe ich kostenlos an Menschen weitergegeben und auch auf meine Website http://www.gujubible.org/web_site.htm und https://waytoheavenministry.org hochgeladen.

Wer wird uns scheiden von der Liebe Christi? Wird Trübsal oder Not oder Verfolgung oder Hunger oder Blöße oder Gefahr oder Schwert? Wie geschrieben steht: "Um deinetwillen werden wir getötet den ganzen Tag; wir werden wie Schafe zur Schlachtbank geführt. Doch in allem sind wir mehr als Überwinder durch den, der uns geliebt hat. Denn ich bin gewiss, dass weder Tod noch Leben, weder Engel noch Mächte noch Gewalten, weder Gegenwärtiges noch Zukünftiges, weder Höhe noch Tiefe noch irgendeine andere Kreatur uns scheiden kann von der Liebe Gottes, die in Christus Jesus ist, unserem Herrn. (Römer 8:35-39)

Kapitel 24

STUDIE ZUR ERFORSCHUNG

Immer wieder hatte ich die Gelegenheit, Bibelstunden in anderen Sprachen als Englisch zu halten. Während ich sie das Wort Gottes lehrte, waren sie nicht in der Lage, die richtige Bibelstelle zu finden. Ich habe immer die King James Version verwendet. Aber einige von ihnen hatten andere Versionen und Sprachen der Bibel.

Eines Abends unterrichtete ich über den einen Gott, den Monotheismus (Mono kommt von dem griechischen Wort Monos und theos bedeutet Gott), und ich las 1 Johannes 5:7. Als sie in ihrer Bibel nach dieser Stelle suchten, konnten sie sie nicht finden. Da es schon nach Mitternacht war, dachte ich, sie hätten nicht verstanden, was sie da lasen, und als wir vom Englischen in ihre Sprache übersetzten, sagten sie, dass dies nicht in unserer Bibel stehe.

*Denn es sind drei, die im Himmel Zeugnis ablegen: der Vater, das Wort und der Heilige Geist; und diese **drei sind eins**.*
(1. Johannes 5:7)

Ich war schockiert. Also suchten wir nach einer anderen Bibelstelle.

*(KJV) 1. Timotheus 3:16, „**Gott** hat sich im Fleisch offenbart"*

Ich habe es getan "Sein Weg".

In ihrer Bibel stand: „*Er erschien in einem Körper*" (alle Bibeln, die aus dem verfälschten alexandrinischen Manuskript übersetzt wurden, enthalten diese Lüge. Römisch-katholische Vulgata, Guajarati-Bibel, die NIV-Bibel, spanische und andere moderne Versionen der Bibel)

{ΘC=Gott} in der griechischen Sprache, aber wenn man den kleinen Strich von ΘC entfernt, wird aus „Gott" {OC = „wer" oder „er"} wer, was in der griechischen Sprache eine andere Bedeutung hat. Es sind zwei verschiedene Wörter, denn „er" könnte jeden meinen, aber Gott spricht über Jesus Christus in Fleisch und Blut.

Wie einfach ist es, die Gottheit Jesu Christi wegzunehmen?!?

Offenbarung 1:8

*KJV: Ich bin das Alpha und das Omega, der **Anfang und das Ende**, spricht der Herr, der da ist und der da war und der da kommen wird, der Allmächtige*

NIV-Übersetzung: Offenbarung 1:8 „Ich bin das Alpha und das Omega", sagt Gott der Herr, „der da ist und der da war und der da kommt, der Allmächtige".

(Gujarati Bibel, NIV und andere Übersetzungen haben „**Anfang und Ende**" entfernt)

Offenbarung 1:11

KJV: und sprach: **Ich bin das Alpha und das Omega, der Erste und der Letzte**; *und was du siehst, das schreibe in ein Buch und sende es zu den sieben Gemeinden in Asien, zu Ephesus und zu Smyrna und zu Pergamos und zu Thyatira und zu Sardes und zu Philadelphia und zu Laodizea (Offenbarung 1:11)*

NIV: Offenbarung 1:11 „Schreibe auf eine Schriftrolle, was du siehst, und sende es an die sieben Gemeinden: an Ephesus, Smyrna, Pergamon, Thyatira, Sardes, Philadelphia und Laodizea."

Elisabeth Das

(Moderne Versionen der Bibel, Guajarati und die NIV-Bibel haben alle entfernt **Ich bin das Alpha und das Omega, der Anfang und das Ende**)

Ich konnte nicht beweisen, dass es den einen „Gott" aus ihrer Bibel gibt.

Mein Unterricht dauerte sehr lange, und zu ihrer Überraschung konnte ich ihnen keine biblischen Beweise dafür liefern, dass es nur einen Gott gibt. Dies veranlasste mich zu einem eingehenden Studium.

Ich erinnere mich, dass Paulus sagte:

Denn das weiß ich, dass nach meinem Weggang reißende Wölfe unter euch eindringen werden, die die Herde nicht verschonen. (Apostelgeschichte 20:29)

Der Apostel Johannes, der letzte überlebende Jünger Christi, hat uns in einem seiner Briefe gewarnt:

Ihr Lieben, glaubt nicht jedem Geist, sondern prüft die Geister, ob sie von Gott sind; denn es sind viele falsche Propheten ausgegangen in die Welt. Daran erkennt ihr den Geist Gottes: Jeder Geist, der bekennt, dass Jesus Christus im Fleisch gekommen ist, ist von Gott: Und jeder Geist, der nicht bekennt, dass Jesus Christus im Fleisch gekommen ist, der ist nicht aus Gott; und das ist der Geist des Antichristen, von dem ihr gehört habt, dass er kommen soll, und der schon jetzt in der Welt ist. (1. Johannes 4:1-3)

Ich möchte diese Tatsache mitteilen, die ich bei der Suche nach der Wahrheit über die Verfälschung des „Wortes Gottes" gefunden habe.

Das alexandrinische Manuskript war eine verfälschte Version des ursprünglichen, echten Manuskripts der Bibel. Sie entfernten viele Wörter wie Sodomit, Hölle, Blut, von Jesus Christus erschaffen, Herr Jesus, Christus, Halleluja und Jehova, zusammen mit vielen anderen Wörtern und Versen aus dem Originalmanuskript.

Ich habe es getan "Sein Weg".

In Alexandria/Ägypten hatten die Schriftgelehrten, die Antichristen, keine Offenbarung des einen wahren Gottes, weil die Bibel gegenüber dem Originalmanuskript verändert wurde. Diese Korruption begann im ersten Jahrhundert.

Zunächst wurden die griechischen und hebräischen Bibeln auf Papyrusrollen geschrieben, die vergänglich waren. Daher wurden alle 200 Jahre 50 Kopien in verschiedenen Ländern von Hand geschrieben, um sie weitere 200 Jahre zu bewahren. Dies wurde von unseren Vorfahren praktiziert, die die echte Kopie des Originalmanuskripts besaßen. Dasselbe System wurde von den Alexandrinern angewandt, um auch das beschädigte Manuskript zu bewahren.

In den frühen Jahren n. Chr. übernahmen die Bischöfe die Position und brachten von 130 bis 444 n. Chr. nach und nach Veränderungen an der Handschrift an. Sie fügten der ursprünglichen Abschrift des griechischen und hebräischen Manuskripts etwas hinzu und zogen es wieder ab. Alle folgenden Bischöfe beteuerten, sie hätten die Botschaften direkt von Jesus erhalten und sollten den Aposteln, Jüngern, Propheten und Lehrern keine Beachtung schenken. Und alle Bischöfe behaupteten auch, dass sie die einzigen Erleuchteten seien.

Bischof Origenes von Alexandria (185-254 n. Chr.): Tertullian war ein korrumpierter Bischof, der mehr Dunkelheit hinzufügte. Er starb etwa 216 n. Chr. Clemens übernahm die Nachfolge und war Bischof von Alexandria. Kyrill, Bischof von Jerusalem, wurde im Jahr 315 geboren und starb 386 n. Chr. Augustinus, Bischof von Hippo, Begründer des Katholizismus, wurde 347 geboren und starb 430 nach Christus. Er beseitigte die Menschen, die wirklich an das Wort Gottes glaubten. Chrysostomus war ein weiterer Bischof von Konstantinopel, wo die verfälschte Version entstanden ist. Er wurde 354 geboren und starb 417 nach Christus. Der heilige Kyrill von Alexandria wurde 412 zum Bischof ernannt und starb 444 nach Christus.

Diese Bischöfe verfälschten das echte Manuskript und wurden von unseren Vorfahren abgelehnt, die wussten, wo und wie das Originalmanuskript verfälscht wurde.

Diese Korruption begann, als Paulus und Johannes noch lebten. Die Alexandriner ignorierten das Wort Gottes und legten in Nicäa im Jahr 325 n. Chr. die Lehre von der Dreifaltigkeit fest. Nicaea liegt in der heutigen Türkei und ist in der Bibel als Pergamon bekannt.

*Und dem Engel der Gemeinde in **Pergamon** schreibe: Das sagt der, der ein scharfes, zweischneidiges Schwert hat: Ich kenne deine Werke und weiß, wo du wohnst, **wo der Sitz des Satans ist**, und du hältst an meinem Namen fest und hast meinen Glauben nicht verleugnet in jenen Tagen, da Antipas, mein treuer Märtyrer, unter euch getötet wurde, wo der Satan wohnt. (Offenbarung 2:12-13).*

Nicaea

Im Jahr 325 n. Chr. wurde die Einheit Gottes von Satan beseitigt und die Dreifaltigkeit hinzugefügt, wodurch Gott geteilt wurde. Sie nahmen den Namen „Jesus" aus der Taufformel heraus und fügten den Vater, den Sohn und den Heiligen Geist hinzu.

Der Dieb kommt nicht, aber um zu stehlen, zu töten und zu verderben. Ich bin gekommen, damit sie das Leben haben, und damit sie es in Fülle haben. (Johannes 10:10).

Pergamon (später Nicaea genannt und heute Türkei) ist eine Stadt, die 1000 Fuß über dem Meeresspiegel liegt. Vier verschiedene Götter wurden an diesem Ort verehrt. Der Hauptgott war Asklepios, dessen Symbol eine Schlange ist.

Die Offenbarung sagt:

*Und es wurde hinausgeworfen der große **Drache**, die alte **Schlange**, genannt der Teufel und Satan, der den ganzen Erdkreis verführt; und er wurde hinausgeworfen auf die Erde, und seine Engel wurden mit ihm hinausgeworfen (Offenbarung 12:9).*

*Und er ergriff den Drachen, die alte **Schlange**, das ist der Teufel und der Satan, und band ihn tausend Jahre (Offenbarung 20:2).*

Ich habe es getan "Sein Weg".

In diesem Tempel gab es viele große Schlangen; auch in der Umgebung gab es Tausende von Schlangen. Die Menschen kamen auf der Suche nach Heilung in den Tempel von Pergamon. Asklepios wurde der Gott der Heilung genannt und war der Hauptgott unter den vier Göttern. Da er der Gott der Heilung genannt wurde, wurden an diesem Ort Kräuter und Medikamente zur Heilung eingeführt. Damit er die Striemen und den Namen Jesus zur Heilung entfernen kann. Sein Plan ist es, den Platz Jesu einzunehmen und Christus als Erlöser zu beseitigen, denn er behauptete auch, ein Erlöser zu sein. Die moderne medizinische Wissenschaft hat das Schlangensymbol von Asklepios (Schlange) übernommen.

Die Bibel sagt:

*Ihr seid meine Zeugen, spricht der HERR, und mein Knecht, den ich erwählt habe, auf dass ihr erkennt und mir glaubt und begreift, dass **ich es bin**; denn vor mir ist kein Gott gewesen, und nach mir wird keiner sein. Ich bin der HERR, und außer mir ist kein **Heiland**.*
(Jesaja 43:10-11)

Dies ist der Ort, an dem Satan die Dreifaltigkeit eingeführt hat.

Heute hat man eine Originalkopie des Manuskripts von Alexandria gefunden, in der das Wort und die Schrift unterstrichen sind, um sie aus dem wahren hebräischen und griechischen Originalmanuskript zu entfernen. Dies beweist, dass sie diejenigen waren, die das wahre Wort Gottes verdorben haben.

Das dunkle Zeitalter kam einfach dadurch, dass die Wahrheit entfernt und das wahre Dokument der Bibel verändert wurde.

Das Wort Gottes ist ein Schwert, Licht und Wahrheit. Gottes Wort hat Bestand für immer und ewig.

Die NIV-Bibel, die moderne Bibel und viele andere Sprachen der Bibel wurden aus einer beschädigten alten Alexandria-Kopie übersetzt. Die meisten anderen Kopien der Bibel stammen von der NIV-Version ab und sind in andere Sprachen übersetzt. Das Urheberrecht der

Satansbibel und der NIV-Bibeln ist im Besitz eines Mannes namens Rupert Murdoch.

Als König James 1603 die Nachfolge der jungfräulichen Königin Elisabeth antrat, nahm er das Projekt in Angriff, die Bibel aus ihrem ursprünglichen hebräischen und griechischen Manuskript zu übersetzen. Dieses Projekt wurde von vielen hebräischen, griechischen und lateinischen Theologen, Gelehrten und Menschen durchgeführt, die in den Augen anderer hoch angesehen waren. Archäologen haben die alten, echten hebräischen und griechischen Originalmanuskripte gefunden, die zu 99 % mit der KJV-Bibel übereinstimmen. Bei einem Prozent handelt es sich um kleinere Fehler wie z. B. die Zeichensetzung.

Gott sei gelobt! Die KJV ist gemeinfrei und jeder kann die KJV-Bibel benutzen, um sie in seine Muttersprache zu übersetzen. Mein Vorschlag ist, dass wir aus der KJV-Bibel übersetzen müssen, da sie gemeinfrei ist und die genaueste Bibel ist.

Durch die Entfernung der Wahrheit aus der Originalbibel wurde der Name „Jesus Christus", der die Macht ist, die Menschen frei macht, entfernt.

Dies führte zur Entstehung vieler Konfessionen. Jetzt werden Sie verstehen, warum die Bibel sagt, dass man nichts hinzufügen oder wegnehmen soll.

Der Angriff richtet sich gegen den inkarnierten Einen Gott.

Die Bibel sagt.

Und der HERR wird König sein über die ganze Erde; an jenem Tag wird es nur einen HERRN geben, und sein Name wird einer sein. (Sacharja 14:9)

Sein Name ist JESUS!!!

Ich habe es getan "Sein Weg".

Kapitel 25
LEBENSVERÄNDERNDE PERSÖNLICHE ZEUGNISSE

Ich grüße Sie im Namen von Jesus:

Diese persönlichen „lebensverändernden" Zeugnisse sind als Ermutigung für die Macht des allmächtigen Gottes gedacht. Es ist meine aufrichtige Hoffnung, dass Ihr Glaube durch das Lesen dieser inspirierenden Zeugnisse von demütigen Gläubigen und Dienern, die eine Berufung und Leidenschaft für Gott haben, gestärkt wird. „Erkennen Sie Ihn in der Intimität Seiner Liebe, durch Glauben, Gebet und das Wort Gottes." Wissenschaft und Medizin können diese Wunder nicht erklären, noch können diejenigen, die behaupten, weise zu sein, die Dinge Gottes verstehen.

*Und ich will dir die **Schätze** der Finsternis und die verborgene.1 Reichtümer der geheimen Orte geben, damit du erkennst, dass ich, der HERR, der dich bei deinem Namen gerufen hat, der Gott Israels bin. (Jesaja 45:3)*

„Dies ist ein Glaubensweg, der nicht zerlegt werden kann und den man sich nicht vorstellen kann."

Elisabeth Das

„Die Weisen schämen sich, sie sind bestürzt und ergriffen; denn sie haben das Wort des Herrn verworfen, und welche Weisheit ist in ihnen?" (Jeremia 8:9)

„Wehe denen, die weise sind in ihren eigenen Augen und klug in ihren eigenen Augen!" (Jesaja 5:21)

„Denn ihr seht eure Berufung, Brüder, dass nicht viele Weise nach dem Fleisch, nicht viele Mächtige, nicht viele Edle berufen sind: Gott aber hat die Toren der Welt erwählt, um die Weisen zu verwirren, und die Schwachen der Welt, um die Mächtigen zu verwirren."
(1. Korinther 1:26-27)

Rufe mich an, so will ich dir antworten und dir große und mächtige Dinge zeigen, die du nicht weißt. (Jeremia 33:3)

Mein aufrichtiger Dank gilt denjenigen, die ihre persönlichen Zeugnisse und ihre Zeit für dieses Buch zur Ehre Gottes zur Verfügung gestellt haben.

Möge Gott Sie segnen

Elizabeth Das, Texas

Ich habe es getan "Sein Weg".

ZEUGNISSE DES VOLKES

Alle Zeugnisse werden freiwillig gegeben, um Gott die Ehre zu geben, die Ehre gebührt Gott allein

Elisabeth Das

Terry Baughman,
Pfarrer Gilbert, Arizona, U.S.A

Elisabeth Das war eine Frau mit Einfluss. Der Apostel Paulus und sein Missionsbegleiter Silas wurden von einer Gebetsgruppe von Frauen in der Nähe von Thyatira am Flussufer angezogen. Bei diesem Gebetstreffen hörte Lydia die Lehre von Paulus und Silas und bestand daraufhin darauf, dass sie während ihres Dienstes in der Region in ihrem Haus übernachteten. (Siehe Apostelgeschichte 16:13-15.) Die Gastfreundschaft und der Dienst dieser Frau sind in der Schrift festgehalten und werden für alle Zeiten in Erinnerung bleiben.

Elizabeth Das ist eine solche Frau Gottes, ähnlich wie die einflussreiche Frau Lydia in der Apostelgeschichte. Durch ihren Fleiß und ihre Leidenschaft hat sie andere zur Erkenntnis der Wahrheit geführt, Gebetsgruppen koordiniert und Diener des Evangeliums in ihr Heimatland Gujarat, Indien, gesandt. Als ich das erste Mal von Elizabeth Das hörte, war ich Dozent und akademischer Dekan am Christian Life College in Stockton, Kalifornien. Daryl Rash, unser Missionsdirektor, erzählte mir von ihrer guten Arbeit bei der Gewinnung von Ministern, die nach Ahmadabad, Indien, reisen sollten, um auf den Konferenzen zu lehren und zu predigen, die von Pastor Jaiprakash Christian and Faith Church, einer Gruppe von mehr als 60 Kirchen im indischen Bundesstaat Gujarat, gesponsert wurden. Sie rief das Christian Life College an und bat um Referenten für eine bevorstehende Konferenz für die Kirchen in Indien. Wir schickten zwei unserer Dozenten, die auf der Konferenz lehren und predigen sollten. Als Elizabeth Das das nächste Mal anrief, fragte mich Daryl Rash, ob ich auf einer der Konferenzen lehren wolle. Ich sagte gerne zu und begann sofort mit den Vorbereitungen für die Reise. Ein anderer Ausbilder, Brian Henry, begleitete mich und predigte die Abendgottesdienste auf der Konferenz. Zu dieser Zeit war ich stellvertretender Vorsitzender des Christian Life College und ein Vollzeit-Dozent, also organisierten wir Vertretungen für unsere Kurse und andere Aufgaben und flogen um die halbe Welt, um unsere Arbeit mit den wunderbaren Menschen in Gujarat in Westindien zu teilen. Auf meiner zweiten Reise nach Gujarat im Jahr 2008 begleitete mich mein Sohn, der auf der Geist-und-Wahrheit-Konferenz in Anand ein lebensveränderndes Ereignis erlebte. Es ist ein kostspieliges Unterfangen, um die Welt zu fliegen und an diesen Konferenzen und Dienstreisen teilzunehmen, aber die Belohnung ist nicht in Geld zu messen. Mein Sohn hat auf dieser Reise nach Indien eine neue Verpflichtung gegenüber dem Herrn eingegangen, die die Richtung seines Lebens verändert hat. Er leitet jetzt den Gottesdienst und ist Musikdirektor in der Gemeinde, in der ich jetzt als Pastor in Gilbert, Arizona, tätig bin. Nicht nur die Menschen werden durch den Dienst in Indien gesegnet, sondern auch diejenigen, die dorthin reisen, werden ebenfalls gesegnet, manchmal auf überraschende Weise.

Der Einfluss von Elizabeth Das ist buchstäblich in der ganzen Welt zu spüren. Sie ist nicht nur maßgeblich an der Entsendung von Ministern aus den Vereinigten Staaten nach Indien beteiligt, sondern übersetzt auch leidenschaftlich gerne Materialien in Gujarati, die Sprache ihrer Heimat. Wann immer ich mit ihr telefoniert habe, ist sie ständig auf der Suche nach neuen Wegen, um die Wahrheit des Evangeliums weiterzugeben. Sie ist in einem Gebetsdienst aktiv und sucht aktiv nach Möglichkeiten, durch Bibellektionen in gedruckter Form und im Internet durch ihre YouTube-Aufnahmen zu dienen. Elizabeth Das ist ein lebendes Beispiel dafür, was eine einzelne Person tun kann, um die Welt durch Leidenschaft, Ausdauer und Gebet zu verändern.

Venedig Ing
Milan, Tennesee, Vereinigte Staaten von Amerika

Ich lebe in einer kleinen Stadt in West Tennessee und gehöre einer örtlichen Pfingstgemeinde an. Vor ein paar Jahren nahm ich an einer Gebetskonferenz in St. Louis, MO, teil und traf dort eine Dame namens Tammy, mit der ich mich sofort anfreundete. Als wir uns kennenlernten, erzählte sie mir von einer Gebetsgruppe, der sie angehörte und die von Schwester Elizabeth Das aus ihrer Heimat Texas geleitet wurde. Zu dieser kleinen Gruppe gehörten Menschen aus verschiedenen Teilen der Vereinigten Staaten, die sich per Telefonkonferenz zusammenschlossen.

Als ich nach Hause zurückkehrte, begann ich, die Gebetsgruppe anzurufen, und wurde sofort von Gott gesegnet. Ich war seit etwa 13

Elisabeth Das

Jahren in der Kirche, als ich mich dieser Gruppe anschloss, also war das Gebet nichts Neues; aber die Kraft des „Vereinbarten Gebets" war erstaunlich! Ich begann sofort, Ergebnisse auf meine Gebetsanliegen zu erhalten und hörte jeden Tag Lobpreisberichte. Nicht nur mein Gebetsleben wuchs, sondern auch mein Gefängnisdienst und andere Gaben des Geistes, mit denen Gott mich gesegnet hat. Zu diesem Zeitpunkt hatte ich Schwester Das noch nie getroffen. Ihr großes Verlangen zu beten und anderen zu helfen, die Gaben in sich selbst anzuzapfen, ließ mich immer wieder zurückkommen, um mehr zu erfahren. Sie ist sehr ermutigend und sehr mutig, scheut sich nicht, Dinge infrage zu stellen, und hat definitiv keine Angst, Ihnen zu sagen, wenn sie von Gott das Gefühl hat, dass etwas falsch ist. Jesus ist immer ihre Antwort. Als sich mir die Gelegenheit bot, nach Texas zu kommen, um an einem besonderen Gebetstreffen im Haus von Schwester Das teilzunehmen, wollte ich unbedingt mitkommen.

Ich bestieg das Flugzeug und war in wenigen Stunden auf dem Flughafen von Dallas-Ft. Worth, wo wir uns zum ersten Mal nach mehr als einem Jahr gemeinsamen Gebets trafen.

Eine vertraute Stimme, aber es schien, als ob wir uns schon seit Jahren kennen würden. Andere kamen auch aus anderen Staaten, um an diesem Treffen teilzunehmen.

Das Hausgebetstreffen war etwas, das ich noch nie zuvor erlebt hatte. Ich war so begeistert, dass Gott mir erlaubte, zum Nutzen anderer eingesetzt zu werden. Während dieses Treffens sahen wir, wie viele von Rücken- und Nackenproblemen geheilt wurden. Wir sahen und erlebten, wie Beine und Arme wuchsen, und wurden Zeuge, wie jemand von Diabetes geheilt wurde, zusammen mit vielen anderen Wundern und lebensverändernden Ereignissen wie der Austreibung von Dämonen. Das hat mein Verlangen nach den Dingen Gottes und danach, ihn auf einer höheren Ebene kennenzulernen, nur noch größer gemacht. Lassen Sie mich hier einen Moment innehalten und einwerfen, dass Gott diese Wunder im Namen Jesu und nur in seinem Namen vollbracht hat. Gott gebrauchte Schwester Das, weil sie bereit ist, anderen zu helfen und sie zu lehren, wie sie lernen können, dass Gott auch sie gebrauchen kann. Sie ist eine liebe Freundin und eine

Ich habe es getan "Sein Weg".

Mentorin, die mich gelehrt hat, Gott gegenüber mehr Verantwortung zu übernehmen. Ich danke Gott, dass sich unsere Lebenswege gekreuzt haben und wir Gebetspartner geworden sind. In den 13 Jahren, in denen ich für Gott gelebt habe, habe ich nie die wahre Macht des Gebets erkannt. Ich ermutige Sie, eine gemeinsame Gebetsgruppe zu gründen und einfach zu sehen, was Gott tun wird. Er ist ein erstaunlicher Gott.

Diana Guevara
Kalifornien El Monte

Als ich geboren wurde, wurde ich in der katholischen Religion meiner Familie erzogen. Als ich älter wurde, habe ich meine Religion nicht mehr praktiziert. Mein Name ist Diana Guevara, und als kleines Mädchen wusste ich immer, dass ich etwas fühlen sollte, wenn ich die Kirche besuchte, aber das tat ich nie. Meine Routine bestand darin, das Vaterunser und das Ave Maria zu beten, wie ich es als kleines Kind gelernt hatte. Die Wahrheit ist, dass ich Gott nicht wirklich kannte. Im Februar 2007 fand ich heraus, dass mein Freund, mit dem ich seit 15 Jahren zusammen war, eine Affäre hatte, und dass er auf verschiedenen Internet-Dating-Seiten war. Ich war so verletzt und am Boden zerstört, dass ich in einen depressiven Zustand verfiel und die ganze Zeit weinend auf der Couch lag. Ich war so erschüttert, dass ich in 21 Tagen 25 Pfund abnahm, weil ich das Gefühl hatte, dass meine Welt untergegangen war. Eines Tages erhielt ich einen Anruf von Schwester Elizabeth Das, einer Dame, die ich noch nie getroffen hatte. Sie ermutigte mich, betete für mich und zitierte mir aus der Bibel. Zwei Monate lang sprachen wir miteinander und sie betete weiter für mich, und jedes Mal spürte ich den Frieden und die Liebe Gottes. Im April 2007 sagte mir etwas, dass ich nach Texas in das Haus von Schwester Elizabeth gehen musste. Ich reservierte einen Platz und machte mich für 5 Tage auf den Weg nach Texas. Während dieser Zeit beteten Schwester Elizabeth und ich beteten und hatten Bibelstunden. Sie zeigte mir Schriftstellen über die Taufe in Jesu Namen. Ich stellte viele Fragen über Gott und wusste, dass ich mich so bald wie möglich in Jesu Namen taufen lassen musste. Nachdem ich getauft war, wusste ich, dass dies der Grund war, warum ich den Drang verspürte, nach Texas zu gehen. Ich hatte endlich gefunden, was ich als Kind vermisst hatte:

die Gegenwart des allmächtigen Gottes! Als ich nach Kalifornien zurückkehrte, begann ich die Life Church zu besuchen.

Hier erhielt ich die Gabe des Heiligen Geistes mit dem Beweis des Sprechens in Zungen. Ich kann wirklich sagen, dass es einen Unterschied zwischen Wahrheit und Religion gibt. Durch Gottes Liebe benutzte er Schwester Elizabeth, um mich Bibelstudien zu lehren und mir den Heilsplan nach dem Wort Gottes zu zeigen. Ich wurde in eine Religion hineingeboren, und das war alles, was ich wusste, ohne die Bibel selbst zu erforschen. Nachdem mir beigebracht wurde, Gebete zu wiederholen, sind meine Gebete jetzt niemals Routine oder langweilig. Ich liebe es, mit dem Herrn zu sprechen. Ich habe immer gewusst, dass es einen Gott gibt, aber ich wusste damals nicht, dass ich seine Gegenwart und seine Liebe so spüren kann, wie ich es jetzt tue. Er ist nicht nur in meinem Leben gegenwärtig, er hat mir auch Frieden gegeben und mein Herz geheilt, als ich dachte, meine Welt sei am Ende. Der Herr Jesus hat mir die Liebe gegeben, die ich in meinem Leben immer vermisst habe. Ich kann mir mein Leben ohne Jesus nicht mehr vorstellen, denn ohne ihn bin ich nichts. Weil er die leeren Stellen in meinem Herzen mit seiner Liebe gefüllt hat, lebe ich für ihn und nur für ihn. Jesus ist alles und er kann auch Ihr Herz heilen. Ich gebe all die Ehre und den Ruhm nur unserem Herrn Jesus Christus.

Jairo Pina
Mein Zeugnis

Mein Name ist Jairo Pina, ich bin 24 Jahre alt und lebe in Dallas, TX. Als ich aufwuchs, gingen meine Familie und ich nur etwa einmal im Jahr in die Kirche und glaubten an den katholischen Glauben. Ich wusste zwar von Gott, aber ich kannte ihn nicht. Als ich 16 Jahre alt war, wurde bei mir ein bösartiger Tumor am rechten Wadenbein diagnostiziert, der als Osteosarkom (Knochenkrebs) bezeichnet wurde. Ich musste ein Jahr lang Chemotherapie und Operationen über mich ergehen lassen, um die Krankheit zu bekämpfen. In dieser Zeit habe ich die früheste Erinnerung daran, dass Gott sich mir offenbart hat. Er schleppte mich mit einem Freund und seiner Mutter in dieses kleine Gebäude in Garland, TX. Die Mutter meines Freundes war mit einem christlichen Ehepaar befreundet, das uns zu einem Pastor afrikanischer

Ich habe es getan "Sein Weg".

Abstammung mitnahm. Später entdeckte ich, dass dieser Pastor die Gabe der Prophetie hatte.

Der Pastor prophezeite über die Menschen, die mit uns in dieses kleine Gebäude gingen, aber es war das, was er über mich prophezeite, was mir für immer im Gedächtnis blieb. Er sagte: „Wow! Du wirst ein großes Zeugnis ablegen und damit viele Menschen zu Gott bringen". Ich war skeptisch und tat es einfach ab, ohne wirklich zu wissen, was später in meinem Leben passieren würde. Etwa 2 Jahre nachdem ich meinen ersten Kampf mit dem Krebs beendet hatte, erlitt ich einen Rückfall an der gleichen Stelle wie zuvor erwähnt. Ich war darüber sehr erschüttert, weil ich weitere Chemotherapien geplant hatte und mein rechtes Bein amputiert werden musste. In dieser Zeit nahm ich mir viel Zeit für mich selbst, in der Hoffnung, mich mental darauf vorzubereiten. Eines Tages parkte ich an einem See und begann von Herzen zu Gott zu beten. Ich wusste nicht, was es wirklich bedeutete zu beten, also begann ich einfach zu ihm zu sprechen, was in meinem Kopf und meinem Herzen war. Ich sagte: „Gott, wenn du wirklich aufrichtig bist, dann zeige es mir, und wenn ich dir etwas bedeute, dann zeige es mir".

Etwa 15 Minuten später wollte ich meine Mitgliedschaft im Fitnessstudio LA Fitness kündigen, wo ich einen meiner Freunde arbeiten sah. Ich erklärte ihm, warum ich meine Mitgliedschaft kündigte, und er fragte mich, warum ich kündigen wollte. Dann sagte er: „Mann, du solltest in meine Kirche gehen. Ich habe dort viele Wunder gesehen und Menschen wurden geheilt". Ich hatte nichts zu verlieren, also begann ich zu gehen. Er begann, mir die Verse in der Apostelgeschichte über die Taufe und die Erfüllung mit dem Heiligen Geist zu zeigen. Er erzählte mir von der Zungenrede, was ich seltsam fand, aber er verwies mich auf biblische Beweise. Das Nächste, was ich wusste, war, dass ich in seiner Kirche war, als sie fragten, wer sein Leben Christus überlassen und getauft werden wollte. Ich näherte mich der Kanzel, als ein Pastor seine Hand über meinen Kopf legte. Er begann für mich zu beten und ich begann noch am selben Tag, an dem ich getauft wurde, in Zungen zu sprechen. Das war das Zeichen meiner Wiedergeburtserfahrung, ohne zu wissen, dass ich mich jetzt im geistlichen Krieg befand.

Elisabeth Das

Auch nach dieser Erfahrung wurde ich immer wieder angegriffen und von Gott weggezogen. Ich möchte auch erwähnen, dass ich schon vor meiner Taufe von Dämonen geistlich angegriffen wurde und einige von ihnen sogar hörbar waren. Ich hörte einen, der nachts um 3 Uhr vor meinem Fenster mit einer Kinderstimme lachte, einen, der lachte, als er mich sexuell berührte, und einen, der mir sagte, dass er mich in die Hölle bringen würde. Es gibt noch einige weitere Angriffe, die ich erlebt habe, aber das sind die, die mir am meisten auffallen. Nun zurück zu dem Punkt, an dem ich mich von Gott entfernte. Ich hatte eine Beziehung mit einem Mädchen, das mich schließlich betrog und mein Herz in Stücke brach. Wir waren etwa ein Jahr lang zusammen und es endete tragisch. Als ich versuchte, mit der Leere fertig zu werden, begann ich zu trinken und zu rauchen. Dann begann ich unter Tränen Gott zu bitten, mir zu helfen und mich wieder in seine Nähe zu bringen. Ich meinte das wirklich ernst und begann, die Barmherzigkeit Gottes zu erfahren, ohne wirklich zu wissen, was das eigentlich war.

Ich begann wieder mit meinem Freund und seiner Mutter in die Kirche zu gehen, wo ich mich in der Pfingstkirche taufen ließ. In dieser Zeit begann mein Wissen über die Bibel immens zu wachsen. Ich besuchte Grundkurse und lernte so viel durch das Lesen von Gottes Wort. Die Mutter meines Freundes gab mir schließlich das Buch „Ich habe es getan Sein Weg" von Elizabeth Das, in dem sie mir sagte, es sei ein einflussreiches Buch über ihren Weg mit Gott. Als ich das Buch zu Ende las, bemerkte ich, dass ihre E-Mail darauf stand. Ich nahm Kontakt zu Elizabeth auf und die Mutter meines Freundes erzählte ihr ebenfalls von mir. Ich begann mit ihr zu telefonieren und traf sie schließlich persönlich. Seitdem ich sie getroffen habe, habe ich gemerkt, dass sie Gottes Wort wirklich liebt und in ihrem Leben anwendet. Sie hat Kranken die Hände aufgelegt und betet für viele Menschen in ihrer eigenen Zeit. Ich betrachte sie als meine geistliche Mentorin, denn sie hat mich so viel über Gott und sein Wort gelehrt, wofür ich ihr sehr dankbar bin. Ich würde sagen, wir sind sogar Freunde geworden und besuchen uns bis heute gegenseitig.

Im Januar 2017 hatte ich einen Mietvertrag für eine Wohnung, die der Universität gehörte, die ich besuchte. Ich versuchte eigentlich, jemanden zu finden, der meinen Mietvertrag wegen finanzieller

Ich habe es getan "Sein Weg".

Probleme übernimmt. Ich arbeitete nicht und hatte kein Geld, um weiterhin Miete für die Wohnung zu zahlen. Leider konnte ich niemanden finden, der meinen Mietvertrag übernommen hätte, sodass ich weiterhin für die Miete verantwortlich gewesen wäre. Ich rief Elizabeth Das an, wie ich es oft tue, und bat sie um Gebet in dieser Angelegenheit, den Vertrag zu kündigen. Im Januar desselben Jahres wurde eine CT-Untersuchung meiner Brust durchgeführt, die ergab, dass ich einen Fleck im rechten unteren Lungenlappen hatte. Ich musste mich einer Operation unterziehen, um den Fleck zu entfernen, der sich auf dem Scan als bösartig herausstellte. Obwohl das sehr schlimm war, konnte ich deshalb noch im selben Monat aus dem Mietvertrag für die Wohnung aussteigen. Man sagt, dass Gottes Wege unergründlich sind, also vertraute ich ihm, was die Sache anging. Während dieser Zeit belegte ich meine Vorbereitungskurse und hoffte, dass ich die Krankenpflegeschule besuchen konnte. Elizabeth betete für mich, dass ich einen guten Job bekomme und in die Krankenpflegeschule aufgenommen werde, so wie Gott es für mein Leben will.

Etwa drei Monate später war eine weitere CT-Untersuchung meiner Brust geplant, um zu sehen, ob es mir gut geht. Der Scan zeigte jedoch einen weiteren Fleck auf meiner Lunge, nahe demselben Fleck, der im Januar 2017 dort war. Der Onkologe sagte, dass er glaubt, dass der Krebs wieder zurückkommt und wir ihn durch eine Operation entfernen müssen. Ich konnte nicht glauben, dass es so weitergeht. Ich dachte, das war's für mich. Ich erzählte Elizabeth davon, und so viele andere Menschen begannen in dieser Zeit für mich zu beten. Obwohl das alles passierte, hatte ich immer noch ein wenig Vertrauen, dass alles gut werden würde und dass Gott sich um mich kümmern würde. Ich erinnere mich, dass ich eines Tages nachts mit dem Auto fuhr und Gott bat: „Wenn du mich aus diesem Schlamassel herausholst, verspreche ich, das, was du für mich getan hast, mit anderen zu teilen.

Ein paar Wochen später wurde ich operiert, und man entfernte einen größeren Durchmesser des rechten unteren Lungenlappens. Elizabeth und ihre Freundin kamen sogar ins Krankenhaus, um mir die Hände aufzulegen und zu beten, dass Gott mir Heilung schenken möge. Etwa zwei Wochen nach der Operation ging ich wieder ins Krankenhaus, um meine Ergebnisse zu erhalten. Ganz zu schweigen davon, dass ich

Elisabeth Das

immer noch auf der Suche nach einem Job in einem Krankenhaus war, um meine Chancen auf einen Studienplatz in der Krankenpflege zu verbessern. Als ich am selben Tag an die Anmeldung kam, um meine Ergebnisse für die Operation abzuholen, fragte ich, ob sie jemanden einstellen würden. Eine der Managerinnen war am Eingang, als ich eincheckte, und gab mir ihre Daten, damit ich ihr Bescheid gebe, wenn ich meine Bewerbung online einreiche. Als Nächstes wartete ich in einem Raum darauf, dass der Onkologe mit meinen Ergebnissen auftauchte. Ich war extrem nervös und hatte Angst vor dem, was er mir sagen würde.

Der Onkologe betrat den Raum und sagte als Erstes: „Hat Ihnen schon jemand Ihre Ergebnisse mitgeteilt?". Ich verneinte und wollte, dass er mir die Möglichkeiten aufzeigt, was ich als nächstes tun muss. Dann sagte er mir: „Ihre Ergebnisse zeigen, dass es nur Kalkablagerungen sind, es ist kein Krebs." Ich stand völlig unter Schock, denn ich wusste, dass es Gott war, der das für mich getan hatte. Ich ging zu meinem Auto und fing an, Tränen der Freude zu weinen! Ich rief Elizabeth an und erzählte ihr die gute Nachricht. Wir feierten beide zusammen. Ein paar Tage später wurde ich für die Stelle im Krankenhaus interviewt, und nur eine Woche später bot man mir die Stelle an. Ein paar Wochen nach der Zusage wurde ich in der Krankenpflegeschule angenommen. Ich danke Gott dafür, dass er das alles möglich gemacht hat, denn es macht mir immer noch Freude, darüber zu sprechen.

Zurzeit bin ich in meinem letzten Semester der Krankenpflegeschule und mache im Mai 2019 meinen Abschluss. Ich habe so viel erlebt und bin dankbar für all die Türen, die Gott für mich geöffnet und geschlossen hat. Ich bin sogar in eine Beziehung mit einer anderen Person eingetreten, und sie war unglaublich für mich da, seit der Krebs im Januar 2017 in meine Lunge metastasiert hat, bis zum heutigen Tag. Elizabeth hat mich so viel gelehrt und viele Male für mich gebetet, was mir die Macht des Gebets und des Handauflegens auf Kranke zeigt. Liebe Leserin, lieber Leser, ich bin in keiner Weise besonderer als Sie. Gott liebt Sie gleichermaßen und Jesus Christus ist für Ihre und meine Sünden gestorben. Wenn Sie ihn von ganzem Herzen suchen, werden Sie ihn finden.

Ich habe es getan "Sein Weg".

„Denn ich weiß, was ich für Gedanken über euch habe, spricht der Herr, Gedanken des Friedens und nicht des Bösen, um euch ein gutes Ende zu bereiten. Dann werdet ihr mich anrufen, und ihr werdet hingehen und zu mir beten, und ich werde euch erhören. Und ihr werdet mich suchen und finden, wenn ihr mich von ganzem Herzen sucht" Jeremia 29:11-13 KJV.

Madalyn Ascencio
El Monte, Kalifornien, Vereinigte Staaten von Amerika

Früher habe ich geglaubt, dass ein Mann mich vervollständigen würde. Als ich mich in Jesus verliebte, fand ich heraus, dass er und er allein es ist, der mich vervollständigt. Ich wurde geschaffen, um Ihn anzubeten und zu verehren! Mein Name ist Madalyn Ascencio und dies ist mein Zeugnis.

Im März 2005 begann ich, 3 Jahre lang unter Angstzuständen und Panikattacken zu leiden. Ich war mehrmals im Krankenhaus und alles, was sie mir anboten, waren Antidepressiva und Valium, aber ich weigerte mich, von Medikamenten abhängig zu sein, um mich normal zu fühlen. Ich betete, dass Gott mir helfen möge. An einem Samstagmorgen Mitte Oktober 2008 hatte ich eine schlimme Panikattacke und rief Schwester Elizabeth an. Sie fragte mich, was los sei, und betete für mich. Als ich mich besser fühlte, gab sie mir einige Bibelstellen zu lesen. Ich betete und bat Gott, mir Weisheit und Verständnis zu geben. Als ich die Bibelstellen las,

Johannes 3:5-7: Jesus antwortete: Wahrlich, wahrlich, ich sage dir: **Wenn jemand nicht aus Wasser und Geist geboren wird, kann er nicht in das Reich Gottes kommen.** *Was aus dem Fleisch geboren ist, das ist Fleisch, und was aus dem Geist geboren ist, das ist Geist. Wundert euch nicht, dass ich zu euch gesagt habe: Ihr müsst von neuem geboren werden.*

Johannes 8:32: Und ihr werdet die Wahrheit erkennen, und die Wahrheit wird euch frei machen.

Elisabeth Das

Johannes 10:10: Der Dieb kommt nicht, sondern um zu stehlen, zu töten und zu verderben. Ich bin gekommen, damit sie das Leben haben und es in Fülle haben können.

Ich wusste, dass Gott zu mir sprach. Je mehr ich betete und mit Schwester Elizabeth sprach, desto mehr wusste ich, dass ich mich wieder taufen lassen musste. Ich hatte so viel gebetet, dass Gott mich näher zu sich zieht. Von 2001 bis 2008 besuchte ich eine christliche, nicht-konfessionelle Kirche, und im April 2007 ließ ich mich taufen. Schwester Elizabeth fragte mich, wie ich mich bei der Taufe gefühlt habe, und ich sagte ihr: Ich habe mich gut gefühlt". Ihre Antwort war: „Das war's"? Sie fragte, ob ich in Jesu Namen getauft sei, und ich sagte ihr, ich sei im Namen des Vaters, des Sohnes und des Heiligen Geistes getauft. Sie sagte mir, ich solle lesen und studieren.

Apostelgeschichte 2:38: Da sprach Petrus zu ihnen: Tut Buße und jeder von euch lasse sich taufen auf den **Namen Jesu Christi zur Vergebung der Sünden**, *so werdet ihr die Gabe des Heiligen Geistes empfangen.*

Apostelgeschichte 8:12-17: Als sie aber glaubten, dass Philippus das Reich Gottes und den Namen Jesu Christi verkündigte, ließen sie sich taufen, beide, Männer und Frauen. Auch Simon wurde gläubig; und als er getauft war, ging er mit Philippus und wunderte sich über die Wunder und Zeichen, die geschehen waren. Als aber die Apostel zu Jerusalem hörten, dass Samaria das Wort Gottes angenommen hatte, sandten sie Petrus und Johannes zu ihnen; und als sie herabkamen, beteten sie für sie, dass sie den heiligen Geist empfingen; denn er war noch auf keinen von ihnen gefallen, sondern sie waren **getauft auf den Namen des Herrn Jesus**. *Da legten sie ihnen die Hände auf, und sie empfingen den Heiligen Geist.*

Apostelgeschichte 10:43-48: Von ihm geben alle Propheten Zeugnis, dass durch seinen Namen jeder, der an ihn glaubt, Vergebung der Sünden empfangen wird. Während Petrus noch diese Worte redete, fiel der Heilige Geist auf alle, die das Wort hörten. Und die aus der Beschneidung, die gläubig waren, entsetzten sich, so viele mit Petrus gekommen waren, weil die Gabe des Heiligen Geistes auch auf die

*Heiden ausgegossen worden war. Denn sie hörten sie mit Zungen reden und Gott preisen. Da antwortete Petrus: Kann jemand das Wasser verbieten, dass diese nicht getauft werden, die den Heiligen Geist empfangen haben wie wir? Und er **befahl ihnen, sich auf den Namen des Herrn taufen zu lassen.***

*Apostelgeschichte 19:1-6: Und es begab sich, dass, während Apollos in Korinth war, Paulus durch die oberen Küsten zog und nach Ephesus kam; und da er einige Jünger fand, sprach er zu ihnen: Habt ihr den Heiligen Geist empfangen, seitdem ihr gläubig seid? Sie aber sprachen zu ihm: Wir haben noch nicht gehört, ob es einen heiligen Geist gibt. Und er sprach zu ihnen: Worauf seid ihr denn getauft worden? Sie aber sprachen: Auf die Taufe des Johannes. Da sprach Paulus: Johannes hat wahrhaftig mit der Taufe der Buße getauft und dem Volk gesagt, dass sie an den glauben sollen, der nach ihm kommen soll, das ist an Christus Jesus. Als sie das hörten, ließen sie **sich auf den Namen des Herrn Jesus taufen**. Und als Paulus ihnen die Hände aufgelegt hatte, kam der Heilige Geist auf sie; und sie redeten mit Zungen und weissagten.*

*Apg 22:16 Was zögerst du noch? Steh auf, lass dich **taufen und wasche deine Sünden ab, indem du den Namen des Herrn rufst.***

Der Herr offenbarte mir, dass der Heilige Geist auch für mich verfügbar war und dass ich, wenn ich mich **im Namen Jesu taufen** lassen würde, geheilt und von diesem schrecklichen Leiden befreit werden würde. An den Tagen, an denen es wirklich schlimm war, rief ich Schwester Elizabeth an und sie betete für mich. Ich erkannte, dass ich vom Feind angegriffen wurde, denn sein Auftrag ist es, zu stehlen, zu töten und zu zerstören, wie es in Johannes 10,10 heißt. Vor vielen Jahren las ich Epheser 6,10-18 und erkannte, dass ich täglich die ganze Waffenrüstung Gottes tragen musste. Jedes Mal, wenn ich spürte, dass mich die Angst überkam, begann ich zu kämpfen und mich nicht zu fürchten. Am 2. November 2008 wurde ich in der Life Church in Pasadena, CA, in Jesu Namen getauft. Ich fühlte den erstaunlichsten Frieden, den ich je erlebt habe, und das war, bevor ich überhaupt ins Wasser stieg, um getauft zu werden. Als ich aus dem Wasser auftauchte, fühlte ich mich leicht wie eine Feder, als würde ich auf

Elisabeth Das

Wolken gehen, und ich konnte nicht aufhören zu lächeln. Ich spürte Gottes Gegenwart, seinen Frieden und seine Liebe wie nie zuvor. Am 16. November 2008 empfing ich die Gabe des Heiligen Geistes durch das Sprechen in anderen Zungen. Die Leere, die ich seit meiner Kindheit immer gespürt hatte, war nun gefüllt. Ich wusste, dass Gott mich liebt und ein großes Ziel für mein Leben hat, und je mehr ich ihn suche und bete, desto mehr offenbart er sich mir. Gott hat mir gezeigt, dass ich meinen Glauben weitergeben, Hoffnung und Liebe schenken soll. Seit meiner apostolischen Neugeburt und der Befreiung von Ängsten hat Jesus viele Menschen in mein Leben gebracht, die ebenfalls unter Ängsten leiden. Ich habe jetzt einen Dienst in meinem Zeugnis, den ich mit ihnen teilen kann.

Ich bin Jesus so sehr dankbar für Schwester Elizabeth Das. Durch ihre Gebete und Lehren arbeite ich jetzt auch für Jesus. Sie hat auch meine Mutter, meine Tochter, meine Tante und einige Freunde durch ihre Gebete und ihren Dienst zum Herrn geführt. Ich wurde geschaffen, um Jesus die ganze Ehre zu geben! Gesegnet sei Sein Heiliger Name.

Martin Razo
Santa Ana, Kalifornien, Vereinigte Staaten von Amerika

Als Kind lebte ich in Traurigkeit. Obwohl mich Menschen umgaben, hatte ich das Gefühl tiefer Einsamkeit. Mein Name ist Martin Razo, und das war meine Kindheit, als ich aufwuchs. In der Highschool wusste jeder, wer ich war, auch wenn sie nicht zu den „coolen Leuten" gehörten. Ich hatte ein paar Freundinnen, nahm Drogen und lebte so, als wäre das etwas Normales, weil fast alle anderen das auch taten. Freitag- und Samstagabend war ich mit meinen Freunden high und ging in Clubs, um Mädchen aufzureißen. Mein Vater war immer hinter mir her und beobachtete, was ich tat und wo. Die Schwester Elizabeth, eine Freundin der Familie, erzählte mir ihr Zeugnis.

Es war nicht langweilig, im Gegenteil, es war sogar sehr interessant, was sie sagte. Ich dachte immer, dass sie tatsächlich glaubte, was sie sagte. Dann ging plötzlich zu Hause alles schief. Es schien, als ob der

Ich habe es getan "Sein Weg".

Herr mich warnte und mich durch die Angst rief. Ich hatte drei sehr erschreckende Erlebnisse, die mich das glauben ließen. Zuerst wurde ich mit Drogen erwischt und lief von zu Hause weg, aber nicht lange. Meine Tante zwang mich, meine Mutter anzurufen, und nachdem ich erfahren hatte, dass meine Mutter Diabetes hatte, kehrte ich nach Hause zurück. Zweitens kam ich um 2:00 Uhr morgens aus einem Nachtclub und hatte einen Autounfall, bei dem das Auto explodierte und in die Luft flog. Zu dieser Zeit besuchte ich das Bibelstudium mit Schwester Das. Als wir uns unterhielten, erzählte er mir, dass er seine Seele an den Teufel verkauft habe und dass er die Macht habe, Lichter an- und auszuschalten. Anhand der Straßenlaternen demonstrierte er es mir, indem er mit den Augen blinzelte, um sie an- und auszuschalten. Ich sah sein Gesicht, als würde es sich in einen Dämon verwandeln. Ich sprang aus dem Auto und rannte so schnell ich konnte nach Hause. Stunden später dachte ich darüber nach, was Schwester Elizabeth gesagt hatte, und dachte, dass es auch real sein musste. Schwester Das gab mir am Telefon ein Bibelstudium über die Taufe im Namen Jesu, wie sie in der Apostelgeschichte und der frühen Kirche beschrieben wird. Damals wusste sie noch nichts von meiner Selbstmordneigung, aber irgendetwas sagte ihr, dass ich das sofort hören musste, weil sie mich vielleicht nicht wiedersehen würde. Ich ließ mich taufen, als ich eine Kirche besuchte, die glaubte, dass Gott eine heilige Dreifaltigkeit aus drei Personen ist. Ich war dabei, von dieser Kirche zur Lehre der Apostel überzugehen. Gott ist einer! Gott ist Geist, Jesus war Gott, der im Fleisch kam, um unter den Menschen zu wohnen, und der Heilige Geist ist Gott in uns. Das war und ist die Lehre der Apostel. Ich hatte nur angenommen, was mir als Wahrheit gelehrt wurde. Ich wusste nicht, wann und woher dieser Glaube stammte.

Eine Woche später bat mich Schwester Elizabeth, zu einem Bibelstudium in das Haus meines Onkels zu gehen. Bruder James Min, der die Gabe der Heilung und Befreiung hat, begleitete sie. An diesem Abend geschahen Wunder, und nach der Bibelstunde fragten sie uns, ob wir den Heiligen Geist empfangen wollten. Die meisten von uns sagten ja. Ich dachte immer noch, das ist verrückt und nicht möglich, aber ich trat trotzdem vor.

Elisabeth Das

Als Bruder James und Schwester Elizabeth für mich beteten, überkam mich eine Kraft. Ich wusste nicht, wie ich auf dieses starke Gefühl der Freude reagieren sollte. Zuerst unterdrückte ich das Gefühl dieser Kraft. Dann kam es ein zweites Mal, stärker als beim ersten Mal, und es wurde stärker, als ich es wieder zu unterdrücken versuchte.

Beim dritten Mal konnte ich den Geist nicht unterdrücken und fing an, in einer anderen Zunge oder Sprache zu sprechen, die ich nicht kannte. Ich dachte, dass das Sprechen in Zungen eine Lüge sei, und als die Freude des Heiligen Geistes zum ersten Mal über mich kam, versuchte ich zu sprechen, aber ich versuchte, es zu verhindern, weil ich Angst hatte. Jesus heilte mich an diesem Tag von allen Depressionen und Selbstmordgedanken.

Ich bin jetzt 28 Jahre alt und der Herr hat mein Leben wirklich zum Besseren verändert. Ich habe die Bibelschule abgeschlossen und der Herr hat mich mit einer wunderschönen Frau gesegnet. Wir haben eine Jugendarbeit in unserer Kirche, und ich verfolge auch einen Dienst als Diener Gottes. Schwester Das hat die Familie Razo und mich nie aufgegeben. Aufgrund ihrer vielen Gebete und ihrer Zeugnisse von der Kraft Gottes ist der ganzen Familie Razo Gutes widerfahren. Viele unserer Verwandten und Nachbarn haben sich ebenfalls dem Herrn Jesus Christus zugewandt. Jetzt habe ich ein Zeugnis. Lassen Sie mich Ihnen sagen, dass Sie niemals aufgeben dürfen, für geliebte Menschen und Menschen im Allgemeinen zu beten. Man kann nie wissen, was Gott tut und wie er es auf seine Art und Weise zustande bringt!!!

Tammy Alford
Berg. Herman, Louisiana, U.S.A.

Ich bin im Grunde mein ganzes Leben lang in der Kirche gewesen. Meine Last ist für die Menschen, die verletzt sind, und ich möchte sie mit dem Wort der Wahrheit erreichen, um sie wissen zu lassen, dass Jesus ihre Hoffnung ist. Als der Herr mir diese Last gab, schrieb ich „The People" auf ein Gebetstuch und teilte es mit meiner Gemeinde. Wir begannen zu beten und Fürbitte zu halten, und als Ergebnis erhielt jeder ein Gebetstuch, um es mit nach Hause zu nehmen und darüber zu beten.

Ich habe es getan "Sein Weg".

Durch unseren ehemaligen Pastor und seine Familie (die jetzt als Missionare nach Indien berufen wurden) lernte ich Schwester Elizabeth Das kennen. Elizabeth Das. Unsere Landgemeinde in Franklinton, Louisiana, hieß sie willkommen, als sie ihr starkes Zeugnis erzählte. Alle waren gesegnet. Ein paar Monate später wurden Schwester Elizabeth und ich Gebetspartner. Eine strahlende Frau, die nicht nur gerne betet, sondern es auch lebt! Erstaunlich wahrhaftig lebt sie „Innerhalb und außerhalb der Saison". Unsere Gebetszeit fand am frühen Morgen per Telefon statt, wobei Texas mit Louisiana verbunden war. Wir hatten den Segen des Herrn. Er gab die Vermehrung und bald hatten wir eine Gebetsgruppe aus verschiedenen Staaten.

Über eine gemeinsame Konferenzleitung begannen wir zu beten und zu fasten, und dann kamen die ersten Lobpreisberichte. Unser Gott ist so erstaunlich! Schwester Elizabeth ist diese strahlende Frau, die ein so brennendes Verlangen hat, Seelen gerettet zu sehen. Ihre brennende Flamme hat viele andere zum Beten angeregt und ihnen eine Vision gegeben. Es gibt keine Krankheit, keinen Schmerz und keinen Teufel in der Hölle, der sie aufhalten könnte. Seit vielen Jahren erreicht sie nun die Verlorenen und Sterbenden und betet für sie; nur die Ewigkeit wird es zeigen. Ich danke Gott für ihre Entschlossenheit und ihre Liebe zu „den Menschen". Ich habe gesehen, wie Gott durch sie großartige Taten und Wunder vollbracht und Gebete erhört hat. Meine Freunde hier und die Menschen, die ich kenne, können alle bezeugen, dass, wenn wir Schwester Elizabeth rufen, das Gebet des Glaubens gebetet wird. Dinge geschehen! Zum Beispiel stand bei einer Dame, die ab und zu unsere Kirche besucht, eine größere Operation an. Obwohl sie außerhalb der Stadt wohnte, sagte ich ihr, ich würde Schwester Elizabeth anrufen und wir würden am Telefon für ihre Krankheit beten. Wir beteten und ihre Schmerzen waren weg. Schwester Elizabeth sagte ihr: „Du musst nicht mehr operiert werden, du bist geheilt." Der Operationstermin wurde beibehalten, bis das Krankenhaus anrief und die Operation absagte, woraufhin sie einen neuen Termin vereinbarte. Das Krankenhaus führte keine weiteren Tests vor der Operation durch und machte mit der Operation weiter. Nach der Operation wurde ihr mitgeteilt, dass man bei ihr nichts gefunden hatte, nicht einmal eine Spur der schweren Krankheit.

Elisabeth Das

Ein weiteres Wunder betraf meinen Freund, der einen kleinen Jungen hat. Er war krank mit Fieber und war eingeschlafen. Wir riefen Schwester Elizabeth an und beteten über das Freisprechtelefon. Der kleine Junge wachte plötzlich auf, stand auf, lief ganz normal herum und wurde geheilt. Viele Male haben wir über Häusern mit dämonischen Geistern gebetet und wir konnten tatsächlich spüren, dass etwas geschehen war. Wir freuten uns, wenn sie uns berichteten, dass sie plötzlich Frieden fühlten oder dass sie nachts wieder ruhig schlafen konnten, ohne gequält zu werden.

Ich weiß, dass mein Glaube gewachsen ist, seit ich zu dieser Gebetsgruppe gehöre. Schwester Elizabeth ist für mich in vielerlei Hinsicht eine Lehrerin gewesen. Sie hat mir geistliche Führung durch das Wort Gottes gegeben. Ihr Leben ist ein schönes Beispiel für die Metaphern in der Bibel, in denen vom „Licht auf dem Berg, das nicht verborgen werden kann" und vom „Baum, der an den Wasserbächen gepflanzt ist" die Rede ist. Ihre Wurzeln sind tief in Jesus verwurzelt, und sie ist in der Lage, andere mit der Kraft und Weisheit zu versorgen, die sie brauchen. Durch die dunklen Prüfungen, die ich durchlaufen habe, weiß ich, dass Schwester Elizabeth für mich gebetet hat und ich bin dankbar für ihren Dienst. Sie ist wirklich das strahlende Juwel, das in Christus auserwählt ist und mächtig für sein Reich gebraucht wird. Jeden Morgen bringt sie die leeren Gefäße vor Jesus, und er füllt sie immer wieder auf. Mein Dank gilt Schwester Elizabeth dafür, dass sie sich wahrhaftig und rein für Jesus und sein Reich hingibt. Gott sei die Herrlichkeit!

Rhonda Callahan
Fort Worth, Texas Mai 20, 2011

Irgendwann im Jahr 2007 fuhr ich durch die Stadt Dallas an einer Überführung entlang und sah ein paar obdachlose Männer unter einer Brücke schlafen. Ich war von Mitleid ergriffen und sagte zum Herrn: „Herr, wenn du heute auf dieser Erde wärst, würdest du diese Männer berühren und ihren Geist heilen und sie gesund machen! Sie würden zu produktiven Männern der Gemeinschaft werden und ein normales Leben führen. Sofort sprach Jesus zu meinem Herzen und sagte: „Ihr seid meine Hände und ihr seid meine Füße." In diesem Moment wusste ich, was Gott zu mir sprach. Ich begann zu weinen und Ihn zu preisen. Ich besaß die Macht, diese Männer zu berühren und sie gesund zu machen. Nicht aus meiner eigenen Kraft, sondern aus seiner Kraft.

Apostelgeschichte 1:8: „Ihr werdet aber Kraft empfangen, nachdem der Heilige Geist auf euch gekommen ist; und ihr werdet meine Zeugen sein in Jerusalem und in ganz Judäa und Samarien und bis an das Ende der Erde.

Außerdem heißt es in Epheser 1:13-14;

„Auf den auch ihr vertraut habt, nachdem ihr das Wort der Wahrheit, das Evangelium eures Heils, gehört habt; auf den auch ihr, nachdem ihr geglaubt habt, versiegelt worden seid mit dem heiligen Geist der Verheißung, der uns das Erbe zusichert bis zur Erlösung des erkauften Eigentums, zum Lob seiner Herrlichkeit."

Ich hatte die Kraft empfangen und wurde 1986 versiegelt, als Gott mich herrlich mit dem Heiligen Geist taufte. So oft haben wir die Einstellung, dass, wenn Gott heute hier wäre, Wunder unter uns geschehen würden. Wir müssen verstehen, dass, wenn Gott uns mit seinem Heiligen Geist erfüllt. Er hat Ihnen die Macht gegeben, Wunder zu tun. Wir werden zu seinen Händen und Füßen, wir sind berufen, diese wunderbare Botschaft allen zu verkünden, die in Not sind.

Lukas 4:18

„Der Geist des Herrn ruht auf mir, weil er mich gesalbt hat, den Armen das Evangelium zu verkünden; er hat mich gesandt, zu heilen, die zerbrochenen Herzens sind, den Gefangenen Befreiung zu predigen und den Blinden das Augenlicht, die Zerschlagenen in Freiheit zu setzen, das Gnadenjahr des Herrn zu verkünden".

Obwohl ich seit 1986 mit dem Heiligen Geist erfüllt war, hatte ich in den letzten Jahren einige harte Schläge einstecken müssen. Ich besuchte treu die Kirche, war Sonntagsschullehrer und hatte gerade 4 Jahre Bibelschule abgeschlossen. Ich meldete mich freiwillig für alles, was in der Kirche von mir verlangt wurde.

Elisabeth Das

Dennoch war ich extrem bedrückt. Ich glaubte immer noch, dass Gott in der Lage war, alles zu tun, was er versprochen hatte, aber ich war ein zerbrochenes Gefäß. Es gab eine Zeit, in der ich mich im Gebet und in der Fürbitte vor dem Herrn abmühte, jeden Tag meine Bibel las und bei jeder Gelegenheit Zeugnis ablegte, aber jetzt betete ich kaum noch. Ich war entmutigt und deprimiert und wurde von ständigen seelischen Qualen übermannt. Meine Tochter hatte kürzlich ihren Mann verlassen und die Scheidung eingereicht. Mein Enkel war zu dieser Zeit 4 Jahre alt, und ich sah den Schmerz, den er durch ein zerrüttetes Elternhaus erlitt. Die Gedanken an das Leben, das er führen würde, wenn er in einem zerrütteten Elternhaus aufwächst, quälten mich immer mehr. Ich machte mir Sorgen, dass er möglicherweise von einem Stiefvater missbraucht werden könnte, der keine Liebe für ihn empfand, oder dass er aufgrund der Scheidung nicht das Gefühl haben könnte, von seinem Vater oder seiner Mutter geliebt zu werden. Mir gingen schreckliche Gedanken durch den Kopf und ich weinte täglich. Ich habe diese Gedanken einigen engen Freunden gegenüber geäußert. Sie antworteten immer auf dieselbe Weise: Vertraut auf Gott! Ich wusste, dass Gott fähig war, aber ich hatte den Glauben an mich selbst verloren. Wenn ich betete, ertappte ich mich dabei, wie ich bettelte, weinte und mir wünschte, Gott möge ihn beschützen. Ich wusste, dass er es konnte, aber würde er es auch für mich tun?

Ich kämpfte mit dem Essen und musste mich ständig vollstopfen. Mein Fleisch war der Herrscher über mein Leben geworden. Ich wandelte nicht mehr im Geist, sondern mehr im Fleisch und erfüllte ständig die Begierde des Fleisches, zumindest hatte ich das Gefühl.

Am 27. März 2011 hatten wir nach der Kirche ein Mittagessen der Frauengemeinschaft. Ich wurde gebeten, zu sprechen. Ich arbeitete immer noch ganz normal in der Kirche, aber ich war gebrochen, und nur wenige, wenn überhaupt, verstanden die Tiefe meiner Zerrissenheit. Nach dem Mittagessen kam Schwester Elizabeth Das mit einem süßen Lächeln auf mich zu und gab mir ihre Telefonnummer. Sie sagte: „Rufen Sie mich an, wenn Sie nach der Kirche einen Ort brauchen, an den Sie gehen können, Sie können bei mir wohnen." Der Grund dafür, dass sie mir sagte, ich könne bei ihr bleiben, ist, dass ich 65 Meilen in einer Richtung zur Kirche fahren muss und es sehr schwer

Ich habe es getan "Sein Weg".

ist, nach Hause zu fahren und zum Abendgottesdienst wieder zurückzukehren, also versuchte ich einfach, bis zum Abendgottesdienst zu bleiben, anstatt zwischen den Gottesdiensten nach Hause zu fahren.

Etwa zwei Wochen waren vergangen, und ich hatte das Gefühl, dass ich immer deprimierter wurde. Eines Morgens auf dem Weg zur Arbeit kramte ich in meiner Handtasche und fand die Nummer von Schwester Elizabeth. Ich rief sie an und bat sie, für mich zu beten.

Ich erwartete, dass sie OK sagen und das Telefonat beenden würde. Aber zu meiner Überraschung sagte sie, dass ich jetzt für Sie beten werde. Ich hielt mein Auto an den Straßenrand und sie betete für mich.

In der folgenden Woche ging ich nach dem Gottesdienst mit ihr nach Hause. Nachdem wir eine Weile geredet hatten, bat sie darum, für mich zu beten. Sie legte mir die Hände auf den Kopf und begann zu beten. Mit Kraft und Autorität in ihrer Stimme betete sie, dass Gott mich befreien möge. Sie wies die Dunkelheit, die mich umgab, zurück: Überessen, seelische Qualen, Depressionen und Unterdrückung.

Ich weiß, dass Gott an diesem Tag diese Hände benutzte, um mich von der schrecklichen Unterdrückung zu befreien, unter der ich litt. In dem Moment, als Schwester Elizabeth sich Gott hingab, befreite er mich!

Markus 16:17-18 sagt uns: „Und diese Zeichen werden denen folgen, die glauben: In meinem Namen werden sie Teufel austreiben; sie werden mit neuen Zungen reden; sie werden Schlangen aufheben; und wenn sie etwas Tödliches trinken, wird es ihnen nicht schaden; sie werden den Kranken die Hände auflegen, und sie werden gesund werden".

Jesaja 61:1 „Der Geist Gottes, des Herrn, ruht auf mir; denn der Herr hat mich gesalbt, den Sanftmütigen eine frohe Botschaft zu verkünden; er hat mich gesandt, zu verbinden, die zerbrochenen Herzens sind, und den Gefangenen die Freiheit zu verkünden und den Gebundenen die Öffnung des Gefängnisses".

Elisabeth Das

Jesus braucht uns, um seine Hände und Füße zu sein. Schwester Elizabeth ist eine wahre Dienerin Gottes. Sie ist von Seiner Kraft erfüllt und gehorcht Seiner Stimme. Ich bin so dankbar, dass es Frauen wie Schwester Elizabeth unter uns leben, die immer noch an die befreiende Kraft des kostbaren Blutes Jesu glauben, die von Seinem Geist gesalbt wurden und diese wunderbare Berufung erfüllen, zu der Er sie berufen hat. An diesem Tag verwandelte Gott meinen Schmerz in Schönheit und entfernte den Geist der Schwere und ersetzte ihn durch das Öl der Freude.

Jesaja 61:3 „Um denen, die in Zion trauern, Schönheit für die Asche zu geben, Freudenöl für die Trauer, ein Kleid des Lobes für den Geist der Traurigkeit, damit sie Bäume der Gerechtigkeit genannt werden, die Pflanzung des HERRN, damit er verherrlicht werde".

Ich fordere Sie heute heraus: Suchen Sie Gott von ganzem Herzen, damit Sie in der Fülle seiner Kraft wandeln können. Er braucht Sie, um Jesus mit anderen zu teilen und seine Hände und Füße zu sein. Amen!

Vicky Franzen Josephine
Texas

Mein Name ist Vicky Franzen. Ich habe die meiste Zeit meines Lebens als Erwachsene die katholische Kirche besucht, aber ich hatte immer das Gefühl, dass etwas fehlt. Vor ein paar Jahren hörte ich ein Radioprogramm, das über die Endzeit lehrte. Viele Fragen, die ich mein ganzes Leben lang hatte, wurden beantwortet. Das führte mich zu einer apostolischen Kirche, um meine Suche nach der Wahrheit fortzusetzen. Dort ließ ich mich auf den Namen Jesu taufen und empfing die Taufe des Heiligen Geistes mit dem Beweis der Zungenrede, wie sie in der Apostelgeschichte beschrieben wird.

In den nächsten vier Jahren schien mir die Fähigkeit, in Zungen zu reden, nicht mehr zur Verfügung zu stehen, obwohl ich regelmäßig in die Kirche ging, betete, studierte und in verschiedenen Diensten mitarbeitete. Ich fühlte mich sehr „trocken" und leer vom Heiligen Geist. Ein anderes Mitglied meiner Gemeinde erzählte mir, dass, als

Ich habe es getan "Sein Weg".

Schwester Liz ihr die Hände aufgelegt und gebetet hatte, „etwas" aus ihr herauskam, sodass sie sich völlig frei von Unterdrückung, Depression usw. fühlte.

Mehrere Frauen aus unserer Kirche trafen sich zum Mittagessen, was mir die Gelegenheit gab, Schwester Elizabeth kennenzulernen. Es begann ein Gespräch über Dämonen und die geistige Welt. Ich war schon immer sehr neugierig auf dieses Thema gewesen, hatte aber noch nie eine Lehre darüber gehört. Wir tauschten Telefonnummern aus und begannen ein Bibelstudium bei ihr zu Hause. Ich fragte mich, wie eine Person, die auf den Namen Jesu getauft und mit dem Heiligen Geist getauft worden war, einen Dämon haben konnte. Sie sagte mir, dass man ein rechtschaffenes, heiliges Leben führen muss, indem man betet, fastet, das Wort Gottes liest und jeden Tag in Zungen spricht, um voll des Heiligen Geistes zu sein. Damals erzählte ich von meiner Erfahrung, dass ich mich trocken fühlte und nicht in Zungen reden konnte. Sie legte mir die Hände auf und betete. Ich fühlte mich gut, aber sehr müde. Liz erklärte, dass man sich müde und ausgelaugt fühlt, wenn ein böser Geist aus dem Körper kommt. Sie betete weiter über mir und ich begann in Zungen zu sprechen. Ich war so aufgeregt und voller Freude. Die Fähigkeit, in Zungen zu sprechen, ließ mich wissen, dass ich noch den Heiligen Geist hatte.

Liz und ich wurden gute Freunde und beteten gemeinsam. Schwester Elizabeth hat einen so süßen und sanften Geist, aber wenn sie betet, salbt Gott sie mit göttlicher Kühnheit, um die Kranken zu heilen und Dämonen auszutreiben. Sie betet mit Autorität und sieht die Antwort fast immer sofort. Gott hat ihr ein Talent gegeben, die Schrift so zu lehren, dass die Bedeutung für mich sehr klar wird.

Ich habe Liz von der Tochter meiner Freundin Valerie, Mary, erzählt. Bei ihr wurde ADS und COPD diagnostiziert. Außerdem hatte sie einen Bandscheibenvorfall, den man ohne Operation zu behandeln versuchte. Sie war ständig mit verschiedenen körperlichen Problemen im Krankenhaus. Sie nahm viele verschiedene Medikamente ein, ohne dass die Ergebnisse gut waren. Mary war so behindert, dass sie nicht arbeiten konnte, und sie hatte vier Kinder zu versorgen, ohne dass sie von ihrem Ex-Mann unterstützt wurde.

Elisabeth Das

Schwester Liz begann mir zu erzählen, dass einige dieser Dinge Dämonen sind und im Namen Jesu ausgetrieben werden können. Ich hatte einige Zweifel daran, einfach weil ich noch nie gehört hatte, dass eine bestimmte Krankheit durch Dämonen verursacht wird. Als meine Freundin, ihre Schwiegermutter und ich uns kürzlich zum Kaffee zusammensetzten, begannen sie mir zu erzählen, wie heftig Maria zu ihnen sprach. Sie schrie, brüllte und verfluchte sie. Sie wussten, dass sie mit ihren Rückenproblemen und den starken Kopfschmerzen, die die Medikamente nicht zu lindern schienen, große Schmerzen hatte, aber das war etwas anderes. Sie sprachen davon, wie hasserfüllt ihr Blick manchmal war und wie sehr er sie erschreckte.

Ein paar Tage später rief meine Freundin an und sagte, sie könne es nicht mehr ertragen! Die Beschreibungen, wie sich ihre Tochter verhielt, begannen die Dinge zu bestätigen, die Schwester Liz mir über Dämonen erzählte. Liz mir über Dämonen erzählt hatte. Alles, was sie mir erzählte, bestätigte Gott durch andere. Marys Zustand verschlimmerte sich und sie begann, darüber zu sprechen, ihr Leben zu beenden. Wir begannen gemeinsam für die Austreibung von Dämonen in Mary und ihrem Haus zu beten. Gott weckte Schwester Liz zwei Nächte hintereinander auf, um für Maria Fürsprache zu halten. Liz bat Gott ausdrücklich darum, Maria zu zeigen, was dort vor sich ging.

Als Maria in der Nacht betete, hatte sie eine Vision, dass ihr Mann (der sie verlassen hatte und mit einer anderen Frau zusammenlebte) in ihrem Haus war. Sie dachte, die Vision sei die Antwort Gottes auf ihr Gebet, dass er zu Weihnachten zu ihnen nach Hause kommen würde. Schwester Liz erzählte mir, dass sie den Verdacht hegte, dass Hexerei gegen Maria eingesetzt wurde. Wahrscheinlich von ihrem Ex-Mann oder der Frau, mit der er zusammenlebte. Ich verstand wirklich nicht, wie sie das wissen konnte. Ich erzählte niemandem etwas von dem, was Liz mir sagte. Ein paar Tage später erzählte mir Valerie, dass ihre Tochter Mary seltsame, hässliche Textnachrichten von der Frau erhielt, die mit ihrem Ex-Mann zusammenlebt. Mary wusste, dass die Sprache eindeutig für Hexerei verwendet wurde. Dies war eine Bestätigung für das, was Schwester Liz mir erzählt hatte.

Ich habe es getan "Sein Weg".

In den letzten Monaten, in denen wir von Marys Zustand wussten, hatten wir versucht, für sie zu beten. Es hat einfach nie geklappt. Schwester Liz sagte: „Auch wenn wir es nicht zu ihr nach Hause schaffen, wird Gott gehen und sich um die Situation kümmern."

Und als Jesus nach Kapernaum kam, trat ein Hauptmann zu ihm und bat ihn und sprach: Herr, mein Knecht liegt zu Hause, krank von der Gicht, schwer gequält. Und Jesus sprach zu ihm: Ich will kommen und ihn heilen. Der Hauptmann antwortete und sprach: Herr, ich bin nicht würdig, dass du unter mein Dach kommst; sondern sprich nur ein Wort, so wird mein Knecht gesund werden. Denn ich bin ein Mensch, der Gewalt hat, und habe Kriegsknechte unter mir; und wenn ich zu diesem sage: Geh hin, so geht er hin; und wenn ich zu einem anderen sage: Komm her, so kommt er her; und wenn ich zu meinem Knecht sage: Tu dies, so tut er es. Als Jesus das hörte, wunderte er sich und sagte zu denen, die ihm folgten: „Wahrlich, ich sage euch: Einen so großen Glauben habe ich nicht gefunden, auch nicht in Israel. (Matthäus 8:5-10)

Innerhalb von zwei Tagen, nachdem wir gebetet hatten, die Dämonen aus Maria und ihrem Haus zu vertreiben, berichtete sie ihrer Mutter, dass sie besser schlief und keine Träume mehr hatte. Dies ist eines von vielen Dingen, die Schwester Liz sagte mir, dass viele Träume und nächtliche Stuten ein Hinweis auf böse Geister im Haus sein können. Am nächsten Tag erzählte eine Mitarbeiterin von Valerie ihr von einem Traum, den sie in der Nacht zuvor hatte. Eine flache schwarze Schlange kroch von Marys Haus weg. An diesem Tag rief Mary ihre Mutter an und sagte, sie fühle sich so glücklich und froh. Sie war mit ihren 15 Monate alten Zwillingen einkaufen, was sie schon seit einiger Zeit nicht mehr getan hatte. Dies war eine weitere Bestätigung dafür, dass ADS, ADHS, Bipolarität und Schizophrenie Angriffe des Feindes sind. Wir haben Macht über Skorpione und Schlangen (das sind alle bösen Geister, die in der Bibel erwähnt werden), die wir nur im Namen von Jesus austreiben können.

Siehe, ich gebe euch Macht, auf Schlangen und Skorpione zu treten und über alle Gewalt des Feindes; und nichts wird euch schaden.
Lukas 10:19

Schwester Liz sagte mir auch, dass wir unsere Familie, unsere Häuser und uns selbst täglich mit gesegnetem Olivenöl gegen die Angriffe des Feindes salben müssen. Wir sollten auch das Wort Gottes in unser Haus eindringen lassen.

Diese Erfahrung hat mir geholfen, einige Situationen zu erkennen, die definitiv von Dämonen kontrolliert werden, von denen in der Bibel die Rede ist.

Denn wir ringen nicht mit Fleisch und Blut, sondern mit Fürstentümern und Gewalten, mit den Machthabern der Finsternis dieser Welt und mit der geistlichen Bosheit in der Höhe.
(Epheser 6:12)

Ich kann nur für mich selbst sprechen. Ich bin in dem Glauben aufgewachsen, dass Wunder, das Sprechen in Zungen, die Heilung von Kranken und das Austreiben von Dämonen nur in der biblischen Zeit möglich waren, als Jesus und seine Apostel auf der Erde lebten. Ich habe mir nie viele Gedanken über Dämonenbesessenheit in unserer heutigen Zeit gemacht. Jetzt weiß und verstehe ich: Wir leben immer noch in biblischen Zeiten! Sein Wort war immer für die Gegenwart bestimmt. Die „Gegenwart" war gestern, die „Gegenwart" ist jetzt, und die „Gegenwart" wird für morgen sein!

Jesus Christus, derselbe gestern und heute und in Ewigkeit.
(Hebräer 13:8)

Satan hat es geschafft, uns zu täuschen und von der Macht, die Gott seiner Kirche gegeben hat, wegzuführen. Gottes Kirche sind diejenigen, die Buße tun, sich auf den Namen Jesu taufen lassen und die Gabe des Heiligen Geistes empfangen, mit dem Beweis des Sprechens in Zungen. Sie werden dann Kraft aus der Höhe empfangen.

Ihr werdet aber Kraft empfangen, nachdem der Heilige Geist auf euch gekommen ist; und ihr werdet meine Zeugen sein in Jerusalem und in ganz Judäa und Samarien und bis an das Ende der Erde.
(Apostelgeschichte 1:8)

Ich habe es getan "Sein Weg".

Und meine Rede und meine Predigt war nicht mit verlockenden Worten menschlicher Weisheit, sondern in der Demonstration des Geistes und der Kraft (1. Korinther 2:4)

Denn unser Evangelium ist nicht allein im Wort zu euch gekommen, sondern auch in Kraft und im Heiligen Geist und in großer Zuversicht; denn ihr wisst, was für Menschen wir um euretwillen unter euch waren. (1. Thessalonicher 1:5)

Gottes Wort ist für uns JETZT!

Elisabeth Das

ABSCHNITT
II

Ich habe es getan "Sein Weg".

Ich habe nie daran gedacht, diesen zweiten Teil in mein Buch aufzunehmen. Ich habe mir jedoch die Zeit genommen und diesen Teil hinzugefügt, weil so viele Menschen um diese Informationen gebeten haben. Seit ich angefangen habe, Bibelstudien für verschiedene Nationalitäten zu halten, sind wir auf Veränderungen in den modernen Bibeln gestoßen. Ich begann, tief in der Geschichte zu graben und fand einige sehr schockierende Informationen. Da ich diese Informationen habe, glaube ich, dass es meine Verantwortung ist, meine Mitbrüder und Schwestern diese Wahrheit wissen zu lassen und den Feind in seinen Bahnen zu stoppen, damit er die Menschen nicht länger in die Irre führt.

Elisabeth Das

A.

SPRACHEN, DIE GOTT BENUTZT

Im Laufe der Jahrhunderte hat die Bibel viele verschiedene Formen und vor allem verschiedene Sprachen angenommen. Im Laufe der Geschichte gab es vier Hauptsprachen, in die die Bibel übersetzt wurde: zuerst Hebräisch, dann Griechisch, gefolgt von Latein und schließlich Englisch. In den folgenden Abschnitten werden diese verschiedenen Stadien kurz dargestellt.

Von etwa 2000 v. Chr., der Zeit Abrahams, bis etwa 70 n. Chr., der Zeit der Zerstörung des zweiten Tempels in Jerusalem, entschied sich Gott, zu seinem Volk durch die semitischen Sprachen, hauptsächlich Hebräisch, zu sprechen. Durch diese Sprache wurde seinem auserwählten Volk der Weg gezeigt und auch, dass es tatsächlich einen Retter brauchte, der es korrigierte, wenn es sündigte.

Als die Welt sich weiterentwickelte, entstand eine Supermacht, die sich hauptsächlich über die griechische Sprache verständigte. Griechisch war drei Jahrhunderte lang eine wichtige Sprache und war eine logische Wahl Gottes. Gott entschied sich, das Neue Testament auf Griechisch zu verkünden, und wie die Geschichte beweist, verbreitete es sich wie ein Lauffeuer. Satan erkannte, welche Bedrohung ein in der Sprache der Massen geschriebener Text darstellen würde, und machte sich daran, die Glaubwürdigkeit der Bibel zu zerstören. Diese „falsche"

Ich habe es getan "Sein Weg".

Bibel war in griechischer Sprache verfasst, stammte aber aus Alexandria in Ägypten; das Alte Testament wurde als „Septuaginta" und das Neue Testament als „Alexandrischer Text" bezeichnet. Die Informationen wurden durch die Ideen der Menschen verfälscht und viele Worte Gottes wurden gestrichen. Es ist auch offensichtlich, dass diese Apokryphen (griechisch für „Verborgene", die nie als Gottes Wort betrachtet wurden) heute in unsere moderne Bibel eingesickert sind.

Um 120 n. Chr. war Latein eine gängige Sprache geworden, und die Bibel wurde um 1500 erneut übersetzt. Da Latein zu dieser Zeit eine so weit verbreitete Sprache war, konnte die Bibel in ganz Europa leicht gelesen werden. Latein wurde damals als „internationale" Sprache angesehen. So konnte die Bibel durch die Länder reisen und weiter in regionale Dialekte übersetzt werden. Diese frühe Version wurde Vulgata genannt, was so viel wie „gewöhnliche Bibel" bedeutet. Der Teufel reagierte auf diese Bedrohung, indem er in Rom ein Schwesterbuch schuf. Die Römer behaupteten, dass ihre Bibel, die mit den „weggeworfenen Büchern" der Apokryphen und Texten, die der echten Bibel ähneln sollten, gefüllt war, tatsächlich die wahre Bibel sei. An diesem Punkt haben wir zwei Bibeln, die sich dramatisch voneinander unterscheiden; um seine gefälschte Bibel zu schützen, musste der Teufel losziehen und die wahren Texte zerstören. Die römisch-katholische Kirche schickte Söldner aus, um diejenigen zu vernichten und zu martern, die im Besitz der wahren lateinischen Vulgata waren. Die Söldner waren größtenteils erfolgreich, konnten die Bibel jedoch nicht vollständig ausrotten, und Gottes Wort blieb erhalten.

In den Jahren 600-700 n. Chr. entwickelte sich eine neue Weltsprache, das Englische. Gott begann, den Grundstein zu legen, der dann eine massive Missionsbewegung auslöste. Zunächst begann William Tyndale in den 1500er Jahren damit, die ursprünglichen hebräischen und griechischen Texte in die neue Sprache zu übersetzen. Viele nach ihm versuchten, dasselbe zu tun und ihr Bestes zu tun, um die früheren hebräischen und griechischen Texte anzugleichen. Zu diesen Personen gehörte auch König James VI., der 1604 einen Rat beauftragte, eine möglichst genaue englische Fassung der Texte zu erstellen. Im Jahr

1611 war eine autorisierte Version im Umlauf, die gemeinhin als King James Bibel bekannt ist. Missionare begannen, aus dieser Bibel in die ganze Welt zu übersetzen.

Der ständige Angriff Satans auf das Wort Gottes:

Jetzt sind wir mit einem weiteren Angriff des Teufels konfrontiert. Die 2011 veröffentlichte Bibel, die behauptet, die KJV von 1611 zu sein, hat die Apokryphen eingefügt, die nie als Wort Gottes betrachtet wurden. Die Apokryphen wurden von den autorisierten Gelehrten aus der KJV entfernt, da sie wussten, dass sie nicht das Wort Gottes waren.

Satan gibt niemals auf!

Ich habe es getan "Sein Weg".

B.

WIE HAT GOTT SEIN WORT BEWAHRT?

Gott misst seinem geschriebenen Wort höchste Bedeutung bei, was überdeutlich ist.

Die Worte des HERRN sind reine Worte, wie Silber, das im Erdofen geprüft und siebenmal geläutert wird. Du, HERR, bewahrst sie, du bewahrst sie von diesem Geschlecht für immer (Psl. 12:6-7).

Das Wort Gottes steht über allen Namen:

*„Ich will anbeten in deinem heiligen Tempel und deinen Namen preisen für deine Güte und deine Wahrheit; **denn du hast dein Wort über alle deine Namen erhöht**." (Psalmen 138:2)*

Der Herr warnte uns auch vor seiner Auffassung von seinem Wort. Er warnte diejenigen ernsthaft, die die Heilige Schrift verderben wollten. Gott warnte davor, seinem Wort etwas hinzuzufügen:

***Jedes Wort Gottes ist rein**; er ist ein Schild für die, die auf ihn vertrauen. Du sollst seinen Worten nichts hinzufügen, damit er dich nicht zurechtweist und du als Lügner dastehst. (Sprichwort 30:5-6)*

Gott hat seine Worte für alle Generationen bewahrt, ohne Ausnahme!

Viele fromme Männer versuchten heldenhaft, die steigende Flut von Abtrünnigkeit und Unglauben aufzuhalten, was zum Teil auf die Verwässerung der Autorität des Wortes Gottes zurückzuführen war. Während des finsteren Mittelalters kontrollierte die katholische Kirche die Menschen, indem sie die Bibel nur in Latein verfassen ließ. Das einfache Volk konnte weder Latein lesen noch sprechen.

Bis 400 n. Chr. wurde die Bibel von den echten Originalmanuskripten in 500 Sprachen übersetzt. Um die Menschen zu kontrollieren, erließ die katholische Kirche ein strenges Gesetz, dass die Bibel nur in lateinischer Sprache geschrieben und gelesen werden durfte. Diese lateinische Version wurde nicht aus den Originalmanuskripten übersetzt.

John Wycliffe:

John Wycliffe war als Pfarrer, Gelehrter, Oxford-Professor und Theologe bekannt. Im Jahr 1371 begann J.W. mithilfe vieler treuer Schreiber und Anhänger, die Manuskripte von Hand ins Englische zu übertragen. Wycliffes erstes handgeschriebenes englischsprachiges Bibelmanuskript wurde aus der lateinischen Vulgata übersetzt. Dies sollte dazu beitragen, den falschen Lehren der römisch-katholischen Kirche Einhalt zu gebieten. Es dauerte 10 Monate und kostete vierzig Pfund, um nur ein einziges Exemplar der Bibel zu schreiben und zu verbreiten. Gottes Hand war über Wycliffe. Die römisch-katholische Kirche tobte vor Wut gegen Wycliffe. Seine vielen guten Freunde halfen ihm, Schaden abzuwenden. Obwohl die katholische Kirche alles in ihrer Macht Stehende tat, um alle Exemplare einzusammeln und zu verbrennen, hielt das Wycliffe nicht auf. Er gab nie auf, denn er wusste, dass seine Arbeit nicht umsonst war. Der katholischen Kirche gelang es nicht, alle Exemplare zu beschaffen. Einhundertundsiebzig Exemplare blieben übrig. Gott sei die Ehre!

Die römisch-katholische Kirche ließ ihrem Zorn freien Lauf. Vierundvierzig Jahre nach dem Tod von John Wycliffe ordnete der

Ich habe es getan "Sein Weg".

Papst an, seine Gebeine auszugraben, zu zermalmen und in den Fluss zu werfen. Etwa hundert Jahre nach dem Tod von J. Wycliffe begann Europa, Griechisch zu lernen.

John Hus:

Einer von John Wycliffes Anhängern, John Hus, setzte die Arbeit fort, die Wycliffe begonnen hatte; auch er wandte sich gegen falsche Lehren. Die katholische Kirche war entschlossen, jede andere Veränderung als ihre eigene zu verhindern, indem sie jedem, der eine nicht-lateinische Bibel las, die Hinrichtung androhte. Wycliffes Idee, die Bibel in die eigene Sprache zu übersetzen, würde sich durchsetzen. John Hus wurde 1415 auf dem Scheiterhaufen verbrannt, zusammen mit dem Manuskript von Herrn Wycliffe, das zum Anzünden des Feuers verwendet wurde. Seine letzten Worte waren: „In 100 Jahren wird Gott einen Mann erwecken, dessen Ruf nach Reformen nicht unterdrückt werden kann". Im Jahr 1517 erfüllte sich seine Prophezeiung, als Martin Luther in Wittenberg seine berühmte Streitschrift gegen die katholische Kirche aufstellte. Im selben Jahr verbrannte die römisch-katholische Kirche sieben Menschen auf dem Scheiterhaufen, weil sie „ihre Kinder lehrten, das Gebet des Herrn auf Englisch statt auf Latein zu beten", heißt es in Fox' Märtyrerbuch.

Johannes Guttenberg:

Das erste Buch, das mit der Druckerpresse gedruckt wurde, war die lateinischsprachige Bibel, die 1440 von Johannes Guttenberg erfunden wurde.

Diese Erfindung ermöglichte es, eine große Anzahl von Büchern in sehr kurzer Zeit zu drucken. Dies sollte sich als wichtiges Instrument erweisen, um die protestantische Reformation voranzutreiben.

Dr. Thomas Linacre:

Dr. Thomas Linacre, ein Professor aus Oxford, beschloss in den 1490er-Jahren, Griechisch zu lernen. Er las und beendete die Bibel in der griechischen Originalsprache. Nach Abschluss seiner Studien stellte er fest: „Entweder ist dies nicht das Evangelium oder wir sind keine Christen".

Die römisch-katholischen lateinischen Vulgata-Versionen waren so korrumpiert worden, dass die Wahrheit verborgen blieb. Die katholische Kirche versuchte weiterhin, ihr strenges Gesetz durchzusetzen, wonach die Menschen die Bibel nur in lateinischer Sprache lesen durften.

John Colet:

1496 begann John Colet, ebenfalls Professor in Oxford, die Bibel für seine Studenten und später für die Öffentlichkeit in der St. Paul's Cathedral in London aus dem Griechischen ins Englische zu übersetzen. Innerhalb von sechs Monaten brach eine Erweckung aus und über 40.000 Menschen besuchten seinen Gottesdienst. Er ermutigte die Menschen, für Christus zu kämpfen und sich nicht in Religionskriege zu verwickeln. Da er viele Freunde in hohen Positionen hatte, entkam er seiner Hinrichtung.

Desiderius Erasmus, 1466-1536:

Herr Desiderius Erasmus, ein großer Gelehrter, beobachtete die Ereignisse von Herrn Colet und Herrn Linacre. Er war davon beeindruckt, die lateinische Vulgata wieder zur Wahrheit zu machen. Dies geschah mit Hilfe von Herrn J. Froben, der das Manuskript 1516 druckte und veröffentlichte.

Herr Erasmus wollte, dass alle wissen, wie verdorben die lateinische Vulgata geworden war. Er ermutigte sie, sich auf die Wahrheit zu konzentrieren. Er betonte, dass man durch die Verwendung der griechischen und hebräischen Originalmanuskripte auf dem richtigen Weg sei, um in Treue und Freiheit zu bleiben.

Eines der berühmtesten und amüsantesten Zitate des bekannten Gelehrten und Übersetzers Erasmus war,

Ich habe es getan "Sein Weg".

„Wenn ich ein wenig Geld habe, kaufe ich Bücher, und wenn etwas übrig bleibt, kaufe ich Essen und Kleidung".

Die katholische Kirche griff weiterhin jeden an, der sich an einer anderen als der lateinischen Übersetzung der Bibel beteiligte.

William Tyndale (1494-1536):

William Tyndale wurde im Jahr 1494 geboren und starb im Alter von 42 Jahren. Tyndale war nicht nur der Hauptmann der Reformatoren, sondern auch ihr geistiger Führer. Er war ein großer Mann von Integrität und Respekt. Herr Tyndale besuchte die Universität Oxford, wo er studierte und aufwuchs. Nachdem er im Alter von einundzwanzig Jahren seinen Master-Abschluss erhalten hatte, ging er nach London.

Er war begabt, viele Sprachen zu sprechen: Hebräisch, Griechisch, Spanisch, Deutsch, Latein, Französisch, Italienisch und Englisch. Ein Mitarbeiter von Herrn Tyndale sagte, dass jeder, der ihn eine dieser Sprachen sprechen hörte, dachte, er würde in seiner Muttersprache sprechen. Er benutzte diese Sprachen, um andere zu segnen. Er übersetzte das griechische Neue Testament ins Englische. Erstaunlicherweise war er der erste Mensch, der die Bibel in englischer Sprache druckte. Zweifellos ermöglichte diese Gabe seine erfolgreiche Flucht vor den Behörden während seiner Jahre der Verbannung aus England. Schließlich wurde Tyndale gefasst und wegen des Verbrechens der Ketzerei und des Hochverrats verhaftet. Nach einem unfairen Prozess und fünfhundert Tagen in einem Gefängnis mit miserablen Bedingungen wurde Tyndale im Oktober 1536 auf dem Scheiterhaufen verbrannt. Es ist überliefert, dass der Tyndale House Publishers ein modernes Unternehmen ist, das nach diesem erstaunlichen Helden benannt wurde.

Martin Luther:

Die römisch-katholische Kirche hatte zu lange geherrscht, und Martin Luther hatte keine Toleranz für die Korruption innerhalb der Kirche. Er hatte die Nase voll von den falschen Lehren, die den Menschen aufgezwungen wurden. An Halloween 1517 schlug er ohne zu zögern seine 95 Thesen an der Kirche von Wittenberg an. Das von der Kirche einberufene Konzil von Worms plante, Martin Luther zu martern. Die katholische Kirche fürchtete den Verlust von Macht und Einkommen. Sie würde nicht mehr in der Lage sein, Ablassbriefe für Sünden oder die Befreiung geliebter Menschen aus dem „Fegefeuer" zu verkaufen, einer von der katholischen Kirche erfundenen Doktrin.

Martin Luther hatte einen Vorsprung vor Tyndale. Im September 1522 veröffentlichte er seine erste Übersetzung des griechisch-lateinischen Neuen Testaments von Erasmus ins Deutsche. Tyndale wollte denselben Originaltext verwenden. Er begann den Prozess und wurde von den Behörden terrorisiert. Er verließ England 1525 und ging nach Deutschland, wo er an der Seite Martin Luthers arbeitete. Am Ende des Jahres war das Neue Testament in die englische Sprache übersetzt. 1526 wurde Tyndales Neues Testament die erste Ausgabe der Heiligen Schrift, die in englischer Sprache gedruckt wurde. Das war gut so! Wenn die Menschen die Möglichkeit hätten, die Bibel in ihrer eigenen Sprache zu lesen, hätte die katholische Kirche keinen Einfluss mehr auf sie. Die Dunkelheit der Angst, die die Menschen beherrschte, war keine Bedrohung mehr. Die Öffentlichkeit hätte die Möglichkeit, die kirchliche Autorität wegen jeder offenkundigen Lüge anzufechten.

Die Freiheit war endlich gekommen; die Erlösung war für alle frei durch den Glauben und nicht durch Werke. Es wird immer das Wort Gottes sein, das wahr ist, nicht das der Menschen. Gottes Wort ist wahr, und die Wahrheit wird euch frei machen.

König James VI:

Als Jakob VI. 1603 König wurde, lag ein Entwurf für eine neue Übersetzung der Bibel vor. Der Grund für die Neuübersetzung war, dass die Große Bibel, die Matthäus-Bibel, die Bischofsbibel, die Genfer Bibel und die Coverdale-Bibel, die in Gebrauch waren, beschädigt waren. Auf der Konferenz von Hampton Court stimmte King James für die Übersetzung der Bibel. Siebenundvierzig Bibelgelehrte, Theologen und Sprachwissenschaftler wurden sorgfältig für dieses große Übersetzungswerk ausgewählt. Die Übersetzer wurden in sechs Gruppen aufgeteilt und arbeiteten an den Universitäten von

Ich habe es getan "Sein Weg".

Westminster, Cambridge und Oxford. Die verschiedenen Bücher der Bibel wurden diesen hebräischen, griechischen, lateinischen und englischen Gelehrten zugewiesen. Es gab bestimmte Richtlinien, die befolgt werden mussten, damit diese Übersetzung stattfinden konnte. Die Übersetzung der Heiligen Bibel aus den Originalsprachen wurde 1611 abgeschlossen und verbreitete sich in der ganzen Welt.

Elisabeth Das

PIäFIU Zuerst griff der Satan in Ägypten, in Alexandria, den Flügel Gottes an.

- Orthodoxe Kirche 054 A.D.
- Römisch Katholisch 440 - 461 n. Chr.
- Luterano 1517 d.C.
- 1533 A.D. Angehöriger der Kirche Kirche oder Bischöflich
- Versammlungen von Versammlungen Gottes
- Kalvarienberg-Kapelle 1965 N.CHR.
- Presbyterianer n 1555 N.CHR.
- Geburt von Trinidad 325 A
- 1609 n. Chr. Batista
- Kirche von Cientologia 1952 A.D.
- Methodis 1736 A.D.
- Testemunha de Jeová 1879 d.C
- Mormonen 1830 A.D. (Heilige der Letzten Day Saints)
- 1879 n. Chr. Christliche Wissenschaftlerin
- 1860 A.D. Siebzig Tage Adventisten

Jakobus 2:19 dass es nur einen Gott gibt und dass er zittert

Plan 2: geteilt
0 Der Dieb kommt nicht, sondern um zu stehlen, zu töten und zu verderben:

Ein wahrer Gott war geteilt in drei.

dann begann die Zeit der Dunkelheit

Die Bibel sagt:
Jesus zu kennen ist Offenbarung
(Mateus 16:13-19)

INFOLGEDESSEN HABEN WIR VIELE KONFESSIONEN.

Ich habe es getan "Sein Weg".

C.
BIBELÜBERSETZUNGEN UNSERER ZEIT:

Die Wahrheit über die verschiedenen Versionen der Bibel: Das Wort Gottes ist die letzte Autorität für unser Leben. Gegenwärtig gibt es neben der King James Version (KJV) viele verschiedene Bibelübersetzungen. Die wahren Nachfolger Christi würden gerne wissen, ob alle Bibelversionen richtig sind oder nicht. Lassen Sie uns nach der Wahrheit in all diesen verschiedenen Bibelversionen suchen. Es gibt die NIV, die NKJV, die katholische Bibel, die lateinische Bibel, die American Standard Version, die Revised Standard Version, die English Standard Version, die New American Standard Version, die International Standard Version, die griechische und hebräische Bibel, die New World Translation (Zeugen Jehovas) Bibel usw. Außerdem gibt es viele andere Bibeln, die zu verschiedenen Zeiten und Epochen von vielen verschiedenen Gelehrten übersetzt wurden. Woher wissen wir, dass all diese verschiedenen Versionen korrekt sind oder verfälscht wurden? Wenn sie verfälscht wurden, wie und wann ist das geschehen?

Beginnen wir unsere Reise durch diese vielen Varianten, um die Wahrheit zu finden:

Elisabeth Das

Was wir wissen müssen, ist, welche Version die richtige ist:

Die kürzlich entdeckte Originalschrift von Alexandria hat eine Linie, Linien oder Striche über Wörtern und Schriftstellen. Dies bedeutete, dass diese bestimmten Wörter und Verse in der Übersetzung weggelassen wurden. Sie fanden diese Linien über Wörtern wie: Heilig, Christus und Geist, zusammen mit vielen anderen Wörtern und Versen. Die Schriftgelehrten, die die Aufgabe hatten, diese Manuskripte zu bearbeiten, glaubten nicht an den Herrn Jesus Christus als Messias (Erlöser). Sie entfernten und veränderten viele Worte und Schriftstellen. Dieses Manuskript wurde kürzlich in Alexandria, Ägypten, entdeckt.

Dies ist ein wunderbarer Beweis dafür, dass die Bibel in Alexandria von ihren korrupten religiösen und politischen Führern verändert und verfälscht wurde.

In der King James Version der Bibel steht:

Alle Schrift ist durch Gottes Eingebung gegeben und nützlich zur Lehre, zur Zurechtweisung, zur Besserung, zur Unterweisung in der Rechtschaffenheit: (2. Tim 3:16 KJV)

Das wisset zuerst, dass keine Weissagung der Schrift von irgendeiner privaten Auslegung ist. Denn die Weissagung ist in alter Zeit nicht durch Menschenwillen geschehen, sondern heilige Männer Gottes haben geredet, wie sie vom Heiligen Geist bewegt wurden.
(2. Petrus 1:20-21)

Dieses wahre Wort Gottes, geschrieben von dem einen und einzigen Gott.

Das Wort Gottes ist ewig:

Denn wahrlich, ich sage euch: Bis Himmel und Erde vergehen, soll nicht ein Jota oder ein Quäntchen von dem Gesetz vergehen, bis alles erfüllt ist. (Matthäus 5:18)

Ich habe es getan "Sein Weg".

Und es ist leichter, dass Himmel und Erde vergehen, als dass auch nur ein Pünktchen des Gesetzes fehlt. (Lukas 16:17)

Fügen Sie dem Wort Gottes weder etwas hinzu noch nehmen Sie etwas weg:

Das Wort Gottes kann nicht abgezogen, hinzugefügt oder verdreht werden:

Denn ich bezeuge einem jeden, der die Worte der Weissagung dieses Buches hört: Wenn jemand zu diesen Dingen hinzufügt, so wird Gott ihm die Plagen zufügen, die in diesem Buch geschrieben sind: Und wenn jemand etwas wegnimmt von den Worten des Buches dieser Weissagung, so wird Gott seinen Teil wegnehmen aus dem Buch des Lebens und aus der heiligen Stadt und von dem, was in diesem Buch geschrieben ist. (Offenbarung 22:18-19)

Ihr sollt dem Wort, das ich euch gebiete, nichts hinzufügen und nichts davon abnehmen, damit ihr die Gebote des HERRN, eures Gottes, die ich euch gebiete, haltet. (Deuteronomium 4:2)

Das Wort Gottes ist lebendig und schärfer als ein zweischneidiges Schwert:

Jedes Wort Gottes ist <u>rein</u>; er ist ein Schild für alle, die auf ihn vertrauen. (Sprichwort 30:5)

Psalm 119 sagt uns, dass das Wort Gottes uns hilft, rein zu bleiben und im Glauben zu wachsen. Das Wort Gottes ist der einzige Wegweiser, um ein reines Leben zu führen.

*Dein Wort ist eine **Leuchte** für meine Füße und ein **Licht** für meinen Weg. (Psalmen 119:105)*

*Wiedergeboren nicht aus vergänglichem, sondern aus unvergänglichem Samen, durch **das Wort Gottes**, das da lebt und bleibt in Ewigkeit. (1. Petrus 1:23)*

Elisabeth Das

Von den vielen englischen Versionen, die heute erhältlich sind, folgt nur die King James Version (1611) ausnahmslos dem überlegenen traditionellen masoretischen hebräischen Text. Diese sorgfältige Methode wurde von den Masoritern bei der Anfertigung von Kopien des Alten Testaments verwendet. Ein vertrauenswürdiger Beweis für Gottes Versprechen, sein Wort zu bewahren, hat nie versagt.

Gott wird sein Wort bewahren:

Die Worte des HERRN sind __reine Worte__, wie Silber, das im Ofen auf der Erde geprüft und siebenmal geläutert wird. Du, HERR, bewahrst sie, __du bewahrst sie von diesem Geschlecht für immer__.
(Psalmen 12:6:7)

Die heutige Technologie hat bewiesen, wie genau und wahr die King James Version der Bibel ist.

Das Journal of Royal Statistical Society and Statistical Science ist eine neue Forschungseinrichtung:

Hebräische Wissenschaftler, zwei Harvard- und zwei Yale-Mathematiker, nutzten diese beiden statistischen wissenschaftlichen Techniken und waren über die Genauigkeit der KJV-Bibel erstaunt. Sie führten eine Computer-Informationsstudie durch, bei der sie die äquidistante Buchstabenreihenfolge verwendeten. Sie gaben einen Namen aus den ersten fünf Büchern (Tora) der KJV-Bibel ein, und nach der Eingabe dieses Namens konnte der Test der äquidistanten Buchstabenfolge automatisch das Geburts- und Sterbedatum dieser Person sowie die Stadt, in der sie geboren wurde und starb, ermitteln. Sie fanden heraus, dass dies der genaueste Bericht war. Personen, die im frühen Jahrhundert gelebt haben, wurden mit Leichtigkeit und exakten Ergebnissen gefunden. Es handelte sich um einfache Tests, aber die Ergebnisse waren sehr genau.

Die gleiche Technik schlug fehl, als sie die in der NIV, der New American Standard Version, der Living Bible und anderen Sprachen und Übersetzungen verwendeten Namen aus diesen Versionen ableiteten. Diese Methode beweist die Ungenauigkeit der beschädigten Kopien der Bibel.

Sie versuchten dieselbe mathematische Analyse für den samaritanischen Pentateuch sowie für die alexandrinische Version, und auch das hat nicht funktioniert.

Das Buch der Offenbarung sagt uns:

Und wenn jemand etwas wegnimmt von den Worten des Buches dieser Weissagung, so wird Gott sein Teil wegnehmen aus dem Buch des Lebens und aus der heiligen Stadt und von dem, was in diesem Buch geschrieben steht. (Offenbarung 22:19)

Mit dieser Studie kamen sie zu dem Schluss, dass die KJV-Bibel die wahrhaftigste Bibel ist, die wir heute haben.

Der KJV-Bibel liegt ein griechischer Text zugrunde, der auf dem masoretischen Text und dem Textus Receptus (das bedeutet einfach: Texte, die von allen angenommen wurden) basiert, der ursprünglich geschrieben wurde. Über fünftausend Handschriften stimmen zu 99 % mit der KJV-Bibel überein.

Die KJV-Bibel ist gemeinfrei und bedarf keiner Genehmigung, um für Übersetzungen verwendet zu werden.

Die modernen Bibelversionen verwenden nicht den hebräischen Masoretischen Text. Sie haben das Leningrader Manuskript verwendet, das von der Septuaginta, einer korrupten griechischen Version des Alten Testaments, herausgegeben wurde. Diese beiden falschen hebräischen Texte der Biblia Hebraica bieten in ihren eigenen Fußnoten Änderungsvorschläge an. Falsche hebräische Texte, BHK oder BHS, werden für das Alte Testament in allen modernen Versionen für Übersetzungen verwendet.

Der traditionelle masoretische hebräische Text, der der KJV zugrunde liegt, ist genau mit dem Originalmanuskript identisch. Heute haben

Archäologen alle Bücher der Bibel gefunden, was beweist, dass die KJV-Bibel die genaue Übersetzung des ursprünglichen Buches ist.

Das Wort Gottes hat sich verändert:

Die Bibel sagt, dass das Wort Gottes unser Schwert ist und als einzige Angriffswaffe gegen den Feind eingesetzt wird; in den modernen Übersetzungen kann das Wort Gottes jedoch nicht als Angriffswaffe oder Schwert gegen den Feind eingesetzt werden. Es hat so viele Veränderungen im Wort Gottes gegeben, dass die Menschen, die die modernen Übersetzungen benutzen, instabil, deprimiert, ängstlich und mit emotionalen Problemen behaftet sind.

Aus diesem Grund haben Psychologie und Medizin Einzug in die Kirche gehalten; neue Übersetzungen sind dafür verantwortlich.

Sehen wir uns ein paar Änderungen und die subtilen Gründe dafür an:

Wir werden in den folgenden Bibelversionen Änderungen sehen. Ich erwähne hier nur einige der Versionen, aber es gibt noch viele andere Versionen und Übersetzungen, die von dieser Bibel abgeleitet sind und die Sie auch selbst erforschen können. New Living Translation, English Standard Version, New American Standard Bible, International Standard Version, American Standard Version, Jehovas Zeugen Bibel und NIV Bibel und andere Übersetzungen.

*KJV: Lukas 4:18 Der Geist des Herrn [ist] auf mir, weil er mich gesalbt hat, den Armen das Evangelium zu verkünden; er hat mich gesandt, zu **heilen, die zerbrochenen Herzens sind**, den Gefangenen Befreiung zu predigen und den Blinden das Augenlicht wiederzugeben, die Zerschlagenen in Freiheit zu setzen,*

In dieser Schriftstelle heißt es, dass er die Menschen mit gebrochenem Herzen heilt.

In der NIV heißt es in Lukas 4:18: „Der Geist des Herrn ist auf mir, denn er hat mich gesalbt, den Armen eine gute Nachricht zu verkünden. Er hat mich gesandt, damit ich den Gefangenen die Freiheit verkünde und den Blinden das Augenlicht, damit ich die Unterdrückten befreie;

(heilen, die zerbrochenen Herzens sind, ist in der NIV und auch in anderen Versionen nicht enthalten. Moderne Übersetzungen können das gebrochene Herz nicht heilen.)

KJV: Markus 3:15: und die **Macht zu** *haben,* **Krankheiten zu heilen** *und Teufel auszutreiben:*

NIV: Markus 3:15: Und die Macht zu haben, Dämonen auszutreiben.

(„Und die Macht zu haben, Krankheiten zu heilen" wird in der NIV und anderen Übersetzungen weggelassen. Ihr seid machtlos, Kranke zu heilen.)

KJV: Apg 3:11 Und als der **Lahme, der geheilt worden war,** *Petrus und Johannes festhielt, lief das ganze Volk zu ihnen in die Vorhalle, die Salomo heißt, und wunderte sich sehr.*

NIV: Apostelgeschichte 3:11: Während sich der Bettler an Petrus und Johannes festhielt, staunte das ganze Volk und kam zu ihnen an den Ort, der Salomons Säulengang heißt.

Die NIV-Bibel hat den Schlüsselvers entfernt: „**Lahmer Mann, der geheilt wurde**", das ist der Schlüsselvers.

Darüber hinaus hat die NIV dreiundfünfzig Mal den Begriff „Gnadensitz" entfernt. Die Barmherzigkeit Gottes wird weggelassen. Das Wort Blut wurde einundvierzig Mal weggelassen.

In Epheser 6:4 ist von der Pflege der Gemeinde die Rede... Das Wort „Pflege" stammt von dem Wort „Amme" ab. So wie man ein Baby hält und sich um es kümmert, nährt Gott uns und demütigt uns, aber einige moderne Versionen sagen „Disziplin" und „Züchtigung".

*In der KJV Daniel 3:25b heißt es: und die Gestalt des vierten ist wie der **Sohn Gottes**.*

*NIV Daniel 3:25b: hat die Worte verändert; und der vierte sieht aus wie ein **Sohn der Götter**."*

Der Sohn Gottes ist nicht der Sohn der Götter ... das würde den Polytheismus unterstützen.

Wenn Sie „Der" in „Ein" ändern, werden andere Religionen unterstützt. Beispiel: Ein Evangelium, ein Sohn, ein Erlöser....JESUS IST NICHT DER EINZIGE ERLÖSER?!?!?

So steht es in der Bibel:

Jesus spricht zu ihm: Ich bin der Weg, die Wahrheit und das Leben; niemand kommt zum Vater denn durch mich. (KJV Johannes 14:6)

*KJV: Matthäus 25:31: Wenn der Sohn des Menschen in seiner Herrlichkeit kommen wird und alle **heiligen Engel** mit ihm, dann wird er auf dem Thron seiner Herrlichkeit sitzen.*

*NIV: Matthäus 25:31: Wenn der Menschensohn in seiner Herrlichkeit kommt und alle **Engel** mit ihm, wird er auf seinem Thron sitzen in himmlischer Herrlichkeit*

(Die NIV hat das Wort „heilig" entfernt. Wir wissen, dass die Bibel auch von bösen und unheiligen Engeln spricht)

Gott ist heilig:

Die NIV hat auch an einigen Stellen den Heiligen Geist oder die Heilige Seele entfernt. Dies sind nur einige Beispiele für die vielen Änderungen in der NIV, NKJV, der katholischen Bibel, der lateinischen Bibel, der American Standard Version, der Revised Standard Version, der griechischen und hebräischen Bibel und auch anderen Bibelversionen, die aus der alten, korrumpierten alexandrinischen Schrift und der NIV übersetzt wurden.

Ich habe es getan "Sein Weg".

Das Folgende beweist, dass die NIV-Bibel antichristlich ist:

Viele Wörter wie Jesus Christus oder Christus, Messias, Herr, usw. wurden aus der NIV und anderen Bibelübersetzungen entfernt. Die Bibel sagt, wer der Antichrist ist.

Der Antichrist:

Wer ist ein Lügner, wenn nicht der, der leugnet, dass Jesus der Christus ist? Er ist der Antichrist, der den Vater und den Sohn leugnet. (KJV 1 Johannes 2:22)

*Die Gnade unseres Herrn **Jesus Christus** sei mit euch allen. Amen. (KJV: Offenbarung 22:21)*

*Die Gnade des Herrn Jesus sei mit dem Volk Gottes. Amen. (NIV: Offenbarung 22:21 hat **Christus** entfernt.)*

KJV Johannes 4:29: Kommt, seht einen Menschen, der mir alles gesagt hat, was ich je getan habe: Ist dieser nicht der Christus?

NIV sagt Johannes 4:29 „Kommt, seht einen Mann, der mir alles gesagt hat, was ich je getan habe. Könnte das der Christus sein?"

(Die Gottheit Christi wird in Frage gestellt) Durch die Streichung von Wörtern wird die Bedeutung verändert.

Der Antichrist verleugnet Vater und Sohn ...

*KJV: Johannes 9:35 „Du glaubst an den **Sohn Gottes**".*

*NIV: Geändert in „Glaubst du an den **Sohn des Menschen**".*

KJV-Apostelgeschichte 8:37 „Und Philippus sprach: Wenn du von ganzem Herzen glaubst, so darfst du es. Er aber antwortete und sprach: Ich glaube, dass Jesus Christus der Sohn Gottes ist."

Apostelgeschichte 8:37; der gesamte Vers wurde aus der NIV entfernt

KJV: Galater 4:7 Darum bist du nicht mehr ein Knecht, sondern ein Sohn; und wenn ein Sohn, dann ein Erbe **Gottes durch Christus**

NIV: Galater 4:7 So bist du nun nicht mehr ein Sklave, sondern ein Sohn; und weil du ein Sohn bist, hat Gott dich auch zum Erben gemacht.

NIV weggefallenes Erbe Gottes durch Christus.

KJV: Epheser 3:9 und damit alle [Menschen] erkennen, was die Gemeinschaft des Geheimnisses ist, das von Anfang der Welt an in Gott verborgen war, der alles **durch Jesus Christus** *geschaffen hat:*

NIV: Epheser 3:9 und um die Verwaltung dieses Geheimnisses, das von Ewigkeit her in Gott, dem Schöpfer aller Dinge, verborgen war, für jedermann deutlich zu machen.

Die NIV hat „durch Jesus Christus" gestrichen. Jesus ist der Schöpfer aller Dinge.

Jesus Christus kommt leibhaftig:

1 Johannes 4:3 KJV...Und jeder Geist, der nicht bekennt, dass **Jesus Christus im Fleisch gekommen ist**, *ist nicht von Gott.*

NIV sagt: Aber jeder Geist, der Jesus nicht anerkennt, ist nicht von Gott.

(„Jesus Christus ist leibhaftig gekommen" wurde entfernt)

Apostelgeschichte 3:13:26 KJV sagt, er sei ein Sohn Gottes. NKJV entfernte „Sohn Gottes" und sagte „Knecht Gottes".

Die neuen Bibelversionen wollen nicht, dass Jesus der „Sohn Gottes" ist. Sohn Gottes bedeutet Gott in Fleisch und Blut.

Ich habe es getan "Sein Weg".

Johannes 5:17-18 KJV Jesus aber antwortete ihnen: **Mein Vater** *arbeitet bisher, und ich arbeite. Darum trachteten die Juden umso mehr danach, ihn zu töten, weil er nicht nur den Sabbat gebrochen hatte, sondern auch sagte,* **Gott sei sein Vater**, *und sich selbst* **Gott gleichstellte**

Die KJV-Bibel definiert Jesus oder Jesus Christus oder den Herrn Jesus. Aber die neuen modernen Übersetzungen sagen stattdessen „er oder er".

KJV: Und sie singen das Lied des Mose, des Knechtes Gottes, und das Lied des Lammes und sagen: Groß und wunderbar sind deine Werke, Herr, allmächtiger Gott; gerecht und wahrhaftig sind deine Wege, **du König der Heiligen**. *(Offenbarung 15:3)*

NIV: und sangen das Lied des Mose, des Knechtes Gottes, und das Lied des Lammes: „Groß und wunderbar sind deine Taten, Herr, allmächtiger Gott. Gerecht und wahrhaftig sind deine Wege, **König der Zeitalter**. *(Offenbarung 15:3)*

(Er ist der König der Heiligen, die wiedergeboren sind. Die auf den Namen Jesu getauft sind und seinen Geist empfangen haben).

KJV: Und **Gott** *wird abwischen alle Tränen von ihren Augen; (Offenbarung 21:4)*

NIV: **Er wird** *jede Träne von ihren Augen abwischen. (Offenbarung 21:4)*

„Gott" wird durch „Er" ersetzt. Wer ist „Er"? (Dies wird andere Religionen unterstützen.)

KJV: Und ich sah, und siehe, ein Lamm stand auf dem Berg Zion und mit ihm hundertvierundvierzigtausend, die hatten **den Namen** *seines* **Vaters** *geschrieben an ihrer Stirn. (Offenbarung 14:1)*

NIV: Und ich sah, und das Lamm stand vor mir auf dem Berg Zion, und mit ihm 144.000, die **seinen Namen und den Namen seines Vaters an ihrer** *Stirn geschrieben hatten. (Offenbarung14:1)*

Die NIV hat „Sein Name" mit „Der Name seines Vaters" zu zwei Namen ergänzt.

Johannes 5:43b: Ich bin im Namen meines Vaters gekommen.

Der Name des Vaters ist also Jesus. Jesus bedeutet in der hebräischen Sprache

Jehovas Retter

Sacharja 14:9 Und der HERR wird König sein über die ganze Erde. An jenem Tag wird es nur einen HERRN geben, und sein **Name ist einer.**

KJV Jesaja 44:5 Einer wird sagen: „Ich gehöre dem Herrn", und ein anderer wird sich mit dem Namen Jakob anreden, und ein anderer wird mit seiner Hand den Herrn unterschreiben und sich mit dem Namen Israel **bezeichnen.**

NIV: Jesaja 44:5 Einer wird sagen: „Ich gehöre dem HERRN"; ein anderer wird sich Jakob nennen; ein weiterer wird auf seine Hand schreiben: „Dem HERRN", und er wird den Namen Israel annehmen.

(NIV hat das Wort „Name" entfernt)

Jetzt hören wir, dass das Buch des „Hirten des Hermas" in die moderne Version der Bibel aufgenommen werden soll. Das Buch des Hermas sagt: „Nehmt den Namen an, gebt euch dem Tier hin, bildet eine Ein-Welt-Regierung und tötet alle, die den Namen nicht annehmen. (Jesus ist nicht der Name, auf den sie sich hier beziehen)

KJV Offenbarung 13:17: Und niemand konnte kaufen oder verkaufen, es sei denn, er hatte das Zeichen oder den Namen des Tieres oder die Zahl seines Namens.

Ich habe es getan "Sein Weg".

Und wundern Sie sich nicht, wenn das Buch der Offenbarung aus der Bibel verschwindet. Das Buch der Offenbarung ist der Ort, an dem die Vergangenheit, die Gegenwart und die kommenden Dinge aufgezeichnet werden. Der Hirte des Hermas befindet sich in der Sinaiticus-Handschrift, die der NIV-Bibel zugrunde liegt.

Symbole:

Was ist die Bedeutung des Symbols und wer verwendet es?

Ein **Symbol** ist etwas wie ein bestimmtes Zeichen, das eine Information darstellt, z. B. ein rotes Achteck als Symbol für „STOP". Auf einer Karte kann das Bild eines Zeltes einen Campingplatz darstellen.

666 =

Das Buch der Prophezeiung sagt:

Hier ist Weisheit. Wer Verstand hat, der zähle die Zahl des Tieres; denn es ist die Zahl eines Menschen, und seine Zahl ist sechshundertsechsundsechzig. (Offenbarung 13:18)

Dieses Symbol oder Logo einer verflochtenen 666 (altes Dreifaltigkeitssymbol) wird von Menschen verwendet, die an die Trinitätslehre glauben.

Gott ist nicht die Dreifaltigkeit oder drei verschiedene Personen. Der eine Gott Jehova kam im Fleisch und jetzt wirkt sein Geist in der Kirche. Gott ist einer und wird immer einer sein.

Aber in Apostelgeschichte 17:29 steht: Da wir nun Gottes Nachkommen sind, sollen wir nicht meinen, die Gottheit sei wie Gold oder Silber oder Stein, die durch Kunst und Menschenwerk geschaffen sind.

(Ein Symbol zu machen, das die Gottheit darstellt, ist gegen das Wort Gottes) New Ager geben zu, dass drei ineinander verwobene Sechsen oder „666" ein Zeichen des Tieres ist.

Die Bibel warnt uns, dass der Satan eine Fälschung ist:

„Und das ist kein Wunder; denn der Satan selbst ist in einen Engel des Lichts verwandelt. Darum ist es kein großes Ding, wenn auch seine Diener in Diener der Gerechtigkeit verwandelt werden"
(2. Korinther 11:14-15).

Satan ist letztlich eine Fälschung:

Ich will aufsteigen über die Höhen der Wolken, ich will sein wie der Allerhöchste. (Jesaja 14:14)

Ich werde sein wie der allerhöchste Gott. Es ist offensichtlich, dass Satan versucht hat, die Identität von Jesus Christus wegzunehmen, indem er das Wort Gottes verändert hat. Denken Sie daran, dass Satan subtil ist und sein Angriff auf „das Wort Gottes" gerichtet ist.

New King James Version:

Schauen wir uns diese Version der Bibel namens NKJV an. Die New King James Version ist **keine** King James Version. Die King James Version der Bibel wurde von 54 hebräischen, griechischen und lateinischen Theologen im Jahr 1611 übersetzt.

Die New King James Version wurde erstmals 1979 veröffentlicht. Wenn wir die neue KJV studieren, werden wir herausfinden, dass diese Version nicht nur die tödlichste ist, sondern den Leib Christi auch sehr verführt.

Warum?

Der Herausgeber der NKJV sagt:

Ich habe es getan "Sein Weg".

.... Dass es sich um eine King James Bibel handelt, was nicht stimmt. Die KJV hat kein Urheberrecht; man kann sie in jede beliebige Sprache übersetzen, ohne eine Genehmigung einzuholen. Die NKJV hat ein Urheberrecht, das dem Thomas Nelson Verlag gehört.

.... Dass sie auf dem Textus Receptus basiert, der nur eine Teilwahrheit ist. Dies ist ein weiterer subtiler Angriff. Seien Sie vorsichtig mit dieser Neuen KJV. Sie werden in einer Minute herausfinden, warum.

Die Neue King James Bibel behauptet, die King James Bibel zu sein, nur besser. Die „NKJV" hat viele Verse ausgelassen und verändert.

Zweiundzwanzig Mal wird „Hölle" in „Hades" und „Scheol" geändert. Die satanische New-Age-Bewegung behauptet, der „Hades" sei ein Zwischenstadium der Läuterung!

Die Griechen glauben, dass „Hades" und „Sheol" eine unterirdische Wohnstätte der Toten ist.

Es gibt viele Streichungen der folgenden Wörter: Buße, Gott, Herr, Himmel und Blut. Die Wörter Jehova, Teufel, Verdammnis und Neues Testament wurden aus der NKJV entfernt.

Missverständnisse über die Erlösung:

KJV	NKJV
1. Korinther 1:18	
„Sind gerettet"	Gerettet werden.
Hebräisch 10:14	
„Sind geheiligt"	Sie werden geheiligt.

II. Korinther 10:5

„Phantasien über Bord werfen"   Argumente über Bord werfen.

Matthäus 7:14

„Schmaler Weg" II   Schwieriger Weg

Korinther 2:15

„Sind gerettet"   Gerettet werden

„Sodomiten" wird geändert in „perverse Menschen". Die NKJV ist eine antichristlich verdrehte Version

Der größte Angriff Satans richtet sich gegen Jesus als Gott.

NIV: Jesaja 14:12 ist ein subtiler Angriff auf den Herrn Jesus, der als **Morgenstern** bekannt ist.

Wie bist du vom Himmel gefallen, du Morgenstern, Sohn der Morgenröte! Du bist auf die Erde hinabgestürzt, du, der du einst die Völker erniedrigt hast! (NIV hat Fußnoten für diese Schriftstelle)

2 Petrus 1:19 „Und wir haben das Wort der Propheten gewiss gemacht, und ihr werdet gut daran tun, darauf zu achten, wie auf ein Licht, das an einem dunklen Ort scheint, bis der Tag anbricht und der Morgenstern in euren Herzen aufgeht."

Durch den Zusatz *„**Morgenstern**"* und einen weiteren Hinweis in Offenbarung 2:28 wird der Leser in die Irre geführt, dass Jesus der Morgenstern ist, der gefallen ist).

Ich habe es getan "Sein Weg".

In KJV Jesaja 14:12 heißt es: „Wie bist du vom Himmel gefallen, Luzifer, Sohn des Morgens! [Wie bist du zu Boden gestürzt, der du die Völker geschwächt hast!]"

(Die NIV-Bibel hat den Namen Luzifers entfernt und „Sohn des Morgens" durch **„Morgenstern"** ersetzt. Im Buch der Offenbarung wird Jesus als „der Morgenstern" bezeichnet.

Ich, Jesus, habe meinen Engel gesandt, um euch dies in den Gemeinden zu bezeugen. Ich bin die Wurzel und der Spross Davids und der helle Morgenstern (KJV Offenbarung 22:16).

Die NIV-Version von Jesaja 14:12 missversteht also die biblische Bedeutung, indem sie behauptet, dass Jesus vom Himmel gefallen ist und die Völker erniedrigt hat). In der KJV-Bibel heißt es, Jesus sei der helle und morgendliche Stern.

*„Ich, Jesus, habe meinen Engel gesandt, um euch dies in den Gemeinden zu bezeugen. Ich bin die Wurzel und der Spross Davids und der **helle Morgenstern**."* (Offenbarung 22:16 KJV)

KJV:

*Wir haben auch ein sicheres Wort der Weissagung, auf das ihr wohl achten solltet, wie auf ein Licht, das an einem dunklen Ort scheint, bis der Tag anbricht und der Morgenstern in euren Herzen aufgeht. Und er wird sie mit eisernem Stab regieren; wie die Gefäße eines Töpfers werden sie zerbrochen werden, so wie ich es von meinem Vater empfangen habe. Und ich will ihm den **Morgenstern geben**. (KJV Offb. 2:27-28)*

Die modernen Übersetzungen kommen allen Religionen entgegen, indem sie statt Jesus, Christus oder Messias „er" oder „ihn" verwenden und viele Worte und Verse über Jesus streichen. Diese Übersetzungen beweisen, dass der Herr Jesus nicht der Schöpfer, der Retter oder der fleischgewordene Gott ist; sie machen ihn zu einem weiteren Mythos.

Diese abtrünnigen Männer fertigten ein Manuskript für eine Bibel an, die ihnen besser gefiel. Sie griffen die Gottheit Jesu Christi und andere Lehren der Bibel an. Der Weg war geebnet für eine New-Age-Bibel, die eine Weltreligion hervorbringen sollte. Der Zusammenschluss aller Kirchen und aller Religionen wird die „Eine-Welt-Religion" hervorbringen.

Jetzt verstehen Sie, was für einen hinterhältigen und raffinierten Plan Satan ausgeheckt hat. Er hat es sogar gewagt, das Wort Gottes zu verändern. Satan hat einen betrügerischen Plan entwickelt, um die Menschen zu verwirren!

Denken Sie daran, was Satan gesagt hat:

Ich will aufsteigen über die Höhen der Wolken, ich will sein wie der Allerhöchste. (Jesaja 14:14)

Ich habe es getan "Sein Weg".

D.
KJV VS MODERNE BIBEL: ÄNDERUNGEN, DIE HINZUGEFÜGT ODER WEGGENOMMEN WURDEN.

NIV-ÜBERSETZUNG:

Der griechische Text von Westcott & Hort stammt aus den Handschriften Sinaiticus und Vaticanus. Die frühe Kirche sah darin einen subtilen Angriff auf das Wort Gottes, indem sie die Wahrheit der Bibel ausließ und veränderte. Sinaiticus (Aleph) und Vaticanus (Codex-B) wurden beide von der frühen Kirche abgelehnt und von Irrlehrern bewundert. Die Quelle der NIV-Bibel basiert auf den von Westcott & Hort verfälschten Versionen, die Sie in den Fußnoten der NIV finden. Wir haben keine Möglichkeit zu wissen, wie und wo dieser griechische Text von Westcott & Hort entstanden ist, ohne umfangreiche Nachforschungen anzustellen. Wenn wir Quellenangaben von Westcott und Hort sehen, glauben wir sie in der Regel ohne zu hinterfragen, einfach weil sie in einer Bibel abgedruckt sind.

Die NIV-Bibel wird bewundert, weil die Menschen glauben, dass sie leichter zu verstehen ist, da das alte Englisch durch moderne Wörter ersetzt wurde. Tatsächlich hat die KJV-Bibel die einfachste Sprache, die von jedem Alter verstanden werden kann. Der Wortschatz der KJV ist einfacher als der Wortschatz der NIV. Allein durch die Änderung von Wörtern wie „du", „dein", „du" und „dein" glauben die Menschen, dass sie leichter zu lesen ist. Wie Sie wissen, wird das Wort Gottes nur durch den Heiligen Geist erklärt, der von Gott geschrieben ist. Der Geist Gottes ist in der KJV, der uns hilft, sein Verständnis zu erfassen. Gottes Wort muss nicht verändert werden, aber das wahre Wort muss unser Denken verändern.

So viele Kirchen akzeptieren jetzt die NIV-Version anstelle der KJV. Wenn wir im Laufe der Zeit kleine Änderungen vornehmen, wird unser Denken konditioniert und es wird zu einer subtilen Art der Gehirnwäsche. Die Änderungen, die die NIV-Bibel an ihrer Version vorgenommen hat, verwässern auf subtile Weise das Evangelium. Diese Änderungen richten sich meist gegen die Herrschaft des Herrn Jesus Christus. Sobald dies erreicht ist, fällt es vielen Religionen leichter, die NIV-Bibel zu akzeptieren, weil sie dann ihre Lehren unterstützt. Dies wiederum führt zu „Interreligiosität", dem Ziel der einen Weltreligion, von der in der Offenbarung gesprochen wird.

Die KJV basiert auf der byzantinischen Familie von Manuskripten, die allgemein als Textus Receptus Manuskripte bezeichnet werden. Die NKJV (New King James Version) ist die schlechteste Übersetzung. Sie weicht 1200-mal von der KJV ab. Die New King James Version ist definitiv nicht mit der King James Version identisch. Die MKJV ist auch nicht die KJV. Bei den meisten Bibelübersetzungen handelt es sich nicht um eine andere Version, sondern um eine Perversion, die von der Wahrheit abweicht.

Die folgenden Verse sind in der **NIV** und **anderen modernen Übersetzungen** nicht enthalten. Im Folgenden finden Sie eine Liste der „Auslassungen" in der NIV.

Jesaja 14:12

*KJV: Jes.14:12: Wie bist du vom Himmel gefallen, **Luzifer**, du **Sohn des Morgens**! Wie bist du zu Boden gestürzt, der du die Völker geschwächt hast!*

Ich habe es getan "Sein Weg".

*NIV Jes.14:12 Wie bist du vom Himmel gefallen, du **Morgenstern**, du Sohn der Morgenröte! Du bist auf die Erde gestürzt, du, der du einst die Völker bezwungen hast!*

(Die NIV-Bibel hat Luzifer herausgenommen und „Sohn des Morgensterns" durch „Morgenstern" ersetzt. Das führt Sie in die Irre und lässt Sie glauben, dass „JESUS", der der „Morgenstern" ist, vom Himmel gefallen ist.

*Ich, Jesus, habe meinen Engel gesandt, um euch dies in den Gemeinden zu bezeugen. Ich bin die Wurzel und der Nachkomme Davids, und der helle und **Morgenstern**. (KJV Offenbarung 22:16)*

(Jesus ist der Morgenstern)

Jesaja 14:12 (NIV) ist eine sehr verwirrende Schriftstelle. Die Menschen denken, Jesus sei vom Himmel gefallen und niedergestreckt.

Die NIV setzt Luzifer (Satan) mit Jesus Christus gleich; das ist Blasphemie der höchsten Stufe. Das ist der Grund, warum manche Menschen nicht an Jesus Christus glauben, weil sie ihn mit Satan gleichsetzen.

Daniel 3:25

*KJV: Dan.3:25 Er antwortete und sprach: Siehe, ich sehe vier Männer frei inmitten des Feuers wandeln, und sie haben keine Verletzung; und die Gestalt des vierten ist gleich dem **Sohn Gottes**.*

*NIV: Dan. 3:25 Er sagte: „Seht, ich sehe vier Männer im Feuer umhergehen, ungefesselt und unversehrt, und der vierte sieht aus wie ein **Sohn der Götter**.*

(Die Änderung von „Sohn Gottes" in **„Sohn der Götter"** kommt dem Glauben an den Polytheismus entgegen und unterstützt andere Religionen).

Elisabeth Das

Matthäus 5:22

*KJV Mt.5:22 Ich aber sage euch: Wer **seinem Bruder ohne Grund zürnt**, dem droht das Gericht; und wer zu seinem Bruder sagt: Raca, dem droht der Rat; wer aber sagt: Du Narr, dem droht das Höllenfeuer.*

*NIV Mt.5:22 Ich sage euch aber, dass jeder, der sich über seinen Bruder ärgert, dem Gericht unterworfen wird. Noch einmal: Wer zu seinem Bruder sagt: 'Raca', der muss sich **vor dem Sanhedrin verantworten**. Wer aber sagt: 'Du Narr!', dem droht das Feuer der Hölle.*

(Die KJV-Bibel sagt, **wütend ohne Grund,** die NIV sagt, einfach wütend. Die Wahrheit des Wortes ist, dass wir **wütend** werden können, wenn es einen Grund gibt, aber wir werden die Sonne nicht darüber untergehen lassen).

Matthäus 5:44

*KJV Mt.5:44 Ich aber sage euch: Liebt eure Feinde, **segnet, die euch fluchen**, tut wohl denen, die euch hassen, und bittet **für die, die euch misshandeln** und verfolgen;*

NIV Mt.5:44 Ich aber sage euch: Liebt eure Feinde und betet für die, die euch verfolgen,

(In der KJV hervorgehoben, in der NIV-Bibel entfernt)

Matthäus 6:13

*KJV Mt. 6:13 Und führe uns nicht in Versuchung, sondern erlöse uns von dem Bösen: **Denn dein ist das Reich und die Kraft und die Herrlichkeit in Ewigkeit. Amen.***

*NIV Mt. 6:13 Und führe uns nicht in Versuchung, sondern erlöse uns von der Versuchung **des Bösen**.*

Ich habe es getan "Sein Weg".

(**Bösen** nicht böse. <u>**Denn dein ist das Reich und die Kraft und die Herrlichkeit in Ewigkeit. Amen**</u>: aus der NIV entfernt)

Matthäus 6:33

KJV Mt 6:33 Trachtet aber zuerst nach dem **<u>Reich Gottes</u>** *und nach seiner Gerechtigkeit, so wird euch dies alles zugerechnet werden.*

NIV Mt 6:33 Trachtet aber zuerst nach seinem Reich und nach **<u>seiner</u>** *Gerechtigkeit, so wird euch dies alles zufallen.*

(**das Reich Gottes** wird durch „sein" Reich ersetzt ... die NIV ersetzt Gott durch „sein". Wer ist „sein"?)

Matthäus 8:29

KJV Mt. 8:29 Und siehe, sie schrien und sagten: Was haben wir mit dir zu tun, **<u>Jesus</u>**, *du Sohn Gottes? bist du hierher gekommen, um uns vor der Zeit zu quälen? (Genau)*

NIV Mt. 8:29 „Was willst du von uns, du **<u>Sohn Gottes</u>**?", *schrien sie.*

„Seid ihr hierher gekommen, um uns vor der festgesetzten Zeit zu quälen?"

(**Jesus** ist aus der NIV-Bibel gestrichen worden und sie haben nur „Sohn Gottes" beibehalten... *Jesus* ist der Sohn Gottes. Sohn Gottes bedeutet, dass der allmächtige Gott im Fleisch wandelt.)

Matthäus 9:13b

KJV Mt. 9:13b denn ich bin nicht gekommen, um die Gerechten zu rufen, sondern die Sünder zur **Buße**.

NIV Mt. 9:13b denn ich bin nicht gekommen, um die Gerechten zu rufen, sondern die Sünder.

Elisabeth Das

(**Buße** ist weg. Buße ist der erste Schritt; man wendet sich von der Sünde und einem sündigen Lebensstil ab, indem man erkennt und bekennt, dass man sich geirrt hat.)

Matthäus 9:18

*KJV:Mt 9:18 Während er dies zu ihnen redete, siehe, da kam ein gewisser Herrscher, **betete ihn an** und sagte: Meine Tochter ist schon tot; aber komm und lege deine Hand auf sie, so wird sie leben.*

(Verehrter Jesus)

*NIV Mt 9:18 Während er das sagte, kam ein Fürst, **kniete vor ihm nieder** und sagte: „Meine Tochter ist gerade gestorben. Aber komm und lege deine Hand auf sie, und sie wird leben."*

(Die Anbetung wird **in eine kniende** Anbetung **umgewandelt**, die Jesus zu Gott macht.)

Matthäus 13:51

*KJV Mt 13:51 Jesus spricht zu ihnen: Habt ihr das alles verstanden? Sie sagen zu ihm: **Ja, Herr**.*

NIV Mt 13:51 „Habt ihr das alles verstanden?" fragte Jesus.

(JESUS IST DER HERR. Die NIV hat **„Ja, Herr"** gestrichen und damit die Herrschaft Jesu Christi weggelassen)

Matthäus 16:20

*KJV Mt 16:20 Da gebot er seinen Jüngern, dass sie niemandem sagen sollten, dass er **Jesus** der Christus sei.*

(Der Name „JESUS" wurde in der NIV-Bibel aus mehreren Versen entfernt).

Ich habe es getan "Sein Weg".

NIV Mt 16:20 Dann ermahnte er seine Jünger, niemandem zu sagen, dass er der Christus sei.

(Wer ist „er"? Warum nicht Jesus, der Christus? „Christus" bedeutet Messias, der Retter der Welt: Johannes 4:42.)

Matthäus 17:21

KJV: Mt 17:21: Aber diese Art geht nicht aus außer durch Gebet und Fasten.

(Gebet und Fasten reißen den festen Halt des Teufels nieder. Das Fasten tötet unser Fleisch.)

Die NIV hat die Bibelstelle komplett gestrichen. Sie ist auch aus der „Bibel" der Zeugen Jehovas gestrichen. Heutiges Fasten wird in Daniels Diät umgewandelt. Dies ist eine weitere Lüge. (Fasten bedeutet keine Nahrung und kein Wasser. Essen ist nicht Fasten und Fasten ist nicht Essen oder Trinken)

Einige Beispiele für biblisches Fasten in der KJV-Bibel

Esther 4:16 KJV:

*Geht hin und versammelt alle Juden, die zu Susan sind, und **fastet** für mich und **esst und trinkt drei** Tage lang **nicht, weder** Tag noch Nacht: Auch ich und meine Mägde wollen **fasten**, und so will ich zum König hineingehen, was nicht nach dem Gesetz ist; und wenn ich umkomme, so komme ich um.*

*Jona 3:5-7 KJV Da glaubten die Einwohner von Ninive Gott und **riefen ein Fasten aus und legten** Säcke an, vom Größten bis zum Kleinsten unter ihnen. Und er ließ es durch den König und seine Fürsten in ganz Ninive ausrufen und verkünden und sagen: „Weder Mensch noch Tier, weder Herde noch Vieh soll etwas zu sich **nehmen; sie sollen nicht fressen und kein Wasser trinken**:*

Matthäus 18:11

KJV Mt 18:11: **Denn der Sohn des Menschen ist gekommen, zu retten, was verloren ist.**

(Dieser Vers ist in der NIV und vielen anderen Bibelversionen gestrichen. Jesus soll nicht der einzige Erlöser sein. Mason lehrt, dass wir uns selbst retten können und dass man Jesus nicht braucht).

Matthäus 19:9

KJV: Mt 19:9: Und ich sage euch: Wer sich von seiner Frau trennt, es sei denn wegen Unzucht, und eine andere heiratet, der bricht die Ehe; **und wer die Getrennte heiratet, der bricht die Ehe.**

NIV: Mt 19:9 Ich sage euch: Wer sich von seiner Frau scheidet, es sei denn wegen ehelicher Untreue, und eine andere Frau heiratet, der begeht Ehebruch."

(„Wer die Entlassene heiratet, begeht Ehebruch" wird weggelassen)

Matthäus 19:16-17

KJV Mt 19:16 Und siehe, da kam einer und sprach zu ihm: **Guter Meister**, *was soll ich Gutes tun, damit ich das ewige Leben habe?*

17 Er aber sprach zu ihm: Warum nennst du mich gut? Es ist niemand gut als nur einer, nämlich Gott. Willst du aber ins Leben eingehen, so halte die Gebote.

NIV Mt 19:16 Es kam aber ein Mann zu Jesus und fragte: „Lehrer, was muss ich Gutes tun, um das ewige Leben zu bekommen?

17 „Warum fragst du mich nach dem, was gut ist?" Jesus antwortete. „Es gibt nur einen, der gut ist. Wenn ihr ins Leben eingehen wollt, dann haltet die Gebote.

Ich habe es getan "Sein Weg".

(Jesus sagte: „Warum nennst du mich gut?" Nur Gott ist gut, und wenn Jesus gut ist, muss er Gott sein. In der NIV wird „Guter Meister" durch „Lehrer" ersetzt und die Bedeutung geht verloren. Auch einige Religionen unterstützen den Glauben an die Selbstrettung).

Matthäus 20:16

KJV Mt 20:16: So werden die Letzten die Ersten sein und die Ersten die Letzten; **denn viele sind berufen, aber wenige auserwählt.**

(Es ist wichtig, was wir wählen. Sie könnten verloren gehen, wenn Sie nicht richtig wählen)

NIV UND RSV

NIV Mt. 20:16: „So werden die Letzten die Ersten sein und die Ersten die Letzten."

(keine Auswahlmöglichkeit)

Matthäus 20:20

KJV Mt 20:20: Da kam die Mutter der Kinder des Zebedäus mit ihren Söhnen zu ihm und **betete ihn an** *und wünschte etwas von ihm.*

NIV Mt 20:20: Da kam die Mutter der Söhne des Zebedäus mit ihren Söhnen zu Jesus, **kniete nieder** *und bat ihn um einen Gefallen.*

(**Anbetung oder Niederknien ...?**: Ohne die Herrschaft Jesu Christi beten die Juden nur einen Gott an)

Matthäus 20:22-23

KJV Mt 20:22-23: Jesus aber antwortete und sprach: Ihr wisst nicht, was ihr bittet. Seid ihr fähig, von dem Kelch zu trinken, von dem ich trinken werde, und **mit der Taufe getauft zu** *werden,* **mit der ich getauft werde***? Sie sagen zu ihm, sind wir in der Lage.*

*Und er spricht zu ihnen: Ihr werdet von meinem Kelch trinken und **mit der Taufe getauft** werden, **mit der ich getauft werde**; aber zu sitzen zu meiner Rechten und zu meiner Linken, das ist nicht meine Sache, sondern es wird denen gegeben werden, denen es von meinem Vater bereitet ist.*

(Könnten Sie das Leid durchmachen, das ich durchgemacht habe?)

NIV Mt 20:22-23: „Ihr wisst nicht, was ihr da verlangt", sagte Jesus zu ihnen. „Könnt ihr den Kelch trinken, den ich trinken werde?" „Wir können", antworteten sie. „Ihr werdet zwar aus meinem Kelch trinken, aber es steht mir nicht zu, euch zu meiner Rechten oder Linken zu setzen. Diese Plätze gehören denen, für die sie von meinem Vater bereitet worden sind."

(Alle hervorgehobenen und unterstrichenen Ausdrücke in der KJV wurden aus der NIV entfernt)

Matthäus 21:44

*KJV Mt 21:44: Und wer auf diesen Stein fällt, der wird zerbrochen werden; auf wen er aber fällt, den wird er **zu Staub zermahlen**.*

*NIV Mt 21:44: „Wer auf diesen Stein fällt, der wird **zerbrochen** werden; auf wen er aber fällt, der wird zertreten werden."*

(Zermahlen zu Pulver wurde entfernt)

Matthäus 23:10

*KJV Mt 23:10: Ihr sollt euch auch nicht **Meister** nennen; denn einer ist euer **Meister**, nämlich **Christus**.*

NIV Mt 23:10: Ihr sollt euch auch nicht Lehrer nennen lassen, denn ihr habt einen Lehrer, den Christus.

Ich habe es getan "Sein Weg".

(Man muss Gott auf die Ebene der Mystiker herunterholen, damit Jesus ein weiterer Mystiker wird. Die Wahrheit ist, dass Christus alle befriedigt.)

Matthäus 23:14

KJV: Mt 23:14: Wehe euch, Schriftgelehrte und Pharisäer, ihr Heuchler! Denn ihr verschlingt die Häuser der Witwen und betet nur zum Schein; darum werdet ihr die größte Verdammnis empfangen.

(NIV, New L T, English Standard Version, New American Standard Bible und New World Translations haben diesen Vers gestrichen. Überprüfen Sie ihn selbst in Ihrer Bibel).

Matthäus 24:36

KJV: Mt 24:36: Aber von jenem Tag und jener Stunde weiß niemand, auch nicht die Engel im Himmel, sondern allein mein Vater.

*NIV: Mt 24:36: „Niemand weiß den Tag oder die Stunde, auch nicht die Engel im Himmel, **auch nicht der Sohn**, sondern allein der Vater.*

(„noch der Sohn" wird in der NIV-Bibel hinzugefügt. Johannes 10,30 **Ich und mein Vater sind eins**. Jesus kennt also die Zeit seines Kommens. Das bedeutet, dass Jesus nicht in der Gottheit ist. Aber in jenen Tagen, nach der Trübsal, wird die Sonne verfinstert werden und der Mond seinen Schein nicht geben, Markus 13:24. Es wird schwer sein, die Zeit zu erkennen.)

Matthäus 25:13

*KJV: Mt 25:13 So wacht nun, denn ihr wisst weder den Tag noch die Stunde**, in der der Sohn des Menschen kommt**.*

NIV: Mt 25:13 „Darum wacht, denn ihr wisst weder den Tag noch die Stunde."

("**Wohin der Menschensohn kommt.**" Auslassen, wer kommt zurück? Zu welcher Stunde?)

Matthäus 25:31

*KJV: Mt 25:31 Wenn der Menschensohn in seiner Herrlichkeit kommen wird und alle **heiligen Engel** mit ihm, dann wird er auf dem Thron seiner Herrlichkeit sitzen*

*NIV: Mt 25:31 „Wenn der Menschensohn in seiner Herrlichkeit kommt und alle **Engel** mit ihm, wird er sich auf seinen Thron setzen in himmlischer Herrlichkeit."*

(KJV sagt alle „heiligen" Engel. Die NIV sagt nur „die Engel". Das impliziert, dass die gefallenen oder unheiligen Engel mit Jesus kommen werden. Stimmt das nicht? Es gibt eine Irrlehre, die besagt, dass es keine Rolle spielt, was man tut, ob gut oder schlecht, man kommt trotzdem in den Himmel. Die Geister unserer verstorbenen Angehörigen, die nie an Jesus geglaubt haben, sollen zurückkommen und ihren Angehörigen sagen, dass es ihnen im Himmel gut geht und dass man nichts tun muss, um in den Himmel zu kommen. Dies ist eine Lehre des Teufels).

Matthäus 27:35

*KJV MT 27:35: Und sie kreuzigten ihn und teilten seine Kleider und warfen das Los, **damit erfüllt würde, was durch den Propheten gesagt wurde: Sie teilten meine Kleider unter sich und warfen das Los über mein Gewand.***

NIV MT 27:35: Als sie ihn gekreuzigt hatten, teilten sie seine Kleider durch das Los auf.

(„Damit erfüllt würde, was durch den Propheten gesagt wurde, teilten sie meine Kleider unter sich auf und warfen das Los über mein Gewand." Vollständig aus der NIV-Bibel entnommen)

Ich habe es getan "Sein Weg".

Markus 1:14

KJV MARKUS 1:14: Nachdem aber Johannes ins Gefängnis geworfen worden war, kam Jesus nach Galiläa und **predigte das Evangelium vom Reich Gottes.**

NIV MARKUS 1:14: Nachdem Johannes ins Gefängnis geworfen worden war, ging Jesus nach Galiläa und **verkündete die gute Nachricht von Gott.**

(Das Evangelium vom Reich Gottes wird in der NIV ausgelassen)

Markus 2:17

KJV Markus 2:17: Als Jesus das hörte, sagte er zu ihnen: Die Gesunden bedürfen des Arztes nicht, aber die Kranken: Ich bin nicht gekommen, um die Gerechten zu rufen, sondern die Sünder zur **Buße**.

NIV Markus 2:17: Als Jesus das hörte, sagte er zu ihnen: „Nicht die Gesunden brauchen einen Arzt, sondern die Kranken. Ich bin nicht gekommen, um die Gerechten zu rufen, sondern die Sünder."

(Solange man glaubt, dass es in Ordnung ist, kann man alles tun, und es ist in Ordnung. Durch eine leichte Änderung der Schrift ist Sünde willkommen.)

Markus 5:6

KJV Markus 5:6: Als er aber Jesus von weitem sah, lief er hin und **warf sich vor ihm nieder,**

(Er erkennt an, dass Jesus der Herrgott ist.)

NIV Markus 5:6: Als er Jesus von weitem sah, lief er hin und **fiel vor ihm auf die Knie.**

(Er respektiert ihn als Mann, erkennt ihn aber nicht als Herrgott an.)

Elisabeth Das

Markus 6:11

KJV: Markus 6:11 „Und wer euch nicht aufnimmt und euch nicht hört, wenn ihr von dannen zieht, der schüttelt den Staub von euren Füßen zum Zeugnis gegen sie. **Wahrlich, ich sage euch, es wird Sodom und Gomorra am Tag des Gerichts erträglicher gehen als dieser Stadt.**

NIV Markus 6:11 „Und wenn dich jemand nicht aufnimmt oder dir nicht zuhört, so schüttle den Staub von deinen Füßen, wenn du gehst, als Zeugnis gegen ihn."

(NIV hat gestrichen: „Wahrlich, ich sage euch, es wird Sodom und Gomorra am Tag des Gerichts erträglicher gehen als dieser Stadt." Das Gericht wurde gestrichen, da sie nicht daran glauben und es keine Rolle spielt, welche Entscheidung man trifft. Alle falschen Sprüche und Taten werden im Fegefeuer oder in der Reinkarnation korrigiert).

Markus 7:16

KJV Markus 7:16: Wenn jemand Ohren hat zu hören, so höre er

(Die NIV, die Bibel der Zeugen Jehovas und moderne Übersetzungen haben diese Schriftstelle entfernt. WOW!)

Markus 9:24

KJV Markus 9:24: Und alsbald schrie der Vater des Kindes und sprach unter Tränen: **Herr**, *ich glaube; hilf meinem Unglauben!*

NIV Markus 9:24: Sofort rief der Vater des Jungen: „Ich glaube ja; hilf mir, meinen Unglauben zu überwinden!"

(Der Herr fehlt in der NIV. Die Herrschaft Jesu Christi wird ausgelassen)

Markus 9:29

Ich habe es getan "Sein Weg".

*KJV Markus 9:29: Und er sagte zu ihnen: Diese Art kann durch nichts hervorgebracht werden, außer durch Gebet und **Fasten**.*

NIV Markus 9:29: Er antwortete: „Diese Art kann nur durch Gebet herauskommen."

(Das **Fasten** wird entfernt. Durch Fasten reißen wir die starken Fesseln des Satans nieder. Die Suche nach dem Antlitz Gottes durch biblisches Fasten und Gebet bringt die besondere Salbung und Kraft).

Markus 9:44

KJV Markus 9:44: Wo der Wurm nicht stirbt und das Feuer nicht verlöscht.

(Die Bibelstelle wurde aus der NIV, der modernen Übergangsbibel und der Bibel der Zeugen Jehovas entfernt. Sie glauben nicht an die Bestrafung in der Hölle.)

Markus 9:46

KJV: Markus 9:46: Wo der Wurm nicht stirbt und das Feuer nicht verlöscht.

(Die Schriftstelle wurde aus der NIV, der modernen Übersetzung und der Bibel der Zeugen Jehovas entfernt. Auch sie glauben nicht an das Gericht.)

Markus 10:21

*KJV Markus 10:21: Als aber Jesus ihn sah, liebte er ihn und sprach zu ihm: Eines fehlt dir: Geh hin, verkaufe, was du hast, und gib es den Armen, so wirst du einen Schatz im Himmel haben; und komm, nimm **das Kreuz auf dich** und folge mir nach.*

(Der Christ hat ein Kreuz zu tragen. Es gibt eine Veränderung in deinem Leben.)

*NIV Markus 10:21: Jesus sah ihn an und liebte ihn. „Eines fehlt dir",
sagte er. „Geh, verkaufe alles, was du hast, und gib es den Armen,
und du wirst einen Schatz im Himmel haben. Dann komm und folge
mir nach."*

(In der NIV wurde „das Kreuz auf sich nehmen" gestrichen - man muss nicht für die Wahrheit leiden. Lebe so, wie du leben willst. Das Kreuz ist sehr wichtig für den christlichen Weg).

Markus 10:24

*KJV Markus 10:24: Und die Jünger waren über seine Worte erstaunt.
Aber Jesus antwortet wiederum und spricht zu ihnen: Kinder, wie
schwer ist es für die, **die auf Reichtum vertrauen**, in das Reich Gottes
zu kommen!*

*NIV Markus 10:24: Die Jünger waren über seine Worte erstaunt.
Aber Jesus sagte wieder: „Kinder, wie schwer ist es, in das Reich
Gottes zu kommen!*

(„**die auf Reichtum vertrauen**" wird gestrichen; in der NIV-Bibel werden diese Worte nicht gebraucht, da sie Almosen verlangen. Das gibt dir auch das Gefühl, dass es schwer ist, in das Reich Gottes zu kommen und entmutigt dich).

Markus 11:10

*KJV Markus 11:10: Gelobt sei das Reich unseres Vaters David, **das
im Namen des Herrn kommt**: Hosanna in der Höhe.*

*NIV Markus 11:10: „Gepriesen sei **das kommende Reich** unseres
Vaters David!" „Hosanna in der Höhe!"*

(NIV: „der im Namen des Herrn kommt" wurde entfernt)

Markus 11:26

Ich habe es getan "Sein Weg".

KJV: Markus 11:26 *Wenn ihr aber nicht vergebt, so wird euch auch euer Vater im Himmel eure Verfehlungen nicht vergeben.*

(Diese Schriftstelle ist aus der NIV, der Zeugen Jehovas Bibel (genannt Neue-Welt-Übersetzung) und vielen anderen modernen Übersetzungen vollständig entfernt worden. Vergebung ist sehr wichtig, wenn man vergeben werden will).

Markus 13:14

*KJV Markus 13:14: Wenn ihr aber den Greuel der Verwüstung, **von dem durch den Propheten Daniel gesprochen wurde**, dort stehen seht, wo er nicht stehen sollte, (damit der, der liest, es versteht), dann sollen die, die in Judäa sind, auf die Berge fliehen:*

NIV Markus 13:14: „Wenn ihr den 'Greuel der Verwüstung' dort stehen seht, wo er nicht hingehört - der Leser möge das verstehen -, dann lasst diejenigen, die in Judäa sind, auf die Berge fliehen.

(Die Informationen über das Buch Daniel wurden aus der NIV entfernt. Wir studieren die Endzeit in den Büchern Daniel und Offenbarung. SELIG SIND DIE, DIE DIE WORTE DIESES BUCHES LESEN. Selig ist, der da liest und die da hören die Worte der **Weissagung** und behalten, was darin geschrieben ist; denn die Zeit ist nahe. (Offenbarung 1:3) Wenn man den Namen Daniels weglässt, wird man verwirrt)

Markus 15:28

KJV: Markus 15:28: Und es erfüllte sich die Schrift, die da sagt: „Und er wurde unter die Übertreter gerechnet.

(Entfernt aus der NIV, der Bibel der Zeugen Jehovas und modernen Übersetzungen)

Lukas 2:14

KJV: Lukas 2:14 Ehre sei Gott in der Höhe, und auf Erden Friede und **Wohlwollen unter den Menschen.**

NIV Lukas 2:14: „Ehre sei Gott in der Höhe und Friede auf Erden bei den Menschen, an denen er Wohlgefallen gefunden hat."

(Kleine Änderung: Statt „guten Willens gegenüber den Menschen" heißt es in der NIV-Bibel „Frieden" nur für bestimmte Menschen, die Gott bevorzugt. Auch das ist gegen Gottes Prinzip.)

Lukas 2:33

KJV Lukas 2:33: Und **Joseph** und seine Mutter

NIV Lukas 2:33: Der Vater und die Mutter des Kindes.

(**Joseph** wird entfernt)

Lukas 4:4

KJV Lukas 4:4 Und Jesus antwortete ihm und sprach: Es steht geschrieben, dass der Mensch nicht vom Brot allein lebt, **sondern von jedem Wort Gottes**.

NIV Lukas 4:4 Jesus antwortete: „Es steht geschrieben: 'Der Mensch lebt nicht vom Brot allein.'

Satan greift das **WORT GOTTES** an In Genesis 3: Satan greift das WORT GOTTES an. Er hat einen subtilen Angriff „**Aber durch jedes Wort Gottes**" wird aus der NIV entfernt

Die NIV kümmert sich nicht um das Wort Gottes. Sie ändern den Wortlaut so, dass er zu ihrer Doktrin passt, aufgrund ihrer Vorliebe für das, was ihrer Meinung nach darin stehen sollte. Das Wort Gottes ist lebendig und bringt einem selbst Überzeugung. Wenn Gott Sie von der Sünde überführt, führt das zur Umkehr. Wenn das Wort Gottes verändert wurde, kann es keine wahre Überzeugung bringen; daher

Ich habe es getan "Sein Weg".

wird keine Umkehr angestrebt. Auf diese Weise deutet die NIV an, dass alle Religionen in Ordnung sind, was, wie wir wissen, nicht wahr ist.

Lukas 4:8

KJV Lukas 4:8 Und Jesus antwortete und sprach zu ihm: **Geh hinter mich, Satan**; *denn es steht geschrieben: Du sollst den Herrn, deinen Gott, anbeten, und ihm allein sollst du dienen.*

(Jesus hat Satan zurechtgewiesen. Sie und ich können Satan im Namen Jesu zurechtweisen.)

NIV Lukas 4:8 Jesus antwortete: „Es steht geschrieben: 'Du sollst den Herrn, deinen Gott, anbeten und ihm allein dienen.

(„**Geh hinter mich, Satan**" ist aus der NIV übernommen).

Lukas 4:18

KJV Lukas 4:18: Der Geist des Herrn ruht auf mir, weil er mich gesalbt hat, den Armen das Evangelium zu verkünden; er hat mich gesandt, **die gebrochenen Herzen zu heilen**, *den Gefangenen Befreiung zu predigen und den Blinden das Augenlicht wiederzugeben, die Zerschlagenen in Freiheit zu setzen,*

NIV Lukas 4:18 „Der Geist des Herrn ist auf mir, denn er hat mich gesalbt, den Armen eine gute Nachricht zu verkünden. Er hat mich gesandt, damit ich den Gefangenen die Freiheit verkünde und den Blinden das Augenlicht, damit ich die Unterdrückten befreie."

(„**um die gebrochenen Herzen zu heilen**" wurde aus der NIV entfernt: Menschen, die diese verdorbene Version verwenden, sind im Allgemeinen ängstlich, emotional instabil und deprimiert. Die Veränderung des Wortes Gottes nimmt dem Wort seine Kraft. Die Wahrheit wird dich frei machen, also haben sie die Wahrheit aus der modernen Bibel entfernt.)

Lukas 4:41

KJV Lukas 4:41: Und es kamen auch Teufel aus vielen, die schrien und sagten: **Du bist Christus, der Sohn Gottes**. *Und er wies sie zurecht und ließ sie nicht reden; denn sie wussten, dass er Christus war.*

(Bekennen die Menschen „Du bist Christus, der Sohn Gottes"? Nein, es sei denn, es wird durch seinen Geist offenbart.)

NIV Lukas 4:41: Und es kamen Dämonen aus vielen Menschen heraus und riefen: „**Du bist der Sohn Gottes**!" *Aber er wies sie zurecht und ließ sie nicht reden; denn sie wussten, dass er der Christus war.*

(Durch das Entfernen von „**Christus**" hat der Dämon Christus nicht als den Sohn Gottes bekannt. Satan will nicht, dass die Menschen Jesus als Jehovas Erlöser annehmen, also verändert er das Wort Gottes mit tieferer Absicht. Der Dämon wusste, dass Jesus der fleischgewordene Gott ist.)

Lukas 8:48

KJV Lukas 8:48: Und er sagte zu ihr: Tochter, **sei getrost**: *Dein Glaube hat dich gesund gemacht; geh in Frieden.*

NIV Lukas 8:48: Da sagte er zu ihr: „Tochter, dein Glaube hat dich geheilt. Geh in Frieden."

(„Seid guten Mutes" ist in der NIV nicht enthalten. Man kann also nicht mehr getröstet werden, wenn man die NIV-Bibel liest.)

Lukas 9:55

KJV Lukas 9:55: Er aber wandte sich um und wies sie zurecht und sagte: **Ihr wisst nicht, was für ein Geist ihr seid**.

NIV Lukas 9:55: Jesus aber wandte sich um und wies sie zurecht.

Ich habe es getan "Sein Weg".

(Die NIV hat diese Worte gestrichen: **„Ihr wisst nicht, was für ein Geist ihr seid."**)

Lukas 9:56

*KJV: Lukas 9:56: Denn **der Menschensohn ist nicht gekommen, um das Leben der Menschen zu zerstören, sondern um sie zu retten**. Und sie gingen in ein anderes Dorf.*

NIV Lukas 9:56 und sie gingen in ein anderes Dorf.

(AUS NIV ENTFERNT: **Der Menschensohn ist nicht gekommen, um das Leben der Menschen zu zerstören, sondern um sie zu retten**. Der Grund für das Kommen Jesu wird durch die Streichung dieses Teils der Schriftstelle zerstört).

Lukas 11:2-4

*KJV Lukas 11:2-4: Und er sprach zu ihnen: **Wenn ihr betet, so sprecht: Vater unser im Himmel**, geheiligt werde dein Name. Dein Reich komme. **Dein Wille geschehe, wie im Himmel, so auf Erden**. Unser tägliches Brot gib uns Tag für Tag. Und vergib uns unsere Sünden; denn auch wir vergeben unseren Schuldigern. Und führe uns nicht in Versuchung, **sondern erlöse uns von dem Bösen**.*

NIV Lukas 11:2-4: Er sagte zu ihnen: „Wenn ihr betet, dann sagt: „Vater, geheiligt werde dein Name, dein Reich komme. Gib uns jeden Tag unser tägliches Brot. Vergib uns unsere Sünden, denn auch wir vergeben jedem, der gegen uns sündigt, und führe uns nicht in Versuchung."

(NIV ist nicht spezifisch; alles, was in der KJV hervorgehoben ist, wird in der NIV und anderen modernen Bibelversionen weggelassen)

Lukas 17:36

KJV Lukas 17:36 Zwei Männer werden auf dem Feld sein; der eine wird genommen werden, und der andere wird übrig bleiben.

(Die NIV, die moderne Version und die Bibel der Zeugen Jehovas haben die gesamte Schrift entfernt)

Lukas 23:17

Lukas 23:17: (Denn er muss ihnen einen auf dem Fest freilassen.)

(Die NIV, die Bibel der Zeugen Jehovas und viele moderne Bibelversionen haben die Schriftstelle vollständig entfernt).

Lukas 23:38

*KJV Lukas 23:38: Und es war auch eine Überschrift über ihm geschrieben **in griechischen, lateinischen und hebräischen Buchstaben**: Dies ist der König der Juden.*

NIV Lukas 23:38: Über ihm war eine Schrifttafel angebracht, auf der stand: DIES IST DER KÖNIG DER JUDEN.

(Die NIV und andere moderne Übersetzungen haben diese Worte entfernt: „**in griechischen und lateinischen und hebräischen Buchstaben**", um den Hinweis auf die damals gesprochenen Sprachen zu entfernen).

Lukas 23:42

*KJV Lukas 23:42: Und er sagte zu Jesus: **Herr**, gedenke meiner, wenn du in dein Reich kommst.*

(Der Dieb hat erkannt, dass Jesus der Herr ist)

NIV Lukas 23:42: Da sagte er: „Jesus, denk an mich, wenn du in dein Reich kommst.

(Sie wollen die Herrschaft Jesu nicht anerkennen)

Lukas 24:42

Ich habe es getan "Sein Weg".

KJV Lukas 24:42: *Und sie gaben ihm ein Stück von einem gebratenen Fisch und von einer **Honigwabe**.*

NIV Lukas 24:42: *Sie gaben ihm ein Stück von einem gebratenen Fisch.*

(Moderne Bibeln geben nur die Hälfte der Informationen wieder. „Honeycomb" fehlt in der NIV und anderen Versionen der Bibel)

Johannes 5:3

KJV Johannes 5:3: *In diesen lag eine große Schar von ohnmächtigen Menschen, von Blinden, Haltlosen, Verdorrten, die **auf die Bewegung des Wassers warteten.***

NIV Johannes 5:3: *Hier lagen viele Behinderte, Blinde, Lahme, Gelähmte.*

(Sie entfernten die Information, dass an diesem Ort ein Wunder geschah, „in Erwartung der Bewegung des Wassers").

Johannes 5:4

KJV: Johannes 5:4: *Denn ein Engel stieg zu einer bestimmten Zeit in den Teich hinab und trübte das Wasser. Wer nun zuerst nach der Trübung des Wassers hineinging, der wurde gesund von jeder Krankheit, die er hatte.*

(Die NIV und moderne Übersetzungen sowie die Bibel der Zeugen Jehovas haben die Schriftstelle vollständig entfernt).

Johannes 6:47

KJV: Johannes 6:47: *Wahrlich, wahrlich, ich sage euch: Wer **an mich glaubt**, der hat das ewige Leben.*

NIV: Johannes 6:47: *Ich sage euch die Wahrheit: Wer glaubt, hat ewiges Leben.*

(**Glaubt an mich** wurde geändert in **Glaubt**. Glaubt an wen? Das Wort „Glaubt" hat ein „bt" am Ende, was bedeutet, dass das Wort beständig ist. Jedes Wort mit „bt" am Ende bedeutet, dass es kontinuierlich ist, nicht nur einmalig). (eth)

Johannes 8:9a

> *KJV Johannes 8:9a: Und sie, die es hörten,* **wurden von ihrem eigenen Gewissen überführt** *und gingen hinaus.*

> *NIV Johannes 8:9a: Diejenigen, die es hörten, begannen wegzugehen.*

(NIV hat „**von ihrem eigenen Gewissen überführt werden**" gestrichen - sie glauben nicht an ein Gewissen).

Johannes 9:4a

> *KJV Johannes 9:4a:* **Ich** *muss die Werke dessen wirken, der mich gesandt hat.*

> *NIV Johannes 9:4a:* **Wir** *müssen das Werk dessen tun, der mich gesandt hat.*

(Jesus sagte „**ich**", die NIV und einige andere Versionen änderten „**ich**" in „**wir**")

Johannes 10:30

> *KJV: Johannes 10:30: Ich und* **mein** *Vater sind eins.*

> *NIV: Johannes 10:30: „Ich und der Vater sind eins."*

(Ich und mein Vater sind **eins**, nicht zwei. „Mein Vater" macht Jesus zum Sohn Gottes. Das bedeutet Gott in Fleisch und Blut. Die NIV hat „mein" entfernt und die gesamte Bedeutung der Schrift verändert).

Johannes 16:16

Ich habe es getan "Sein Weg".

*KJV: Johannes 16:16: Eine kleine Weile, und ihr werdet mich nicht sehen; und wiederum eine kleine Weile, und ihr werdet mich sehen, **denn ich gehe zum Vater**.*

NIV: Johannes 16:16: „In einer kleinen Weile werdet ihr mich nicht mehr sehen, und dann, nach einer kleinen Weile, werdet ihr mich sehen."

(NIV entfernt „weil ich zum Vater gehe". Viele Religionen glauben, dass Jesus in den Himalaya oder an einen anderen Ort gegangen ist und nicht gestorben ist).

Apostelgeschichte 2:30

*KJV: Apostelgeschichte 2:30: Da er nun ein Prophet war und wußte, dass Gott ihm mit einem Eid geschworen hatte, dass **er** von der Frucht seiner Lenden, nach dem Fleisch, **Christus erwecken würde, der auf seinem Thron sitzen sollte***

NIV: Apostelgeschichte 2:30: Er war aber ein Prophet und wusste, dass Gott ihm mit einem Eid versprochen hatte, einen seiner Nachkommen auf seinen Thron zu setzen.

(Die **NIV hat die Worte „er würde Christus auferwecken, um auf seinem Thron zu sitzen" gestrichen -** die Prophezeiung über das leibhaftige Kommen Jesu ist ausgelöscht).

Apostelgeschichte 3:11

*KJV: Apg 3:11: Und als der **Lahme, der geheilt worden war,** Petrus und Johannes festhielt, lief das ganze Volk zu ihnen in die Veranda, die Salomo heißt, und wunderte sich sehr.*

NIV: Apostelgeschichte 3:11: Während der Bettler Petrus und Johannes festhielt, staunte das ganze Volk und kam zu ihnen an den Ort, der Salomons Säulengang heißt.

Elisabeth Das

(„der **gelähmte Mann, der geheilt wurde**" ist der Schlüsselteil dieser Schriftstelle, die NIV hat dies entfernt)

Apostelgeschichte 4:24

> KJV: Apostelgeschichte 4:24: Und als sie das hörten, hoben sie einmütig ihre Stimme zu Gott auf und sprachen: Herr, **du bist Gott**, der Himmel und Erde und das Meer und alles, was darinnen ist, gemacht hat:

> NIV: Apostelgeschichte 4:24: Als sie das hörten, erhoben sie gemeinsam ihre Stimme und beteten zu Gott. „Herr", sagten sie, „du hast den Himmel und die Erde und das Meer und alles, was darin ist, gemacht.

(NIV und moderne Übersetzungen haben „Du bist Gott" entfernt. Nicht das Bekenntnis zu dem einen wahren Gott, der ein Wunder getan hat).

Apostelgeschichte 8:37

> KJV: Apostelgeschichte 8:37: Philippus aber sprach: Wenn du von ganzem Herzen glaubst, so darfst du es. Er aber antwortete und sprach: Ich glaube, dass Jesus Christus der Sohn Gottes ist.

(Die NIV und die modernen Bibeln haben diese Bibelstelle komplett gestrichen)

Das Wort „Meister" aus der KJV wurde in den modernen Versionen der Bibel gestrichen und durch „Lehrer" ersetzt, womit Jesus mit allen anderen Lehrern der verschiedenen Religionen gleichgesetzt wird. Der Grund für diese Änderung ist hauptsächlich auf die ökumenische Bewegung zurückzuführen, die besagt, dass man Jesus nicht als den einzigen Weg zur Erlösung bezeichnen kann, da dies alle anderen Religionen herabsetzt, die nicht glauben, dass Jesus unser einziger und wahrer Erlöser ist. So zum Beispiel die Hindus und die meisten anderen östlichen Religionen.

Apostelgeschichte 9:5

Ich habe es getan "Sein Weg".

KJV: Apostelgeschichte 9:5: Und er sprach: Wer bist du, Herr? Und der Herr sprach: Ich bin Jesus, den du verfolgst; **es ist schwer für dich, gegen die Stacheln zu treten.**

NIV: Apostelgeschichte 9:5: Wer bist du, Herr?" fragte Saulus. „Ich bin Jesus, den du verfolgst", antwortete er.

(Die NIV und die modernen Übersetzungen haben den Satz „**Es ist schwer für dich, gegen die Stacheln zu treten**" entfernt. Das bedeutet, dass sie sich nicht durchsetzen werden, wenn sie diese ganze Schrift entfernen).

Apostelgeschichte 15:34

KJV: Apostelgeschichte 15:34: Dennoch gefiel es Silas, dort zu bleiben.

(Die NIV-Bibel und andere moderne Bibelübersetzungen haben diese Stelle herausgenommen).

Apostelgeschichte 18:7

KJV Apostelgeschichte 18:7: Und er ging von dort weg und trat in das Haus eines Mannes namens Justus, der Gott verehrte und ***dessen Haus eng mit der Synagoge verbunden war.***

NIV: Apostelgeschichte 18:7: Dann verließ Paulus die Synagoge und ging nach nebenan in das Haus des Titius Justus, eines Gottesanbeters.

(„**dessen Haus fest mit der Synagoge verbunden war**" wird gestrichen) **Apg 23:9b**

KJV ... **Lasst uns nicht gegen Gott kämpfen**

(Die NIV, die moderne Bibel und die Bibel der Zeugen Jehovas haben das „**Lasst uns nicht gegen Gott kämpfen**" entfernt.)

Apostelgeschichte 24:7

KJV: Apostelgeschichte 24:7: Aber der Oberhauptmann Lysias kam zu uns und nahm ihn mit großer Gewalt aus unseren Händen weg,

(Die NIV und die modernen Versionen der Bibeln haben diese Schriftstelle vollständig entfernt).

Apostelgeschichte 28:29

KJV: ACTS: 28:29: Und als er diese Worte gesagt hatte, gingen die Juden weg und haderten mit sich selbst.

(Die NIV und andere Bibelversionen haben diese Schriftstelle vollständig entfernt. Sie sehen, dass es hier einen Konflikt gab. Es ging darum, wer Jesus war? Es ist also ein Muss, diese Schriftstelle zu entfernen.)

Römer 1:16

*KJV: Römer 1:16: Denn ich schäme mich des Evangeliums **von Christus** nicht; denn es ist Gottes Kraft zur Rettung für jeden, der glaubt, für den Juden zuerst und auch für den Griechen.*

NIV: Römer 1:16: Ich schäme mich des Evangeliums nicht; denn es ist eine Kraft Gottes, die jeden rettet, der glaubt: zuerst die Juden, dann die Heiden.

(Die NIV hat das Evangelium von „Christus" entfernt und nur „Evangelium" beibehalten. Die meisten Angriffe richten sich gegen Jesus als Christus. Das Evangelium ist der Tod, das Begräbnis und die Auferstehung von Jesus Christus. Diese Schriftstelle wird nicht gebraucht.)

Römer 8:1

Ich habe es getan "Sein Weg".

KJV: Römer 8:1: So gibt es nun keine Verdammnis für die, die in Christus Jesus sind, **die nicht nach dem Fleisch wandeln, sondern nach dem Geist**.

NIV: Römer 8:1: Darum gibt es jetzt keine Verurteilung mehr für diejenigen, die in Christus Jesus sind

(„**die nicht nach dem Fleisch wandeln, sondern nach dem Geist**" wurde aus der NIV entfernt, damit Sie so leben können, wie Sie wollen).

Römer 11:6

KJV: Römer 11:6 Wenn es aber aus Gnade ist, so ist es nicht mehr aus Werken; sonst ist die Gnade nicht mehr Gnade. **Ist es aber aus Werken, so ist es nicht mehr Gnade, sonst ist das Werk nicht mehr Arbeit.**

NIV: Römer 11:6 Wenn aber aus Gnade, dann nicht mehr aus Werken; sonst wäre die Gnade nicht mehr Gnade.

(„Wenn es aber aus Werken ist, so ist es keine Gnade mehr; sonst ist das Werk kein Werk mehr." Ein Teil des Textes wurde aus der NIV und anderen Versionen entfernt).

Römer 13:9b

KJV: Römer13:9b: **Du sollst nicht falsch Zeugnis reden**

(Die NIV hat diese Worte aus der Heiligen Schrift entfernt. Die Bibel sagt, nicht addieren, nicht subtrahieren)

Römer 16:24

KJV:Römer 16:24: Die Gnade unseres Herrn Jesus Christus sei mit euch allen. Amen.

NIV: Römer 16:24: (Die NIV und andere moderne Bibeln haben diese Stelle vollständig entfernt).

1 Korinther 6:20

KJV:1Korinther 6:20: Denn ihr seid mit einem Preis erkauft; darum verherrlicht Gott in eurem Leib **und in eurem Geist, die Gott gehören**.

NIV:1Korinther 6:20: Ihr seid um einen Preis erkauft worden. Deshalb sollt ihr Gott mit eurem Körper ehren.

(Die moderne Bibel und die NIV haben „und in eurem Geist, der Gott gehört" gestrichen).

1 Korinther 7:5

KJV:1 Korinther 7:5: Ihr sollt einander nicht betrügen, es sei denn mit Zustimmung für eine Zeit, damit ihr euch dem **Fasten und dem Gebet** hingebt; und kommt wieder zusammen, damit euch der Satan nicht wegen eurer Unmäßigkeit versucht.

NIV:1 Korinther 7:5: Nehmt euch nicht gegenseitig aus, es sei denn im gegenseitigen Einverständnis und für eine gewisse Zeit, damit ihr euch dem **Gebet** widmen könnt. Kommt dann wieder zusammen, damit der Satan euch nicht wegen eurer mangelnden Selbstbeherrschung in Versuchung führen kann.

(Die NIV und moderne Bibelversionen haben das Wort „Fasten" gestrichen, da es dazu dient, die Festungen des Satans zu zerschlagen. Fasten tötet auch das Fleisch.)

2 Korinther 6:5

KJV:2 Korinther 6:5: In Schlägen, in Gefängnissen, in Tumulten, in Mühen, in Wachen, in **Fasten**;

Ich habe es getan "Sein Weg".

NIV:2 Korinther 6:5: in Schlägen, Gefängnissen und Unruhen; in harter Arbeit, schlaflosen Nächten und **Hunger***;*

(**Fasten ist nicht Hungern**, es verändert das Wort der Wahrheit. Der Teufel will nicht, dass Sie eine engere, kraftvollere, tiefere Beziehung zu Gott haben. Erinnern Sie sich, Königin Esther und die Juden fasteten, und Gott gab Satans Plan an den Feind zurück.)

2 Korinther 11:27

KJV: 2Korinther 11:27: In Mühsal und Pein, in Wachen oft, in Hunger und Durst, ***in Fasten oft****, in Kälte und Blöße.*

NIV:2Korinther 11:27: Ich habe mich abgemüht und geschuftet und oft nicht geschlafen; ich habe Hunger und Durst gekannt und oft nichts gegessen; ich habe gefroren und war nackt.

(Auch hier steht das Fasten nicht in der NIV und den modernen Versionen der Bibel).

Epheser 3:9

KJV Epheser 3:9: Und damit alle Menschen sehen, was die Gemeinschaft des Geheimnisses ist, das von Anfang der Welt an in Gott verborgen war, der ***alles durch Jesus Christus*** *geschaffen hat:*

NIV Epheser 3:9: und um allen die Verwaltung dieses Geheimnisses zu verdeutlichen, das von alters her in Gott verborgen war, der alles geschaffen hat.

(Die NIV und andere Bibelversionen haben „**alle Dinge durch Jesus Christus**" gestrichen. Jesus ist Gott und er ist der Schöpfer von allem)

Epheser 3:14

KJV: Epheser 3:14: Darum beuge ich meine Knie vor dem Vater ***unseres Herrn Jesus Christus****,*

Elisabeth Das

NIV:Epheser 3:14: *Darum knie ich vor dem Vater nieder,*

(„**unseres Herrn Jesus Christus**", wurde aus der NIV und anderen Versionen entfernt. Dies ist der Beweis, dass Jesus der Sohn Gottes ist. Der „Sohn Gottes" ist ein mächtiger Gott in Menschengestalt, der kam, um sein Blut für dich und mich zu vergießen. Denken Sie daran, dass Satan glaubt, dass es nur einen Gott gibt und zittert. Jakobus 2:19)

Epheser 5:30

KJV:Epheser 5:30:*Denn wir sind Glieder seines Leibes, seines Fleisches und **seiner Gebeine**.*

NIV:Epheser 5:30:*denn wir sind Glieder an seinem Leib.*

(„**Aus Fleisch und Knochen**". Ein Teil der Bibelstelle wurde aus der NIV und vielen anderen Bibelversionen entfernt).

Kolosser 1:14

KJV:Kolosser 1:14: *In dem wir die Erlösung haben **durch sein Blut**, nämlich die Vergebung der Sünden:*

NIV:Kolosser 1:14: *in dem wir die Erlösung haben, die Vergebung der Sünden.*

(„**durch sein Blut**", Jesus wird das Lamm Gottes genannt, das gekommen ist, um die Sünden der Welt wegzunehmen. Erlösung gibt es **nur** durch das Blut. Ohne Blutvergießen gibt es keine Vergebung der Sünden Hebräer 9:22. Deshalb taufen wir im Namen Jesu, um sein Blut über unsere Sünden zu vergießen).

1 Timotheus 3:16b

KJV:*1 Timotheus 3:16b:* **Gott hat** *sich im Fleisch offenbart*

NIV:*1 Timotheus 3:16b:* **Er** *erschien in einem Körper.*

Ich habe es getan "Sein Weg".

(Erscheinen wir nicht alle in einem Körper? Die NIV und die meisten modernen Versionen sagen alle, dass „er" in einem Körper erschien. Nun, ich erscheine auch in einem Körper. „Er" wer? In dem obigen Vers wird der Wortlaut wieder so verändert, dass „er" ein anderer Gott ist. Aber in der KJV können wir deutlich sehen: „Und ohne Zweifel ist das Geheimnis der Gottseligkeit groß: „**Gott** ist im Fleisch erschienen." Es gibt nur einen Gott. Deshalb sagte Jesus, wenn ihr mich gesehen habt, habt ihr den Vater gesehen. Der Vater ist ein Geist, man kann keinen Geist sehen. Aber der Geist hat sich in Fleisch gekleidet, sodass man ihn sehen kann).

In Apostelgeschichte 20:28b steht: Um die **<u>Gemeinde Gottes</u>** *zu weiden, die er mit seinem* **<u>eigenen Blut</u>** *erkauft hat.*

Gott ist ein Geist, und um Blut zu vergießen, braucht er einen Körper aus Fleisch und Blut. **Ein Gott**, der das Fleisch anzieht.

Einfaches Beispiel: Eis, Wasser und Dampf - das Gleiche, aber in unterschiedlicher Form.

KJV 1 Johannes 5:7: „Denn drei sind es, die im Himmel Zeugnis ablegen: der Vater, das Wort und der Heilige Geist; und diese **<u>drei sind eins</u>**. *"*

Gott, Jesus (das fleischgewordene Wort) und der Heilige Geist sind eins, nicht drei. (1. Johannes 5:7 ist aus der NIV und anderen aktuellen Übersetzungen vollständig entfernt worden).

2 Timotheus 3:16

KJV: 2. Timotheus 3:16: **Alle** *Schrift ist durch Gottes Eingebung gegeben und nützlich zur Lehre, zur Zurechtweisung, zur Besserung, zur Unterweisung in der Rechtschaffenheit:*

ASV: 2. Timotheus 3:16: **Jede** *von Gott eingegebene Schrift ist auch zur Lehre nützlich.*

Elisabeth Das

(Hier werden sie entscheiden, wer einer ist und wer nicht. Ketzerei wird mit dem Tod bestraft.)

1. Thessalonicher 1:1

*KJV: 1. Thessalonicher 1:1: Paulus und Silvanus und Timotheus, an die Gemeinde der Thessalonicher, die in Gott, dem Vater, und in dem Herrn Jesus Christus ist: Gnade sei mit euch und Friede **von Gott, unserem Vater, und dem Herrn Jesus Christus**.*

NIV: 1. Thessalonicher 1:1: Paulus, Silas und Timotheus, an die Gemeinde der Thessalonicher in Gott, dem Vater, und dem Herrn Jesus Christus: Gnade und Friede sei mit euch.

(„von Gott, unserem Vater, und dem Herrn Jesus Christus" wurde aus den modernen Übersetzungen und der NIV entfernt).

Hebräer 7:21

*KJV: Hebräer 7:21: (**Denn jene Priester wurden ohne Eid gemacht**; dieser aber mit einem Eid durch den, der zu ihm sagte: Der Herr hat geschworen und wird es nicht bereuen: Du bist ein Priester in Ewigkeit **nach der Ordnung Melchisedeks**):*

*NIV: Hebräer 7:21: sondern er wurde Priester **mit einem Eid**, als Gott zu ihm sagte: „Der Herr hat geschworen und wird seinen Willen nicht ändern: '*

Du bist für immer ein Priester".

(Die NIV hat die Worte „Denn diese Priester wurden ohne Eid gemacht" und „nach der Ordnung Melchisedeks" entfernt).

Jakobus 5:16

*KJV: Jakobus 5:16: Bekennt einander eure **Fehler** und betet füreinander, damit ihr geheilt werdet. Das wirksame, inbrünstige Gebet eines Gerechten bewirkt viel.*

Ich habe es getan "Sein Weg".

*NIV: Jakobus 5:16: Darum bekennt einander eure **Sünden** und betet füreinander, damit ihr geheilt werdet. Das Gebet eines Gerechten ist mächtig und wirksam.*

(**Fehler vs. Sünden**: Sünden, die Sie Gott bekennen, da er allein vergeben kann. Die Änderung des Wortes „Fehler" in „Sünden" unterstützt die katholische Auffassung, einem Priester „Sünden" zu beichten).

1. Petrus 1:22

*KJV: 1. Petrus 1:22: Da ihr nun eure Seelen gereinigt habt im Gehorsam gegen die Wahrheit **durch den Geist zur** ungeheuchelten Liebe zu den Brüdern, so seht zu, dass ihr einander mit **reinem Herzen und mit Eifer** liebt:*

NIV: 1. Petrus 1:22: Nachdem ihr euch nun durch den Gehorsam gegenüber der Wahrheit geläutert habt, sodass ihr eure Brüder aufrichtig liebt, liebt einander von Herzen.

(„**durch den Geist zu**" und „**reinen Herzens inbrünstig**" wurde aus der NIV und anderen modernen Versionen entfernt).

1. Petrus 4:14

*KJV:1. Petrus 4:14: Wenn ihr um des Namens Christi willen geschmäht werdet, so seid ihr glücklich; denn der Geist der Herrlichkeit und Gottes ruht auf euch: von **ihrer Seite wird er schlecht geredet, von eurer Seite aber wird er verherrlicht.***

NIV:1. Petrus 4:14: Wenn ihr um des Namens Christi willen beleidigt werdet, seid ihr gesegnet, denn der Geist der Herrlichkeit und Gottes ruht auf euch.

(„**auf ihrer Seite wird er schlecht geredet, aber auf eurer Seite wird er verherrlicht**" wurde aus der NIV und anderen modernen Versionen entfernt).

1. Johannes 4:3a

KJV:1. Johannes 4:3a: Und jeder Geist, der nicht bekennt, dass Jesus **Christus im Fleisch gekommen ist**, ist nicht von Gott.

NIV:1. Johannes 4:3a: Aber jeder Geist, der Jesus nicht anerkennt, ist nicht von Gott.

(„**Christus ist im Fleisch gekommen**" Durch die Streichung dieser Worte beweisen die NIV und andere Versionen, dass sie antichristlich sind).

1. Johannes 5:7-8

KJV: 1 Johannes 5:7: **Denn drei sind es, die im Himmel Zeugnis ablegen: der Vater, das Wort und der Heilige Geist; und diese drei sind eins.**

(Aus der NIV entfernt)

KJV: 1. Johannes 5:8: Und es sind drei, die Zeugnis geben auf Erden: der Geist und das Wasser und das Blut; und diese drei sind eins.

NIV: 1. Johannes 5:7-8: **Denn es sind drei, die bezeugen:** 8 der Geist, das Wasser und das Blut; und die drei sind übereinstimmend

(Dies ist einer der GRÖSSTEN Verse, die von der Gottheit zeugen. Ein Gott, nicht drei Götter. Die **Dreieinigkeit** ist nicht biblisch. Das Wort **Trinität steht** nicht in der Bibel. Deshalb haben die NIV, die modernen Bibelversionen und die Zeugen Jehovas es aus diesem Vers weggelassen. Sie glauben nicht an die Gottheit und sie glauben nicht, dass in Jesus die ganze Fülle der Gottheit leibhaftig wohnt. Es gibt in der Bibel keinerlei Wurzel oder Beweis für die Annahme der **Dreieinigkeit**. Warum lässt die NIV sie aus? Über die handschriftlichen Belege, die für die Aufnahme dieses Verses in die Bibel sprechen, sind ganze Bücher geschrieben worden. Glauben Sie an die Gottheit? Wenn ja, dann sollte Sie diese Streichung beleidigen. Die Dreieinigkeit wurde von Jesus nie gelehrt und von ihm nie erwähnt.

Satan hat einen Gott gespalten, damit er die Menschen spalten und herrschen kann).

1. Johannes 5:13

*KJV:1. Joh 5:13: Dies habe ich euch geschrieben, die ihr an den Namen des Sohnes Gottes glaubt, damit ihr wisst, dass ihr das ewige Leben habt, **und damit ihr an den Namen des Sohnes Gottes glaubt**.*

NIV:1. Joh 5:13: Das schreibe ich euch, die ihr an den Namen des Sohnes Gottes glaubt, damit ihr wisst, dass ihr das ewige Leben habt.

(„**und dass ihr an den Namen des Sohnes Gottes glaubt**." Wird aus der NIV und anderen modernen Übersetzungen entfernt)

Offenbarung 1:8

*KJV: Offenbarung 1:8: Ich bin das Alpha und das Omega, **der Anfang und das Ende**, spricht der Herr, der da ist und der da war und der da kommen wird, der Allmächtige*

NIV: Offenbarung 1:8: „Ich bin das Alpha und das Omega", sagt Gott der Herr, „der da ist und der da war und der da kommt, der Allmächtige."

(NIV hat **den Anfang und das Ende** entfernt)

Offenbarung 1:11

*KJV:Offenbarung 1:11:**Sprich: Ich bin das Alpha und das Omega, der Erste und der Letzte, und was du siehst, schreibe in ein Buch und sende es an die sieben Gemeinden in Asien**, nach Ephesus und nach Smyrna und nach Pergamos und Thyatira und Sardes und Philadelphia und Laodizea*

NIV: Offenbarung 1:11: die besagt: „Schreibe auf eine Schriftrolle, was du siehst, und sende es an die sieben Gemeinden: an Ephesus, Smyrna, Pergamon, Thyatira, Sardes, Philadelphia und Laodizea."

(Alpha und Omega, Anfang und Ende, Erster und Letzter; diese Titel werden Jehova Gott im Alten Testament gegeben, und in der Offenbarung wird dies auch auf Jesus übertragen. Aber die NIV und andere moderne Versionen haben dies aus der Offenbarung entfernt, um zu beweisen, dass Jesus nicht der Jehova Gott ist).

Offenbarung 5:14

*KJV:Offenbarung 5:14: Und die **vier Tiere** sagten: Amen. Und die **vierundzwanzig** Ältesten fielen nieder und beteten den an**, der da lebt von Ewigkeit zu Ewigkeit**.*

NIV: Offenbarung 5:14: Und die vier Gestalten sagten: „Amen", und die Ältesten fielen nieder und beteten an.

(Die NIV und andere Versionen enthalten nur die Hälfte der Informationen. „**vier Tiere**", geändert in „vier Kreaturen", „**vier und zwanzig**", „**der von Ewigkeit zu Ewigkeit lebt**" wird entfernt).

Offenbarung 20:9b

*KJV: Offenbarung 20:9b: Feuer kam **von Gott aus dem** Himmel herab.*

NIV: Offenbarung 20:9b: Feuer kam vom Himmel herab

(Die NIV und andere Versionen haben „**von Gott**" gestrichen.)

Offenbarung 21:24a

*KJV: Offenbarung 21:24a: Und die Völker, **die gerettet werden**, werden in seinem Licht wandeln.*

NIV: Offenbarung 21:24a: „Die Völker werden in ihrem Licht wandeln.

("**von denen, die gerettet werden**" wurde aus der NIV und modernen Bibelversionen entfernt. Nicht jeder kommt in den Himmel, sondern nur die, die gerettet werden).

2. Samuel 21:19

*KJV: 2. Samuel 21:19: Und es gab wieder eine Schlacht in Gob mit den Philister, wo Elhanan, der Sohn Jaareoregims, eines Bethlehemiten, den **Bruder Goliaths**, des Gathiters, erschlug, dessen Speerstab wie ein Weberbaum war.*

*NIV:2. Samuel 21:19: In einer anderen Schlacht mit den Philistern in Gob **tötete** Elhanan, der Sohn Jaare-Oregims, des Bethlehemiten, den Gettiter **Goliath**, der einen Speer mit einem Schaft wie eine Weberstange hatte.*

(Hier wurde der Bruder von Goliath getötet, nicht Goliath. „David tötete Goliath". NIV gibt die Information falsch wieder).

Hosea 11:12

*KJV: Hosea 11:12: Ephraim umgibt mich mit Lügen und das Haus Israel mit Betrug; **aber Juda regiert noch mit Gott und ist treu mit den Gläubigen.***

*NIV: Hosea 11:12: Ephraim hat mich mit Lügen umgeben, das Haus Israel mit Betrug. Und Juda ist **widerspenstig gegen** Gott, sogar **gegen** den treuen Heiligen.*

(Die NIV stellt diese Schriftstelle falsch dar, indem sie die Bedeutung des Wortes verdreht.) Das Wort „Jehova" wird in der KJV-Bibel viermal erwähnt. Die NIV hat sie alle entfernt. Mit den subtilen VERÄNDERUNGEN, die in der NIV Bibel vorgenommen wurden, wird die Mission Satans deutlich. Aus den obigen Bibelstellen können Sie ersehen, dass der Angriff auf Jesus gerichtet ist. Die Titel Gott, Messias, Sohn Gottes und Schöpfer machen Jesus zu Gott. Wenn diese Titel entfernt werden, führt das zu Verwirrung und dazu, dass man das Interesse verliert und dem Wort Gottes nicht mehr vertraut. (1.

Elisabeth Das

Korinther 14:33 Denn Gott ist nicht der Urheber der Verwirrung, sondern des Friedens).

Die Bibel der Zeugen Jehovas (die Neue-Welt-Übersetzung) enthält die gleichen Streichungen wie die NIV. Der einzige Unterschied zwischen der NIV und der Neuen-Welt-Übersetzung ist, dass die Bibel der Zeugen Jehovas keine Fußnoten enthält! Diese Methoden desensibilisieren Sie für die subtilen Änderungen, die allmählich und kontinuierlich an Gottes Wort vorgenommen werden.

Die vielbeschäftigte und faule Generation von heute hat viele bekennende Christen beeinflusst, die den Weg eines faulen Geistes eingeschlagen haben. Es ist harte Arbeit, sich die Zeit zu nehmen, zu studieren und sicherzustellen, dass die Informationen, die uns gegeben werden, wahr sind. Wir sind zu sehr mit dem täglichen Leben beschäftigt, das voller unwichtiger Ereignisse und Dinge ist. Unsere Prioritäten für das, was für das ewige Leben wirklich wichtig ist, sind verwässert und verwirrt worden. Wir akzeptieren die meisten Informationen, die uns gegeben werden, ohne sie zu hinterfragen, sei es von der Regierung, der Medizin, der Wissenschaft, den Inhaltsstoffen unserer Lebensmittel und so weiter.

Viele unserer modernen Bibelversionen wurden von Männern geschrieben, die Ihnen ihre Interpretation und ihre Lehre mitteilen, anstatt das, was die Manuskripte wirklich sagen. Zum Beispiel war „Gender-Inklusion" nicht in den Originalmanuskripten enthalten. Es handelt sich um ein modernes feministisches Konzept, das aus der REBELLION geboren wurde. Ich ermutige Sie, sich eine Bibel in der King James Version zu besorgen. Wenn Sie eine moderne Bibel lesen, nehmen Sie sich die Zeit, die Bibelstellen zu vergleichen; Sie wollen die richtige Entscheidung treffen. Wir werden für unsere Entscheidungen zur Rechenschaft gezogen werden. Der Unterschied, ob Sie in den Himmel oder in die Hölle kommen, ist Grund genug, um sicherzustellen, dass Sie sich für Sein Wort entscheiden! Denken Sie daran, dass in der Neuen Internationalen Version viele Wörter gestrichen wurden, wie z.B.: Gottheit, Wiedergeburt, Vergebung, unveränderlich, Jehova, Kalvarienberg, Gnadensitz, Heiliger Geist, Tröster, Messias, lebendig, allmächtig, unfehlbar, usw. Die meisten

Ich habe es getan "Sein Weg".

modernen Bibeln stimmen eng mit der NIV überein, ebenso wie die Neue-Welt-Übersetzung (die Bibel der Zeugen Jehovas).

Dies ist das Werk des Antichristen ... (Die folgenden Bibelstellen stammen aus der KJV)

*Meine lieben Kinder, es ist die letzte Zeit; und wie ihr gehört habt, dass **der Antichrist** kommen wird, so sind auch jetzt viele **Antichristen** da; daher wissen wir, dass es die letzte Zeit ist. (1. Johannes 2:18)*

*Wer ist ein Lügner, wenn nicht der, der leugnet, dass Jesus der Christus ist? Er ist der **Antichrist**, der den Vater und den Sohn leugnet. (1. Johannes 2:22)*

*Und jeder Geist, der nicht bekennt, dass Jesus Christus im Fleisch gekommen ist, der ist nicht aus Gott; und das ist der Geist des **Antichristen**, von dem ihr gehört habt, dass er kommen soll, und er ist schon jetzt in der Welt. (1. Johannes 4:3)*

*Denn es sind viele Verführer in die Welt gekommen, die nicht bekennen, dass Jesus Christus im Fleisch gekommen ist. Dies ist ein Verführer und ein **Antichrist**. (2. Johannes 1:7)*

Dies erinnert uns an das „Gleichnis vom Samenkorn", das die

„WORT GOTTES" in der Bibel

Ein anderes Gleichnis legte er ihnen vor und sprach: Das Himmelreich ist gleich einem Menschen, der guten Samen auf sein Feld säte: Während aber die Menschen schliefen, kam sein Feind und säte Unkraut unter den Weizen und ging hin. Als aber die Halme aufgingen und Frucht trugen, da erschien auch das Unkraut. Da traten die Knechte des Hausherrn zu ihm und sprachen: Herr, hast du nicht guten Samen auf deinen Acker gesät? woher ist er denn gekommen? Er sprach zu ihnen: Ein Feind hat das getan. Die Knechte sprachen zu ihm: Willst du denn, dass wir hingehen und sie einsammeln? Er aber sprach: Nein, damit ihr nicht, wenn ihr das

Elisabeth Das

Unkraut ausjätet, auch den Weizen mit ausreißt. Lasst beides miteinander wachsen bis zur Ernte; und zur Zeit der Ernte will ich zu den Schnittern sagen: Sammelt zuerst das Unkraut und bindet es in Bündel, damit man es verbrenne; den Weizen aber sammelt in meine Scheune. Amen!

(Matthäus 13:24-30)

AMEN!

www.ingramcontent.com/pod-product-compliance
Lightning Source LLC
Chambersburg PA
CBHW062154080426
42734CB00010B/1681